Das Annahmeverfahren für Verfassungsbeschwerden

ERLANGER SCHRIFTEN ZUM ÖFFENTLICHEN RECHT

Herausgegeben von Andreas Funke, Max-Emanuel Geis, Heinrich de Wall, Markus Krajewski , Jan-Reinard Sieckmann und Bernhard W. Wegener

Band 13

Kim Jinhan

Das Annahmeverfahren für Verfassungsbeschwerden

Zugleich eine vergleichende Betrachtung der Annahmeverfahren des Bundesverfassungsgerichts und des US Supreme Court

Lausanne - Berlin - Bruxelles - Chennai - New York - Oxford

Bibliografische Information der Deutschen Nationalbibliothek
Die Deutsche Nationalbibliothek verzeichnet diese Publikation
in der Deutschen Nationalbibliografie; detaillierte bibliografische
Daten sind im Internet über http://dnb.d-nb.de abrufbar.

Zugl.: Erlangen, Nürnberg, Univ., Diss., 2022

n 2
ISSN 2192-8460
ISBN 978-3-631-91161-7 (Print)
E-ISBN 978-3-631-91164-8 (E-PDF)
E-ISBN 978-3-631-91165-5 (EPUB)
DOI 10.3726/b21374

Verlegt durch:
Peter Lang GmbH, Berlin, Deutschland
info@peterlang.com http://www.peterlang.com

Diese Publikation wurde begutachtet.

Für meine tapfere und weise Mutter, die ich vermisse

Vorwort

Die vorliegende Arbeit wurde im Wintersemester 2022/2023 vom Fachbereich Rechtswissenschaft der Friedrich-Alexander-Universität Erlangen-Nürnberg als Dissertation angenommen.

Ausgangspunkt der Arbeit ist ein Vergleich des Writ of Certiorari-Verfahrens am US Supreme Court mit dem Annahmeverfahren des Bundesverfassungsgerichts für Verfassungsbeschwerden. Dabei geht es weniger um die Frage, welches Verfahren geeigneter ist, als vielmehr um eine Auseinandersetzung mit den Kriterien, Faktoren und Wirkmechanismen, mit denen der Zugang zur Verfassungsgerichtsbarkeit gesteuert werden kann. Ihre Ausgestaltung hat entscheidenden Einfluss auf die Rechtsstaatlichkeit, daher lohnt sich der Blick auf die Stärken und Schwächen verschiedener Regelungsmodelle. Die insofern bestehenden verfassungsrechtlichen Vorgaben sind auch deshalb von besonderer Bedeutung, da Demokratie und Rechtsstaatlichkeit nicht isoliert nebeneinander stehen. Nur im Zusammenspiel können sie sich gegenseitig stützen, ihren Erhalt gewährleisten und sich weiterentwickeln. Im Rahmen der vorliegenden Arbeit soll aufgezeigt werden, welchen Beitrag die Annahmeverfahren in Deutschland und den Vereinigten Staaten in diesem Zusammenhang leisten. Aus koreanischer Perspektive ist die vertiefte Befassung mit dem deutschen Verfassungsgerichtssystem nicht zuletzt deshalb von großem Interesse, da dieses die koreanische Verfassungsgerichtsbarkeit entscheidend beeinflusst hat.

Ich bin 2016 nach Erlangen gekommen. Nach zwölf Jahren als wissenschaftlicher Mitarbeiter am Verfassungsgericht der Republik Korea und als Assistenzprofessor an der Inha Law School in Incheon habe ich mich entschieden, als Gastwissenschaftler und Promotionsstudent nach Deutschland zu gehen, um Einblicke insbesondere in das deutsche Verfassungsprozessrecht zu gewinnen. Der logistische Aufwand, der mit dem Umzug meiner vierköpfigen Familie von Seoul nach Erlangen verbunden war, und die in der Anfangszeit noch sehr ausgeprägte Sprachbarriere ließen das wissenschaftliche Erkenntnisinteresse zunächst allerdings in den Hintergrund treten. Ich kann nicht mit Worten beschreiben, wie dankbar ich meinem Doktorvater, Herrn Professor Dr. Jan-Reinard Sieckmann, und seiner Frau, Frau Professorin Dr. Laura Clérico, für den freundlichen Empfang, ihre vielfältige Unterstützung und ihren ermutigenden Zuspruch bin. Ohne sie wäre mein Forschungsaufenthalt in Deutschland nicht möglich gewesen.

Gleichzeitig wurde mir durch Herrn Professor Sieckmann die denkbar beste Betreuung meines wissenschaftlichen Projekts zuteil. Ihm ist es ganz maßgeblich zu verdanken, dass mein ungewöhnlicher und auch beschwerlicher Schritt, mitten aus dem Berufsleben zurück in die Rolle des Studenten zu wechseln, geglückt ist. Auch wenn unsere Ansichten in manchen Fragen auseinandergingen, so hatte er doch immer ein offenes Ohr für meine Argumente, nahm sich Zeit für ausführliche Diskussionen und gab mir inhaltliche und methodische Impulse, die mich auf meinem gedanklichen Weg ganz wesentlich vorangebracht haben. Unser fachlicher Austausch und der persönliche Rückhalt, den ich von ihm erfahren habe, haben mein Denken nachhaltig geprägt. Während meiner sechs Jahre in Erlangen hatte ich mit Herrn Professor Sieckmann einen akademischen Lehrer, der mir stets ein Vorbild bleiben wird.

Für die zügige Erstellung des Zweitgutachtens und die darin enthaltenen wertvollen Hinweise gebührt mein herzlicher Dank Herrn Professor Dr. Andreas Funke.

Ende 2019 durfte ich für drei Monate am Bundesverfassungsgericht hospitieren. Ich möchte dem Präsidenten des Verfassungsgerichts der Republik Korea, Herrn Namseok Yoo, und dem damaligen Präsidenten des Bundesverfassungsgerichts, Herrn Professor Dr. Dr. h.c. mult. Andreas Voßkuhle, meinen aufrichtigen Dank dafür aussprechen, dass sie mir diesen Forschungsaufenthalt ermöglicht haben. Die Richterinnen und Richter des Bundesverfassungsgerichts Frau Professorin Dr. Gabriele Britz, Herr Professor Dr. Peter M. Huber, Frau Professorin Dr. Christine Langenfeld und Herr Dr. Ulrich Maidowski haben sich freundlicherweise zu Interviews bereit erklärt. Auch die wissenschaftlichen Mitarbeitenden Herr Thomas Payrhuber, Frau Corinna Schug, LL. M., Frau Dr. Anne-Sophie Ritter, Herr Dr. Philipp Wittmann sowie der damalige Referendar Herr Dr. David Kuhn waren dankenswerterweise stets offen für Diskussionen und Fragen. Die Interviews und der Meinungsaustausch hatten großen Einfluss auf die Präzisierung meines Forschungsthemas. Darüber hinaus gilt mein Dank der Leiterin Protokoll/Übersetzungen/Internationales, Frau Dr. Margret Böckel, sowie der Referentin Frau Astrid Ingendaay-Herrmann.

Danken möchte ich auch den leitenden Mitarbeitenden der Bibliotheken des Bundesverfassungsgerichts und des Bundesgerichtshofs, Frau Ute Mengels, Herrn Dr. Marcus Obert, Frau Lisa Siemon-Schnurr, LL. M. und Frau Helgrid Söder. Ihre kundige und freundliche Fürsorge ging weit über die Unterstützung bei der Literaturversorgung hinaus. Unsere gemeinsamen Aktivitäten behalte ich in guter Erinnerung. Frau Söder hat auch nach meiner Abreise aus Karlsruhe das Entstehen dieser Arbeit in bibliothekarischer und sprachlicher Hinsicht begleitet. Hierfür bin ich ihr sehr dankbar.

Mein Verständnis für den Aufbau und die Arbeit des US Supreme Court verdanke ich meiner Forschungstätigkeit am US Federal Judicial Center im Jahr 2011. Ich möchte Herrn Jeffrey P. Minear, dem damaligen Berater des Obersten Richters des US Supreme Court, und Herrn Professor Ryan Rowberry von der Georgia State University, damaliger Supreme Court Fellow, für ihren Rat und ihre freundliche Unterstützung während meines Forschungsaufenthalts in den Vereinigten Staaten danken. Ohne sie wäre ich nicht in der Lage gewesen, ein so umfassendes Verständnis der Arbeitsweise des US Supreme Court zu gewinnen, wie es für das Entstehen der vorliegenden Arbeit erforderlich war.

Zuletzt möchte ich mich bei meiner Familie bedanken. Vor allem danke ich meiner Frau Sangeun, dass sie mich bei diesem Abenteuer begleitet hat. Sie organisierte unseren Alltag fernab der Heimat und kümmerte sich verantwortungsvoll um die Bedürfnisse unserer Familie. Für uns beide ist es das größte Glück zu sehen, wie unsere Kinder Kitae und Taehee, die als Jugendliche in eine ganz neue Umgebung gekommen sind, nun erfolgreich ihre eigenen Wege eingeschlagen haben.

Seoul, im August 2023
Jinhan Kim

Inhaltsverzeichnis

Kapitel 1: Hintergrund und Einleitung

A. Hintergrund

I. Die jüngere Geschichte Koreas

Nach dem Zweiten Weltkrieg wurde Korea aus der japanischen Kolonialherrschaft befreit. Die anschließende politische Auseinandersetzung zwischen den kapitalistisch orientierten USA und der kommunistischen Sowjetunion führte zur Teilung Koreas in zwei Staaten. Direkt nach Gründung der beiden Staaten brach 1948 ein Bürgerkrieg zwischen ihnen aus, der 1953 mit einem Waffenstillstand endete. Dem Krieg fielen nicht nur Menschenleben, Umwelt und Infrastruktur zum Opfer, sondern gleichermaßen Werte wie die Achtung der Menschenwürde, das Vertrauen in die Mitmenschen und die Hoffnung auf eine bessere Zukunft.

Der Konflikt zwischen Süd- und Nordkorea blieb weiterhin das beherrschende Thema. Politiker beider Seiten nutzten diese angespannte Lage für ihre Ziele aus. In Südkorea boten die Bedrohung durch Nordkorea, die Armut und das mangelnde politische Bewusstsein der Bevölkerung ein ideales Umfeld für ein autoritäres Herrschaftssystem. Politiker und Bürger, darunter viele Studenten, die sich für Demokratie, Menschenrechte und Gerechtigkeit einsetzten, wurden sofort der Zusammenarbeit mit dem nordkoreanischen Regime verdächtigt. Menschen mit abweichenden Weltanschauungen wurden bestraft und zur Änderung ihrer Ansichten gezwungen. Eine intolerante politische Kultur beherrschte die Gesellschaft und beeinflusste die Mentalität der Menschen. Südkorea hat zwar seit Gründung der Republik 1948 eine moderne Verfassung, die die Menschenwürde, weitere wichtige Grundrechte sowie Demokratie und Rechtsstaatlichkeit garantiert; in Wirklichkeit waren die verfassungsrechtlichen Vorgaben jedoch bis in die 1980er-Jahre nur ein Programm, wenn nicht gar eine Art „politische Dekoration."

II. Juni-Aufstand 1987, Verfassungsänderung und Gründung des Verfassungsgerichts

Nachdem die Bevölkerung Südkoreas jahrzehntelang unter dem autoritären Regime gelitten hatte, gelangte sie – auch im Zuge der wirtschaftlichen Entwicklung – zu einem größeren politischen Selbstbewusstsein. Im Juni 1987 fanden in vielen südkoreanischen Städten massive Proteste gegen die autoritäre Regierung statt. Der damalige Präsident Chun, ein ehemaliger Armeegeneral, ging auf die

Forderungen der Aufständischen ein und veranlasste Reformen. So wurde in der Folgezeit die Verfassung überarbeitet und der Demokratisierungsprozess vorangetrieben.

Eine der wichtigsten Änderungen im Rahmen der Verfassungsreform war die Einführung der Direktwahl des Präsidenten. Zuvor wurde der Präsident, der das Oberhaupt des Staates ist und an der Spitze der Exekutive steht, in indirekter Wahl gewählt, was die Manipulation des Wahlergebnisses begünstigte.

Eine weitere entscheidende Reformmaßnahme infolge des Aufstands war die Errichtung des Verfassungsgerichts. Jahrzehntelang war der Staat in der Lage gewesen, die Grundrechte der Bürger zu verletzen, ohne dass eine verfassungsgerichtliche Kontrolle hätte stattfinden können. In der Bevölkerung bestand der dringende Wunsch nach einer Staatsgewalt, die ihr Handeln nicht an Machtallüren ausrichtet, sondern an den Vorgaben der Verfassung. Als Kontrollinstanz, so die Forderung der Bevölkerung, sollte ein Verfassungsgericht errichtet werden. Die Ausstattung des Obersten Gerichts mit den entsprechenden Kompetenzen war keine Option, da die Bürger in dieses nur wenig bis kein Vertrauen hatten.

Die Geschichte der koreanischen Verfassungsgerichtsbarkeit reicht bis zum Jahr 1948 zurück, dem Jahr der Republikgründung und des Inkrafttretens der Verfassung in ihrer ursprünglichen Fassung. Aufgrund politischer Turbulenzen erfuhr die Verfassung im Laufe der Jahre mehrere wesentliche Änderungen. Auch die Institutionen, die für die Entscheidung verfassungsrechtlicher Streitigkeiten zuständig waren, wechselten mehrmals: zeitweise war es der spezielle Verfassungsausschuss und zeitweise das Oberste Gericht. Keine der Institutionen vermochte es jedoch, die Verfassungsgerichtsbarkeit ordnungsgemäß auszuüben, sei es wegen des mangelnden Selbstbewusstseins der Richter, wegen des politischen Drucks oder wegen defizitärer organisatorischer Strukturen. Als Anfang der 1970er-Jahre das Oberste Gericht eine mutige Entscheidung traf und ein Gesetz als verfassungswidrig einstufte, ließ Präsident Park die erkennenden Richter aus ihren Ämtern entfernen. Kurz darauf wurde die Verfassung geändert und dem Obersten Gericht die Zuständigkeit für verfassungsrechtliche Angelegenheiten entzogen. Ab diesem Zeitpunkt arbeitete das Oberste Gericht ebenso wie die gesamte übrige Judikative eng mit der Exekutive zusammen, insbesondere dann, wenn Fälle von politischer Bedeutung zu entscheiden waren.

Ein weiteres Problem des Gerichts und der Justiz im Allgemeinen war ihr Dünkel. Die Richter trugen offen ihre Annahme zur Schau, dass sie die Wahrheit kennen, ihre Entscheidungen daher zwangsläufig richtig sein müssen und sie deshalb entscheiden können, was immer sie für richtig halten. Sie übten ihre richterliche Macht ohne den nötigen Respekt vor dem Volk aus, als ob sie aufgrund ihrer Klugheit und ihres Wissens nicht irren könnten. Diese Amtsführung beschädigte das Ansehen der Justiz nachhaltig.

Das Verfassungsgericht Koreas wurde im Zuge der Verfassungsänderung des Jahres 1988 errichtet. Bei seiner Gründung herrschte sowohl unter Juristen als auch in der Bevölkerung große Skepsis, ob das neue Gericht seinen Auftrag würde erfüllen können. Jedoch zeigte sich schnell, dass das Verfassungsgericht bereit war, seinen Handlungsspielraum ausgiebig zugunsten von Rechtsstaatlichkeit und Demokratie zu nutzen. In den nunmehr gut 30 Jahren seines Bestehens hat sich das koreanische Verfassungsgericht als unabhängiger Beschützer der Verfassung und der Grundrechte der Bürger erwiesen. Verglichen mit der langsamen Entwicklung der politischen Institutionen und der Parteiendemokratie sind die Erfolge der Verfassungsgerichtsbarkeit geradezu erstaunlich. Umfragen zufolge hält die Bevölkerung Koreas das Verfassungsgericht für die vertrauenswürdigste und einflussreichste staatliche Institution.[1]

Mit der Verfassungsreform des Jahres 1988 wurde die Zuständigkeit für die Überprüfung anhand von Verfassungsrecht auf das neu geschaffene Verfassungsgericht übertragen, während das Oberste Gericht seine Stellung als letztinstanzliches Fachgericht (Art. 101 Abs. 2 der Verfassung) beibehielt.

Die Verfassung der Republik Korea sieht vor, dass in die Zuständigkeit des Verfassungsgerichts unter anderem die Entscheidung über Verfassungsbeschwerden fällt. Nähere Einzelheiten hierzu regelt das Verfassungsgerichtsgesetz. Im Hinblick auf die in Betracht kommenden Beschwerdegegenstände beinhaltet das Verfassungsgerichtsgesetz eine Einschränkung mit weitreichenden Folgen: Es bestimmt ausdrücklich, dass gerichtliche Entscheidungen keiner Überprüfung im Rahmen einer Verfassungsbeschwerde unterliegen (Art. 68 Abs. 1 des Verfassungsgerichtsgesetzes). Dies hat zur Folge, dass die Grundrechte der koreanischen Verfassung im Bereich von Judikativakten ihre Wirkung nicht voll entfalten können und somit ein großer Teilbereich staatlichen Handelns der verfassungsgerichtlichen Kontrolle entzogen ist.

Das Verfassungsgericht hat in den vergangenen drei Jahrzehnten über 600 Gesetzesbestimmungen aufgehoben und damit massiven Einfluss auf die Arbeitsweise des Gesetzgebers genommen. Die Legislative prüft heute die

---

1 Zur Geschichte der Verfassungsgerichtsbarkeit, der Etablierung des Verfassungsgerichts und seiner Entwicklung siehe: The Constitutional Court of Korea: The First Ten Years of the Korean Constitutional Court (2001) sowie The Constitutional Court of Korea: Thirty Years of the Constitutional Court of Korea (2018). Beide Bücher sind abrufbar unter https://library.ccourt.go.kr/en/#/about/pub/materials

Verfassungsmäßigkeit von Gesetzentwürfen deutlich gewissenhafter, als dies früher der Fall war. Hingegen hat sich die Einstellung des Obersten Gerichts zur Verfassung nicht wesentlich verändert. Seine Rechtsprechung lässt wenig Bereitschaft erkennen, die Grundrechte und ihre Auslegung durch das Verfassungsgericht in der eigenen Rechtsanwendung zu berücksichtigen. Diese Haltung überträgt sich auch auf die Instanzgerichte, die sich maßgeblich an der Rechtsprechung des Obersten Gerichts orientieren.

Wie weitreichend die Folgen der mangelnden verfassungsgerichtlichen Überprüfbarkeit von Gerichtsentscheidungen sind, zeigt sich besonders deutlich im Hinblick auf den Rechtsschutz gegen Verwaltungshandeln. Da Verfassungsbeschwerden erst nach Ausschöpfung aller anderen rechtlichen Möglichkeiten zulässig sind und gegen Maßnahmen der Exekutive in aller Regel der Verwaltungsrechtsweg eröffnet ist, ist eine Verfassungsbeschwerde hiergegen faktisch ausgeschlossen. Letztlich bleibt es den Fachgerichten überlassen, inwieweit sie die Vorgaben des Verfassungsrechts, insbesondere die Auslegungspraxis des Verfassungsgerichts, in ihrer Rechtsprechung beachten. Dieser Zustand ist im Hinblick auf das Rechtsstaatsprinzip unbefriedigend. Eine Erweiterung der tauglichen Beschwerdegegenstände um Gerichtsentscheidungen erscheint dringend geboten.

III. Notwendigkeit und Schwierigkeiten einer Reform

Es ist eine wichtige und dringende Aufgabe im Sinne der Rechtsstaatlichkeit in Korea, Verfassungsbeschwerden gegen Gerichtsurteile einzuführen. Eine solche Reform würde sich nicht auf die Anpassung einiger Verfahrensvorschriften im Bereich der Verfassungsgerichtsbarkeit beschränken. Vielmehr würde sie eine grundlegende Umstrukturierung der Judikative bedeuten, die insbesondere eine Veränderung des Verhältnisses zwischen den Fachgerichten und dem Verfassungsgericht sowie zwischen Gerichten und anderen staatlichen Institutionen mit sich bringt. Die Neuregelung könnte einerseits einen entscheidenden Beitrag zur Stärkung rechtsstaatlicher Strukturen leisten, andererseits aber auch mit unerwünschten Folgen einhergehen. Im Hinblick auf die hier untersuchte Einführung der Urteilsverfassungsbeschwerde ist insofern insbesondere an zwei Aspekte zu denken: zum einen an den deutlich steigenden Geschäftsanfall am Verfassungsgericht und zum anderen an die ablehnende Haltung in den Reihen der Fachgerichtsbarkeit.

Das Oberste Gericht Koreas ist das letztinstanzliche Rechtsmittelgericht aller Gerichtszweige. Es erledigt pro Jahr mehr als 45.000 Verfahren.[2] Falls

2 Im Jahr 2021 waren es 46.231 Verfahren. Zur Statistik des Obersten Gerichts Koreas

die neue Verfahrensart der Urteilsverfassungsbeschwerde eingeführt werden sollte, so wird eine nicht unwesentliche Anzahl der vor dem Obersten Gericht unterlegenen Parteien das Verfassungsgericht anrufen und die Verletzung von Grundrechten durch die letztinstanzliche Entscheidung geltend machen. Das Verfahrensaufkommen am Verfassungsgericht wird hierdurch spürbar steigen. Gleichzeitig können seine Kapazitäten nicht beliebig erweitert werden, denn aufgrund der besonderen Stellung des Verfassungsgerichts außerhalb des regulären Rechtswegs, seines hochspeziellen Prüfungsprogramms und der Notwendigkeit einer einheitlichen, konsistenten Verfassungsrechtsprechung sind der zweckmäßigen Größe des Gerichts enge Grenzen gesetzt. Eine Neuregelung muss daher Regeln zur gezielten Steuerung der bestehenden Kapazitäten umfassen.

Eine weitere Schwierigkeit besteht im absehbaren Widerstand der Fachgerichte, an deren Spitze das Oberste Gericht Koreas steht. Das Oberste Gericht gilt derzeit als unangefochtene Machthochburg der Judikative. Daher verwundert es nicht, dass das Oberste Gericht der Einführung der Urteilsverfassungsbeschwerde sehr ablehnend gegenübersteht. Die Bedenken basieren allerdings auf dem Missverständnis, das Oberste Gericht würde mit der Einführung der Urteilsverfassungsbeschwerde dem Verfassungsgericht unterstellt. Auch diese Befürchtung, die ein nicht zu unterschätzendes Hindernis darstellt, gilt es in die Reformüberlegungen einzubeziehen. Ihr kann insbesondere dadurch begegnet werden, dass die Neuregelung eine transparente und umsichtig ausbalancierte Aufgabenverteilung zwischen der Fachgerichtsbarkeit und der Verfassungsgerichtsbarkeit vorsieht. Insbesondere ist sicherzustellen, dass sich das Verfassungsgericht nicht zu einer Superrevisionsinstanz entwickelt.

Über den Reformbedarf wird schon seit Langem diskutiert. Die Mehrheit der Verfassungsrechtler befürwortet die Einführung von Verfassungsbeschwerden gegen Gerichtsurteile. Das Oberste Gericht und die Richter der Fachgerichte bringen ihre Ablehnung deutlich zum Ausdruck. Die Argumente pro und contra sind zahlreich. Jedoch wird kaum darüber diskutiert, wie den oben genannten Schwierigkeiten begegnet werden kann. Bislang gibt es in Korea in der Rechtswissenschaft und in der Politik kaum eine Diskussion über die konkrete Ausgestaltung der Urteilsverfassungsbeschwerde. Vor diesem Hintergrund setzt sich das vorliegende Forschungsvorhaben mit der Urteilsverfassungsbeschwerde, ihren verfassungsrechtlichen Rahmenbedingungen und insbesondere mit der Ausgestaltung des Annahmeverfahrens auseinander.

---

siehe: 사법연감 (koreanisch, Juristisches Jahrbuch 2021). Das Buch ist abrufbar unter https://www.scourt.go.kr/img/pub/jur_2021_Book6.pdf

Da das koreanische Verfassungsgericht seinerzeit in Anlehnung an das Modell des deutschen BVerfG errichtet wurde, erscheint es sinnvoll, zunächst die deutsche Verfassungsbeschwerde und auch das Annahmeverfahren hierfür einer näheren Betrachtung zu unterziehen. Das im BVerfGG geregelte Annahmeverfahren ist nicht das Ergebnis logischer Schlussfolgerungen. Vielmehr basiert es auf der praktischen Notwendigkeit, angesichts der großen Anzahl an Verfassungsbeschwerden die Funktionsfähigkeit des BVerfG zu gewährleisten. Deshalb soll das Annahmeverfahren insbesondere im Kontext der Funktionen der Verfassungsbeschwerde untersucht werden.

Im System des US Supreme Court gibt es ein Vorfilter-Verfahren, das sich vom deutschen Annahmeverfahren unterscheidet. Es lohnt sich, die in den beiden Rechtsordnungen praktizierten Verfahren kritisch zu analysieren. Die hierbei gewonnenen Erkenntnisse bilden die Grundlage dafür, ein Modell für ein bestmöglich funktionierendes Annahmeverfahren für Urteilsverfassungsbeschwerden vor dem koreanischen Verfassungsgericht zu entwerfen.

B. Hinführung zum Thema

I. Ein „Haus für jedermann"

So wie ein Haus Menschen vor Wind und Regen, Kälte und Hitze schützt, kann die Urteilsverfassungsbeschwerde Bürger vor grundrechtswidrigen Entscheidungen der Fachgerichte schützen. Soll die Urteilsverfassungsbeschwerde grundsätzlich jedermann zugänglich sein, ist sie – um im Bild zu bleiben – gewissermaßen ein „Haus für jedermann". Wenn man ein „Haus für jedermann" errichten will, so muss man entscheiden, wem das Haus dienen soll und wer nutzungsberechtigt sein soll. Zur Erreichung des Zwecks kommt es in erster Linie darauf an, die Regelungen zu treffen, die das Haus tatsächlich für jedermann zugänglich machen und die seine Nutzbarkeit langfristig erhalten.

Diese Feststellung klingt in Anbetracht der Zweckbestimmung als „Haus für jedermann" zunächst widersprüchlich. Obwohl ein „Haus für jedermann" intendiert ist, bedarf es klarer Regeln für Zutritt und Nutzung. Wenn eine große Vielzahl von Menschen das Haus gleichzeitig als Bleibe in Anspruch nimmt, ist das Haus in kürzester Zeit voll belegt und verliert damit seine Bedeutung als „Haus für jedermann". Ohne angemessene Regeln und ihre Umsetzung ist es unmöglich, die Zweckbestimmung aufrechtzuerhalten.

Je ehrgeiziger das Vorhaben ist, das Haus für alle zugänglich zu machen, desto wichtiger sind gut durchdachte Regeln und deren konsequente Umsetzung. Um eine angemessene Regelung zu finden, muss man Realität und Ideal abwägen.

Das Ideal besteht darin, das Haus allen Menschen zu widmen. Die Realität zeigt, dass viel mehr Menschen Zutritt begehren, als das Haus aufnehmen kann. Die einzige Möglichkeit, beide Aspekte in Einklang zu bringen, besteht in einer Abwägung und einer Zugangsbeschränkung.

Hierbei sind mehrere Faktoren zu berücksichtigen. Wenn zu viele Menschen das Bedürfnis haben, das Haus aufzusuchen, muss über die Gründe dafür nachgedacht werden. Zutritt und Nutzung sollten anhand von allgemeinen, fairen, gerechten und diskriminierungsfreien – also rechtsstaatlich angemessenen – Kriterien geregelt werden. Gelingt dies nicht, so ist es schwierig, das Haus als ein „Haus für jedermann" zu bezeichnen.

Zu bedenken ist außerdem, welches besondere Potenzial mit dem Haus verbunden ist. Dieses Potenzial bildet den eigentlichen Grund dafür, dass die Bezeichnung „für jedermann" gerechtfertigt ist. Daher sollte verantwortungsvoll damit umgegangen werden. Der Schutz, den das Haus bietet, sollte den Menschen zugutekommen, die den Schutz am meisten brauchen, auch wenn es ihnen aus eigener Kraft nicht möglich ist, dort einzuziehen. Wird dieser Aspekt vernachlässigt, so dienen die verfügbaren Kapazitäten auch den Menschen, die bereits in einem anderen Gebäude eine angemessene Unterkunft gefunden hätten. Es ist keine leichte Aufgabe, die Forderungen der Menschen vor dem Haus, die eine lange und beschwerliche Reise hinter sich haben, und die Bedürfnisse der Teile der Bevölkerung, die den besonderen Schutz des Hauses am dringendsten benötigen, in Einklang zu bringen.

II. Verfassungsgerichtsbarkeit und fachgerichtliche Urteile in Deutschland

Fühlt sich ein Bürger in seinen Grundrechten oder bestimmten grundrechtsgleichen Rechten verletzt, so steht ihm als letzter innerstaatlicher Rechtsbehelf die Verfassungsbeschwerde zur Verfügung. Der durch den fehlenden Anwaltszwang und die Kostenfreiheit des Verfahrens im ersten Schritt niedrigschwellig ausgestaltete Zugang zum BVerfG ist ein wichtiger Faktor im System der Verfassungsbeschwerde, denn erst die gerichtliche Durchsetzbarkeit der grundrechtlich garantierten Freiheiten verhilft diesen zu unmittelbarer Geltung im Sinne von Art. 1 Abs. 3 GG.

Besondere Relevanz kommt dabei der Verfassungsbeschwerde gegen Entscheidungen der Fachgerichte (Urteilsverfassungsbeschwerde) zu[3], da

3 Die Bezeichnung „Fachgerichtsbarkeit" ist mehrdeutig: Teilweise werden darunter im Gegensatz zur Verfassungsgerichtsbarkeit alle anderen Gerichtszweige verstanden;

Rechtsverletzungen durch staatliches Handeln in aller Regel zunächst der fachgerichtlichen Überprüfung unterliegen.

Die Urteilsverfassungsbeschwerde wirft schwierige Fragen im Hinblick auf das Verhältnis zwischen Fach- und Verfassungsgerichtsbarkeit auf. Nach seiner Konzeption ist das BVerfG keine „Superrevisionsinstanz", die die Urteile anderer Gerichte in vollem Umfang auf ihre Rechtmäßigkeit hin überprüft. Die praktische Umsetzung dieser Vorgabe, also die Klärung, in welchem Umfang das BVerfG fachgerichtliche Urteile nachprüfen darf und wo die Nachprüfung ihre Grenzen findet, erweist sich als hochkomplex. Die damit verbundenen Schwierigkeiten werden durch Entscheidungen des BVerfG, die den Grundrechtsschutz stark ausdehnen, insbesondere das Elfes- und das Lüth-Urteil, verstärkt.

Korioth beschreibt ein in diesem Zusammenhang bestehendes Problem wie folgt:

> *Eine Gefahr aus der Existenz der Verfassungsbeschwerde und deren Beschränkung auf verfassungsrechtliche Erwägungen ist nicht zu übersehen: Die Verfassungsbeschwerde muss die Beschwerdeführer wie das Gericht allzu sehr verleiten, einfachrechtliche Fragen verfassungsrechtlich aufzuladen, um sie im Rahmen der Verfassungsbeschwerde rüge- und begründungsfähig zu machen. So wird zu mancher „spezifisch" verfassungsrechtlichen Argumentation gegriffen, obwohl das Ergebnis schlicht durch Auslegung und Anwendung einfachen Rechts zu erreichen gewesen wäre.*[4]

Der weit ausgedehnte Schutzbereich der Grundrechte und der Anreiz, in einfachrechtlichen Fragen grundrechtlichen Gehalt zu erkennen, führt zwangsläufig zu der Frage, ob es dem Gericht überhaupt möglich ist, alle eingereichten Verfassungsbeschwerden zu bearbeiten. Außerdem erscheint es fraglich, ob die geschilderte Praxis für das Gericht und für die Bürger ideal ist. Die Rechtsprechung des BVerfG und das verfassungsrechtliche Schrifttum haben verschiedene Formeln und Maßstäbe zur Bestimmung der Grenze zwischen Fach- und Verfassungsgerichtsbarkeit entwickelt. Das BVerfG hat ein flexibles Kontrollmodell eingeführt, das ihm in allen Bereichen des Rechts sehr weitreichende Prüfungsbefugnisse einräumt. Ein Blick auf die Praxis zeigt indes, dass die Formeln und Maßstäbe weder eindeutig sind noch konsistent angewendet werden.

---

teilweise wird der Terminus für die Verwaltungs-, Arbeits-, Sozial- und Finanzgerichtsbarkeit genutzt, um sie von der ordentlichen Gerichtsbarkeit abzugrenzen, vgl. Creifelds, Rechtswörterbuch, 23. Aufl. 2019, Lemma „Fachgerichte". In dieser Arbeit beziehen sich die Bezeichnungen „Fachgerichtsbarkeit", „Fachgericht" oder „fachgerichtlich" stets auf die zuerst genannte Definition.

4 Schlaich/Korioth, Das Bundesverfassungsgericht, Rn. 297.

III. Die Praktikabilität der Zugangsregelung im Rahmen des Annahmeverfahrens

Erst durch geeignete Zugangsregeln steht die Verfassungsbeschwerde auf einem tragfähigen Fundament. Je wichtiger der offene Zugang zur Verfassungsbeschwerde und die Beschwerdeberechtigung für jedermann sind, umso sorgfältiger müssen die notwendigen Beschränkungen des Zugangs durchdacht und ausgearbeitet werden. Fehlt eine funktionierende Zugangskontrolle oder versagen entsprechende Vorgaben in der Praxis, so bilden sich andere, vom Gesetzgeber nicht vorgesehene Steuerungsmechanismen heraus, etwa im Bereich der Zulässigkeitskriterien.

Das Annahmeverfahren ist ein dem Hauptsacheverfahren vorgeschaltetes Verfahren, das der Entlastung des BVerfG dienen soll. Gemäß § 93a Abs. 2 BVerfGG sind Verfassungsbeschwerden anzunehmen, wenn ihnen grundsätzliche verfassungsrechtliche Bedeutung zukommt oder wenn die Annahme zur Durchsetzung der Grundrechte des Beschwerdeführers angezeigt ist. In der Praxis konzentriert sich die Prüfung des BVerfG jedoch darauf, ob die Verfassungsbeschwerde Aussicht auf Erfolg hat, d. h. ob sie zulässig und begründet ist. Fehlt es an diesen Voraussetzungen, wird die Sachprüfung abgelehnt. Das derzeit praktizierte Annahmeverfahren wird teilweise als intransparent kritisiert. Dies beruht insbesondere darauf, dass quasi alle Nichtannahme-Entscheidungen von einer Kammer getroffen werden und dass sie keiner Begründung bedürfen (§ 93d Abs. 1 S. 3 BVerfGG). Diese Rahmenbedingungen haben dazu geführt, dass sich informelle Strategien zur Steuerung des Geschäftsanfalls herausgebildet haben.[5]

Die Erfolgsgeschichte der Verfassungsbeschwerde überschneidet sich mit dem ständigen Bemühen, die eingehenden Verfahrensanträge zielgerecht zu kanalisieren und der Arbeitsüberlastung des BVerfG Einhalt zu gebieten. Die vom Gesetzgeber als Filtermechanismus eingeführten Vorprüfungs- bzw. Annahmeverfahren haben diese beiden Funktionen jedoch kaum erfüllt.[6]

---

5 Nettersheim beschreibt die Verfahrensweise des BVerfG wie folgt: „Die tatsächliche Handhabung des Annahmeverfahrens durch das BVerfG … [ist] durch eine Konzentration auf eine Prüfung vor allem der Zulässigkeit, aber auch der Begründetheit der Verfassungsbeschwerde – wobei hier die Grenze zur Prüfung der Substantiierungsanforderungen fließend ist – gekennzeichnet ist, lässt offensichtlich keinen leichtfertigen Umgang mit der Individualrechtsschützenden Funktion der Verfassungsbeschwerde erkennen." Nettersheim, in: Barczak (Hrsg.), BVerfGG, 2018, § 93a Rn. 8.

6 Schlaich/Korioth, Das Bundesverfassungsgericht, Rn. 259.

Die Aufgabe des Annahmeverfahrens ist nicht nur die Entlastung des Gerichts. Es soll auch dazu dienen, die verfassungsrechtliche Problematik im Rahmen intensiver Diskussionen herauszuarbeiten und dabei Fälle auszusortieren, die keiner verfassungsgerichtlichen Entscheidung bedürfen. Das BVerfG ist nicht als ein Gericht mit Einzelrichtern, sondern als Kollegialgericht konzipiert. Seine Spruchkörper sind dazu bestimmt, durch eine Diskussion zu ihren Entscheidungen zu gelangen. Wenn im Annahmeverfahren Verfahrensregeln und Strukturen eingeführt werden, die eine Diskussion unter den Richtern bewirken und intensivieren können, könnte dies nicht nur die Objektivität der Annahmeentscheidung, sondern auch den Grundrechtsschutz und die gesellschaftliche Diskussion über die Grundrechte fördern.

IV. Der US Supreme Court und das Writ of Certiorari-Verfahren

Im Gegensatz zum BVerfG, das außerhalb des fachgerichtlichen Instanzenzugs angesiedelt ist, ist der US Supreme Court als höchstes Bundesgericht der Vereinigten Staaten den anderen Gerichten übergeordnet. Der US Supreme Court befasst sich nur mit bundesrechtlichen Fragen einschließlich der Entscheidung von Konflikten zwischen einzelnen Bundesstaaten. Er hat das letzte Wort bei der Auslegung der Verfassung der Vereinigten Staaten und fungiert daher auch als Verfassungsgericht. Aufgrund seiner Stellung an der Spitze des Instanzenzugs besteht keine rechtliche oder theoretische Notwendigkeit, seine Zuständigkeit inhaltlich abzugrenzen oder den Umfang der Nachprüfungsbefugnis zu klären. Dennoch macht die Vielzahl der beim US Supreme Court eingehenden Verfahrensanträge eine der möglichen Sachentscheidung vorgelagerte Prüfung der Annahmewürdigkeit erforderlich.

Anfang der 1920er-Jahre erkannte der damalige Oberste Richter (Chief Justice) des US Supreme Court William Howard Taft die Notwendigkeit, ein Annahmeverfahren einzuführen, und engagierte sich für die Konzeption und Umsetzung eines solchen Verfahrens. Die aufseiten des Gesetzgebers anfänglich bestehenden Bedenken, wonach beliebige Annahmeentscheidungen zu befürchten seien, konnten seinerzeit in eingehenden Diskussionen zwischen Abgeordneten und Richtern ausgeräumt werden.

Im Mittelpunkt des sog. Writ of Certiorari-Verfahrens steht die objektive Bedeutung des Falls. Sie ist das maßgebliche Kriterium dafür, ob der US Supreme Court einen Rechtsstreit zur Sachentscheidung annimmt. Die klare Ausrichtung auf die objektiv-rechtliche Dimension und die Transparenz des Verfahrens wirken sich förderlich auf das öffentliche Interesse an höchstrichterlich zu klärenden Fragen aus und rücken die grundrechtlichen Anliegen der Parteien in den Fokus der gesellschaftlichen Diskussion. Das seit fast einem Jahrhundert erfolgreich praktizierte Writ of Certiorari-Verfahren dürfte wertvolle Impulse für die Entwicklung eines Modell-Annahmeverfahrens liefern und soll daher in dieser Arbeit näher beleuchtet werden.

V. Eingrenzung des Themas

Die vorliegende Arbeit befasst sich mit der Abgrenzung der verfassungsgerichtlichen Kontrollbefugnis im Hinblick auf fachgerichtliche Urteile und mit dem Annahmeverfahren der Verfassungsbeschwerde sowie mit der Frage, ob sich zwischen ihnen Verbindungslinien finden lassen. Der Bedarf für diese Untersuchung ergibt sich zunächst aus dem Umstand, dass die notwendigen klaren, fairen und konsistenten materiellen Standards zur Abgrenzung des Umfangs der verfassungsgerichtlichen Kontrolle bei Urteilsverfassungsbeschwerden nicht gefunden werden können. Auch die offizielle Zugangskontrolle zur Verfassungsbeschwerde, das Annahmeverfahren, ist in mehrfacher Hinsicht kritikwürdig. Vor allem bewirkt das Annahmeverfahren in seiner derzeit praktizierten Form nicht die erforderliche Fokussierung des BVerfG auf seine eigentliche Aufgabe, die Interpretation des Grundgesetzes und den Schutz der Grundrechte.

Die Rechtslage und die Lebenswelt der Grundrechtsträger unterliegen einem ständigen Wandel. Ein gesamtgesellschaftliches Problem, das auch in demokratischen Rechtsstaaten nicht zu übersehen ist, ist die zunehmende Ungleichheit in den Bereichen Wohlstand, Bildung und Berufschancen. Die Unterschiede zwischen den sozialen Schichten vergrößern sich, gleichzeitig nimmt die Anzahl armutsgefährdeter Menschen zu. In Anbetracht dieser gesellschaftlichen Entwicklungen ist ein wirkungsvoller Grundrechtsschutz von größter Bedeutung.

Das BVerfG als wichtigster Interpret der Grundrechte muss gesellschaftliche Entwicklungen, die die Lebenswirklichkeit der Grundrechtsträger bilden, kontinuierlich im Blick behalten. Um soziale Veränderungen, ihre Auswirkungen auf den Grundrechtsschutz und den Bedarf zur Anpassung der Rechtsprechung zu erkennen, ist eine offene und intensive Diskussion innerhalb des Richterkollegiums erforderlich. Diese muss bereits im Stadium des Annahmeverfahrens aufgenommen werden, da das Gericht ansonsten keine Möglichkeit mehr hat, den entsprechenden Grundrechtsschutz zu gewähren. Das Annahmeverfahren muss Raum und Zeit für die Erfüllung der eigentlichen Aufgabe des BVerfG bieten, d. h. zur Befassung des Gerichts mit Rechtsfragen von grundsätzlicher verfassungsrechtlicher Bedeutung.[7]

---

7 Schlaich/Korioth, Das Bundesverfassungsgericht, Rn. 275.

Es ist wichtig, die Rahmenbedingungen dafür zu schaffen, dass die Verfassungsbeschwerde ein „Haus für jedermann" bleibt. Die vorliegende Arbeit geht daher der Frage nach, ob der Zugang zur Verfassungsbeschwerde eingeschränkt werden soll und, falls ja, unter welchen Voraussetzungen und nach welchen Regeln dies geschehen sollte. Es stellt sich die Frage, wie ein Annahmeverfahren de lege ferenda ausgestaltet sein müsste, damit es sich sowohl zur Feststellung der Sachentscheidungswürdigkeit einer Verfassungsbeschwerde als auch als Mittel einer fairen und konsequenten Zugangskontrolle zur Verfassungsgerichtsbarkeit eignet. Um neue Möglichkeiten zur Ausgestaltung des Annahmeverfahrens auszuloten, sollen in dieser Arbeit zwei Ansätze, der prozedurale Überprüfungsansatz und der Ansatz der deliberativen Demokratie, vorgestellt und auf ihre Geeignetheit hin untersucht werden. Eine solche verfahrensgeleitete Perspektive ist immer dann geboten, wenn es um ein Problem geht, das einer materiellen Prüfung nicht zugänglich ist. Dabei geht es nicht darum, auf materielle Standards komplett zu verzichten; vielmehr sollen materielle und prozedurale Standards kombiniert werden, um im Ergebnis ein faires und einheitliches Vorgehensmodell zu entwickeln.

Das BVerfG und die herrschende Meinung in der Literatur lehnen eine Entscheidung nach Ermessen im Rahmen des Annahmeverfahrens ab. Gleichzeitig nehmen sie in Kauf, dass mangels geeigneter inhaltlicher Standards bei der Bestimmung des verfassungsgerichtlichen Prüfungsumfangs ein breiter Beurteilungsspielraum zur Anwendung kommt. Angesichts dieser Problematik wird in der vorliegenden Arbeit versucht, den Blick von einer inhaltlichen Bestimmung des Beurteilungsspielraums zu lösen und ihn auf die Ausgestaltung des deliberativen Verfahrens zu lenken. Es geht darum, ein Annahmeverfahren zu konzipieren, das einen umfassenden Meinungsaustausch der Richter gewährleistet und außerdem die zu entscheidenden Fragen einer Auseinandersetzung in der interessierten Öffentlichkeit zugänglich macht. Ein solches diskussionsorientiertes Annahmeverfahren könnte auch den Bedenken gegen die Einräumung eines Ermessensspielraums bei der Annahmeentscheidung entgegenwirken.

VI. Gang der Untersuchung

Diese Arbeit besteht aus sechs Kapiteln. In **Kapitel 1** werden Anlass und Gegenstand der Untersuchung umrissen. Den Ausgangspunkt bildet dabei die jüngere Geschichte Koreas. Thematisiert werden insbesondere die Gründung des Verfassungsgerichts und seine Entwicklung, die Notwendigkeit der Einführung einer Verfassungsbeschwerde gegen Gerichtsurteile und der Status des Obersten Gerichts.

Kapitel 2 behandelt die Prüfungskompetenz des BVerfG bei der Verfassungsbeschwerde. **Teil A** befasst sich mit der Stellung der Verfassungsgerichtsbarkeit. In **Teil B** werden die Geschichte der Einführung der Verfassungsbeschwerde und die Abgrenzungsproblematik bei der Urteilsverfassungsbeschwerde behandelt.

Kapitel 3 widmet sich dem Annahmeverfahren des BVerfG bei Urteilsverfassungsbeschwerden. Nach der Einleitung (**Teil A**) werden in **Teil B** die Einführung des Annahmeverfahrens und seine Entwicklung dargestellt. Das aktuelle System, seine Charakteristika und seine Probleme sind Gegenstand von **Teil C**. In **Teil D** schließt sich eine Untersuchung der Zulässigkeitsvoraussetzungen Subsidiarität und Substantiierung an, die in der Arbeitspraxis des BVerfG besonders beim Annahmeverfahren eine wichtige Rolle spielen. Beide Zulässigkeitskriterien vermitteln dem Gericht breiten Handlungsspielraum. Erst diese Flexibilität ermöglicht es dem BVerfG, die große Anzahl nicht erfolgversprechender Verfassungsbeschwerden effizient zu erledigen.

Kapitel 4 widmet sich in **Teil A** dem US Supreme Court und seinem Annahmeverfahren, dem sog. Writ of Certiorari-Verfahren. Nach einem Überblick über die Stellung des Supreme Court werden die Geschichte der Einführung des Writ of Certiorari-Verfahrens und sein Ablauf dargestellt. Besonderes Augenmerk wird dabei auf zwei Charakteristika dieses Verfahrens gelegt, und zwar auf die Questions Presented und auf die Möglichkeit von Sondervoten. Es wird erläutert, wie sich diese Charakteristika auf die Verfahrenspraxis auswirken und wie sie die Beratung der Richter und ihre Entscheidungsfindung beeinflussen. Erst das Verständnis dieser Zusammenhänge erlaubt es, ein tieferes Verständnis von Status und Funktion des US Supreme Court zu entwickeln.

Teil B dieses Kapitels befasst sich mit dem Modell eines Annahmeverfahrens, das an das Writ of Certiorari-Verfahren angelehnt ist. Auf Anregung des BVerfG berief der Bundesminister der Justiz am 15. Juli 1996 eine Kommission ein, die Empfehlungen zur Entlastung des BVerfG ausarbeiten sollte. Die einzige Empfehlung der Kommission war, ein dem Writ of Certiorari-Verfahren nachgebildetes Annahmeverfahren einzuführen, d. h. ein Verfahren, in dem stets der gesamte Senat über die Annahme entscheidet, wobei ihm breiter Ermessensspielraum zusteht. Das Modell der Kommission und die Argumente seiner Kritiker und Befürworter werden untersucht. Anhand einer Gegenüberstellung des Modells der Kommission mit dem vom US Supreme Court praktizierten Writ of Certiorari-Verfahren sollen Gemeinsamkeiten und Unterschiede herausgearbeitet werden.

In **Kapitel 5** wird ein neues Modell für ein Annahmeverfahren, das sog. deliberative Annahmeverfahren, vorgestellt. Die Ausarbeitung des neuen Modells basiert auf dem Ansatz der deliberativen Demokratie und auf dem prozeduralen

Überprüfungsansatz. Nach der Grundlagen des Modells (**Teil A**) befasst sich **Teil B** mit dem prozeduralen Überprüfungsansatz. Der prozedurale Überprüfungsansatz rechtfertigt den Ermessensspielraum durch die verfahrensrechtliche Kontrolle der individuellen Meinungen der Richter und gewährleistet die effiziente Durchführung des Annahmeverfahrens. Er begünstigt die diskursive Herangehensweise des BVerfG und bewirkt, dass auch interessierte Mitglieder der Öffentlichkeit an der Diskussion teilhaben. In **Teil C** wird ein weiterer Ansatz, der Ansatz der deliberativen Demokratie, dargestellt. Unter Zugrundelegung demokratietheoretischer Erwägungen sollen Möglichkeiten zur Reform des Annahmeverfahrens aufgezeigt werden. Den Ausgangspunkt bildet die Überlegung, dass sich die moderne Demokratie nicht auf Wahlen und Entscheidungen durch repräsentative Institutionen reduzieren lässt. Der Ansatz der deliberativen Demokratie stützt die Legitimität des Annahmeverfahrens auf die Diskussion sowohl der Richter als auch der Bevölkerung. Beide Ansätze können zur Rechtfertigung des gerichtlichen Ermessensspielraums herangezogen werden. Sie fördern die Beratungskultur am Gericht und die Diskussion in der interessierten Öffentlichkeit und ebnen so den Weg für eine breite Akzeptanz der Entscheidungen und das Vertrauen in die Verfassungsgerichtsbarkeit. **Teil D** befasst sich mit den für das deliberative Annahmeverfahren erforderlichen Strukturen. Es wäre wünschenswert, dass das Modell nicht nur dem BVerfG eine klare Orientierung gibt, sondern dass es zugleich die Grundlage für eine offene Diskussion von Grundrechtsfragen und über die Funktion der Verfassungsgerichtsbarkeit in der Gesellschaft bietet.

Kapitel 2: Die Prüfungskompetenz des Bundesverfassungsgerichts bei der Urteilsverfassungsbeschwerde

A. Die Stellung der Verfassungsgerichtsbarkeit

Mit dem Grundgesetz vom 23. Mai 1949[8] fiel die Entscheidung für die Errichtung des BVerfG. Wäre es nach dem im August 1948 vorbereitend tagenden Verfassungskonvent von Herrenchiemsee gegangen, so wären die Vorschriften über das BVerfG in einem eigenen Abschnitt des Grundgesetzes dargestellt worden, um „die Gleichberechtigung dieses höchsten Organs der dritten Gewalt gegenüber den anderen Gewalten" sichtbar zu machen.[9] Den eigenen Abschnitt verwirklichte der Parlamentarische Rat nicht, jedoch räumte er dem Gericht in Art. 93 GG und weiteren Vorschriften des Grundgesetzes einen breiten Aufgabenbereich ein. Diese Entscheidung für eine starke Verfassungsgerichtsbarkeit ist eines der wichtigsten Merkmale, durch die sich das Grundgesetz von allen früheren deutschen Verfassungen unterscheidet.[10]

Die einfachgesetzliche Ausgestaltung des BVerfG erfolgte mit dem Gesetz über das Bundesverfassungsgericht (BVerfGG) vom 12. März 1951, das am 17. April 1951 in Kraft trat.[11] Gemäß § 1 Abs. 1 BVerfGG ist das BVerfG gegenüber allen übrigen Verfassungsorganen ein selbständiger Gerichtshof. Im Verhältnis zur Fachgerichtsbarkeit mit ihren fünf Gerichtszweigen ist die Verfassungsgerichtsbarkeit organisatorisch verselbständigt. Die Zuständigkeit des BVerfG umfasst Organstreitverfahren, föderative Streitigkeiten, Normenkontrollverfahren, Verfassungsbeschwerden sowie besondere Verfassungsschutzverfahren und die Verfahren der Wahl- und Mandatsprüfung (Art. 93 GG, § 13 BVerfGG).

Die Verfassungsgerichtsbarkeit nimmt innerhalb der rechtsprechenden Gewalt eine Sonderstellung ein. Hieraus ergeben sich komplexe Fragestellungen, die über allgemeine gerichtsverfassungsrechtliche Aspekte, wie sie sich auch für

---

8 BGBl. 1949, 1.

9 Achter Abschnitt mit den Artikeln 97 bis 100 des Herrenchiemsee-Entwurfs, vgl. Verfassungsausschuß der Ministerpräsidenten-Konferenz der Westlichen Besatzungszonen, Bericht über den Verfassungskonvent auf Herrenchiemsee vom 10. bis 23. August 1948, S. 75, online unter: https://epub.ub.uni-muenchen.de/21036/1/4Polit.3455.pdf

10 Benda/Klein, Verfassungsprozessrecht, § 1 Rn. 1.

11 BGBl. I 1951, S. 243.

die Fachgerichtsbarkeit ergeben, weit hinausgehen. Insofern ist zunächst klärungsbedürftig, welche gemeinsamen Merkmale die Verfassungsgerichtsbarkeit, abgesehen vom vorgenannten Zuständigkeitskatalog, aufweist.

Die Verfassungsgerichtsbarkeit ist von den Besonderheiten des Verfassungsrechts geprägt. In historischer Perspektive ist insbesondere der Charakter der Grundrechte als unmittelbar geltendes Recht bemerkenswert (Art. 1 Abs. 3 GG). Im Verhältnis zu den einfachen Gesetzen hat das Grundgesetz Vorrang (Art. 20 Abs. 3 GG). Auch was die sprachliche Ausgestaltung des Normtexts betrifft, lassen sich im Grundgesetz, ebenso wie im Verfassungsrecht im Allgemeinen, zahlreiche Besonderheiten gegenüber einfachen Gesetzen feststellen. Das auffälligste Merkmal des Grundgesetzes, das es von anderen Gesetzen unterscheidet, ist die Offenheit der Normen. Die Normen des Grundgesetzes sind zum Teil weit, unbestimmt, offen und einer flexiblen Interpretation zugänglich. Bei den Grundrechten und den Verfassungsprinzipien kommt dies besonders deutlich zum Ausdruck. Sie bedürfen der Konkretisierung im jeweiligen, sich wandelnden historischen Kontext. Diese „offenen Normen" des Grundgesetzes bilden den Kontrollmaßstab des BVerfG und sind maßgeblich für seine Kompetenz. Die Reichweite der Verfassungsgerichtsbarkeit hängt somit entscheidend von den Methoden der Auslegung ab.[12]

Bei der Interpretation des Grundgesetzes bestehen eine große Flexibilität und ein großer Beurteilungsspielraum. Die Akzentuierung der inhaltlichen Gesichtspunkte und der Interpretationsmethoden kann zu ganz unterschiedlichen Schlussfolgerungen und Ergebnissen führen. Ausschlaggebend kann zum Beispiel sein, welche Faktoren berücksichtigt werden, wie die verschiedenen Faktoren ausbalanciert werden oder welche Schwerpunkte gesetzt werden. Diese Flexibilität macht die Interpretation des Grundgesetzes unter dem Einfluss der vielen inneren und äußeren Zwänge und Kräfte allerdings auch angreifbar.

B. Die Abgrenzungsproblematik bei der Urteilsverfassungsbeschwerde

I. Überblick über die Problematik

Zu den Zuständigkeiten des BVerfG zählt die Entscheidung über Verfassungsbeschwerden. Jeder Bürger kann mit der Behauptung, durch die öffentliche Gewalt in seinen Grundrechten oder bestimmten grundrechtsgleichen Rechten verletzt

---

12 Schlaich/Korioth, Das Bundesverfassungsgericht, Rn. 14.

zu sein, Verfassungsbeschwerde erheben (Art. 93 Abs. 1 Nr. 4a GG). Da die Judikative Teil der öffentlichen Gewalt ist, kann sich die Verfassungsbeschwerde auch gegen fachgerichtliche Entscheidungen richten. Im Rahmen der sog. Urteilsverfassungsbeschwerde prüft das BVerfG letztinstanzliche, rechtskräftige Urteile anderer Gerichte daraufhin, ob das Gerichte in seinem Verfahren oder bei der Auslegung und Anwendung des einfachen Rechts Grundrechte verletzt oder zu Unrecht außer Acht gelassen hat.[13] Hierbei stellt sich die überaus schwierige Frage nach dem Verhältnis zwischen Fach- und Verfassungsgerichtsbarkeit.

Zunächst ist zu bedenken, dass die Rechtsprechung zu verfassungsrechtlichen Fragen kein Privileg des BVerfG ist; auch die übrigen Gerichte üben Verfassungsrechtsprechung im materiellen Sinne aus.[14] Die Grundrechte binden nicht nur die Legislative und die Exekutive bei der Erfüllung ihrer Aufgaben, sondern auch die Judikative (Art. 1 Abs. 3 GG). Jeder Richter muss deshalb bei seinen Entscheidungen die Grundrechte als unmittelbar geltendes Recht beachten. Gleichzeitig steht jedem Bürger gegen alle Maßnahmen der öffentlichen Gewalt der Rechtsweg offen (Art. 19 Abs. 4. S. 2 GG). Aus theoretischer Perspektive ist also jeder Bürger in der Lage, seine Rechte einschließlich der Grundrechte in Verfahren vor den Fachgerichten durchzusetzen. Eine zusätzliche Inanspruchnahme des BVerfG lässt sich nur rechtfertigen, wenn sie unerlässlich ist.

Die Möglichkeit, fachgerichtliche Entscheidungen durch das BVerfG nachprüfen zu lassen, macht die Abgrenzung erforderlich, ob sich die behauptete Rechtsverletzung auf Grundrechte bzw. grundrechtsgleiche Rechte bezieht oder auf einfachgesetzliches Recht. Diese Grenzziehung wird dadurch erschwert, dass das BVerfG durch seine Rechtsprechung – etwa durch das Elfes- und das Lüth-Urteil – seine Kontrollbefugnis stark ausgedehnt hat. Das BVerfG benötigt einen hinreichend sicheren und konkreten Maßstab hinsichtlich des von ihm wahrzunehmenden Prüfungsumfangs, um nicht in die Rolle einer Superrevisionsinstanz zu geraten. Zu diesem Zweck hat es seinen Kontrollbereich mit der sog. Heck'schen Formel abgesteckt, deren maßgebliches Kriterium „spezifisches Verfassungsrecht" ist. Allerdings konnten weder die Heck'sche Formel noch die weiteren Abgrenzungsformeln und -kriterien das Problem lösen. Wie im Folgenden dargelegt wird, bleibt die Grenze zwischen Grundrechten und einfachgesetzlichem Recht verschwommen; die Abgrenzung der Prüfungskompetenz von Fachgerichtsbarkeit und Verfassungsgerichtsbarkeit ist nach wie vor ungeklärt.

---

13 Schlaich/Korioth, Das Bundesverfassungsgericht, Rn. 4.

14 Schlaich/Korioth, Das Bundesverfassungsgericht, Rn. 19.

Auch die systematische Zuordnung der Abgrenzungsfrage zur Zulässigkeits- oder Begründetheitsprüfung ist nicht einfach. Sie kann als verfassungsprozessrechtliche Frage im Bereich der Zulässigkeit oder der Annahme (§ 93a BVerfGG) verortet werden; im Kern hängt sie jedoch eng mit materiellrechtlichen Fragestellungen zusammen. Von der Rechtsprechung des BVerfG und der herrschenden Meinung wird die Abgrenzungsfrage unter dem Aspekt des Prüfungsumfangs dem Bereich der Begründetheit zugeordnet. Korioth beschreibt den Hybrid-Charakter der Abgrenzungsfrage wie folgt:

> *Dabei geht es [...] nicht mehr um die Zulässigkeit der Verfassungsbeschwerde, nicht mehr um eine prozessrechtliche Frage im engeren Sinne, sondern um die materielle Reichweite und Ausstrahlungswirkung des Verfassungsrechts in das „einfache" Recht hinein. Deshalb stellt sich das Problem des Prüfungsumfangs erst im Rahmen der Begründetheit der Verfassungsbeschwerde. ... [Jedoch ist] die Problemlösung von der Sicht des Verhältnisses der Verfassungsgerichtsbarkeit zur übrigen Gerichtsbarkeit, also von einem prozessualen Gesichtspunkt im weiteren Sinne geprägt ...*[15]

Berkemann weist darauf hin, dass es nicht nur um das Verhältnis zwischen Fachgerichtsbarkeit und Verfassungsgerichtsbarkeit geht, sondern letztlich um das Verhältnis zwischen einfachem Recht und Verfassungsrecht. Die Verzahnung von institutionellen Entscheidungsträgern und anzuwendendem Recht sei das Interessante der Fragestellung.[16]

Insgesamt gesehen lassen sich die Fragen, die sich im Zusammenhang mit der Urteilsverfassungsbeschwerde stellen, nicht auf den Umfang der Nachprüfbarkeit fachgerichtlicher Urteile oder den Anwendungsbereich des Grundgesetzes reduzieren. Es geht vielmehr um die jeweilige Funktion der beiden Gerichtsbarkeiten sowie um ihr Verhältnis und die Arbeitsteilung zwischen ihnen. Außerdem geht es darum, wie die Gerichtsbarkeiten in gegenseitigem Respekt vor dem Zuständigkeitsbereich der jeweils anderen Gerichtsbarkeit zusammenarbeiten, um ihrer Funktion im rechtsstaatlichen Gefüge gerecht zu werden. Schließlich ist die Abgrenzung auch im Hinblick auf die Identität des BVerfG relevant: Kann das BVerfG keine klare Grenze zur Fachgerichtsbarkeit aufzeigen, so ist seine Rolle als Superrevisionsinstanz oder gar Superberufungsinstanz vorprogrammiert. Mit der Grenzziehung kann das Gericht seine Zielsetzung formulieren, Orientierung schaffen und seine Identität ausformen. Deshalb verdient die Thematik große Aufmerksamkeit.

---

15 Schlaich/Korioth, Das Bundeverfassungsgerichts, Rn. 281.

16 Berkemann, Das BVerfG und „seine" Fachgerichtsbarkeiten: Auf der Suche nach Funktion und Methodik, DVBl. 1996, S. 1028, 1031.

Die Schwierigkeiten bei der Abgrenzung der Kontrollbereiche gehen zu einem nicht unerheblichen Teil auf die Rechtsprechung und Rechtspraxis des BVerfG zurück. Die Folgen zeigen sich in der Arbeitsüberlastung des BVerfG, in Kommunikationsdefiziten zwischen dem Gericht und den Verfahrensbeteiligten, in mangelnder Transparenz und vor allem in der Rechtsunsicherheit für Bürger, die das BVerfG wegen einer Grundrechtsverletzungen anrufen wollen. Die sachgerechte Abgrenzung zwischen Fachgerichtsbarkeit und Verfassungsgerichtsbarkeit ist nicht weniger als eine Voraussetzung für Rechtsstaatlichkeit und demnach eine der wichtigsten Aufgaben des modernen Verfassungsstaats. Die Abgrenzungsfrage soll in dieser Arbeit unter verschiedenen Gesichtspunkten betrachtet werden, die sich in materiellrechtlicher, prozessrechtlicher und funktioneller Hinsicht ergeben, und im Sinne eines ausgewogenen Verhältnisses und einer optimalen Arbeitsteilung zwischen der Verfassungsgerichtsbarkeit und der Fachgerichtsbarkeit beantwortet werden.

II. Die Diskussion bei der Einführung der Verfassungsbeschwerde

„Durch die Verfassungsbeschwerde erhalten die Grundrechte erst ihren vollen Charakter als subjektive Rechte.“[17] Mit dieser Aussage machte bereits der Verfassungskonvent auf Herrenchiemsee auf die überragende Bedeutung der Verfassungsbeschwerde aufmerksam. Er thematisierte in diesem Zusammenhang zahlreiche relevante Faktoren, etwa die Voraussetzung der Rechtswegerschöpfung, die Notwendigkeit der Beschränkung auf spezifisches Verfassungsrecht, die voraussichtlich große Anzahl an Beschwerden und die mögliche Entwertung letztinstanzlicher Urteile.[18] Gleichwohl positionierte sich der Konvent nicht eindeutig für die Einführung der Verfassungsbeschwerde, sondern reservierte ihr nur eine Ziffer im Zuständigkeitskatalog des Art. 98 HChE, der, wie es im Bericht des Konvents heißt, „keine neuen Zuständigkeiten schafft, sondern die im Grundgesetz verstreuten Bestimmungen über die Möglichkeiten der Anrufung des Bundesverfassungsgerichts

17 Verfassungsausschuß der Ministerpräsidenten-Konferenz der Westlichen Besatzungszonen, Bericht über den Verfassungskonvent auf Herrenchiemsee vom 10. bis 23. August 1948, S. 89, online unter: https://epub.ub.uni-muenchen.de/21036/1/4Polit.3455.pdf

18 Verfassungsausschuß der Ministerpräsidenten-Konferenz der Westlichen Besatzungszonen, Plenarsitzung am 23.08.1949, abgedruckt bei: Bucher (Bearb.): Der Parlamentarische Rat: 1948–1949; Akten und Protokolle, Band 2: Der Verfassungskonvent auf Herrenchiemsee, 1981, S. 454–456.

systematisch zusammenfaßt."[19] Als wenig später der Parlamentarische Rat seine Arbeit aufnahm, diente ihm der Entwurf des Verfassungskonvents als Grundlage für seine Arbeit. Auch der Parlamentarische Rat entschied sich dafür, die Grundrechte als unmittelbar geltendes Recht auszugestalten. Ihm lagen Formulierungsvorschläge für die Regelung der Verfassungsbeschwerde vor,[20] dennoch nahm er diese Verfahrensart nicht in das Grundgesetz auf.[21] Allerdings sah er in Art. 93 Abs. 2 GG vor, dass das BVerfG „ferner in den ihm sonst durch Bundesgesetz zugewiesenen Fälle" zuständig sei.

Im Gesetzgebungsverfahren für das BVerfGG in den Jahren 1950 und 1951 wurde die Aufnahme der Verfassungsbeschwerde in den Zuständigkeitskatalog des BVerfGG intensiv diskutiert und letztlich positiv entschieden. Im Gesetzentwurf der SPD vom 14. Dezember 1949 war in § 57 ein „Verfahren zur Verteidigung der Grundrechte" vorgesehen.[22] Im bald darauf vorgelegten Regierungsentwurf war die Verfassungsbeschwerde in § 84 enthalten. Demnach sollte jedermann nach Erschöpfung des Rechtswegs mit der Behauptung, durch die öffentliche Gewalt in seinen Grundrechten verletzt zu sein, die Verfassungsbeschwerde zum Bundesverfassungsgericht erheben können.[23]

Weniger weitreichend als der Regierungsentwurf waren die Vorstellungen des Bundesrats. Nach seiner Auffassung werde der Grundrechtsschutz der Bürger durch eine nur gegen Rechtsnormen statthafte „Grundrechtsklage" hinreichend verwirklicht. Der Rechtsschutz der Grundrechte gegen Akte der vollziehenden und der richterlichen Gewalt sei durch die Fachgerichte und in Anbetracht der Rechtsschutzgarantie in Art. 19 Abs. 4 GG umfassend und erschöpfend gewährleistet.[24] Dem entgegnete die Bundesregierung, dass die Verfassungsbeschwerde gerade für

---

19 Verfassungsausschuß der Ministerpräsidenten-Konferenz der Westlichen Besatzungszonen, Bericht über den Verfassungskonvent auf Herrenchiemsee vom 10. bis 23. August 1948, S. 45, 46, online unter: https://epub.ub.uni-muenchen.de/21036/1/4Po lit.3455.pdf

20 Die Vorschläge der Abgeordneten Strauß und Zinn sind abgedruckt bei von Doemming/Füßlein/Matz, JöR 1951, S. 672, Fußnote 25.

21 Weshalb der Parlamentarische Rat sich gegen die Einführung der Verfassungsbeschwerde entschied, lässt sich letztlich nicht mehr klären, vgl. Löwer, in: Isensee/Kirchhof (Hrsg.), Handbuch des Staatsrechts der Bundesrepublik Deutschland, Band 3, 3. Aufl. 2005, § 70 Rn. 163, Fußnote 1274.

22 BT-Drs. 1/328, S. 11.

23 BT-Drs. 1/788, Anlage 1, S. 20.

24 Änderungsvorschläge des Bundesrats vom 17.03.1950, BT-Drs. 1/788, Anlage 2, S. 46; vgl. auch die Auflistung der für und gegen die Einführung der Verfassungsbeschwerde vorgebrachten Argumente bei Geiger, BVerfGG, 1950, Vorbem. vor § 90 Anm. 3.

den Fall besonders bedeutungsvoll sei, dass die Entscheidung eines Gerichts den Bürger in seinen Grundrechten verletzt. Die Grundrechte müssten gegen jeden Eingriff der Staatsgewalt geschützt werden.[25]

Der Rechtsausschuss des Bundestages empfahl dem Bundestag schließlich eine Ausgestaltung der Verfassungsbeschwerde, wie sie in § 90 BVerfGG heute noch weitgehend identisch enthalten ist.[26] Mit der Einführung der Verfassungsbeschwerde verband er die Erwartung eines Zusammenwachsens von Volk und Verfassung und eine Stärkung des demokratischen Bewusstseins der Bürger. Das BVerfG entbehre einer seiner wichtigsten Funktionen, wenn der Schutz der Grundrechte nicht in den Bereich der Fachgerichtsentscheidungen seiner Jurisdiktion einbezogen würde.[27] Der Bundesrat äußerte hierzu erneut seine Bedenken. Es bestehe die große Gefahr, dass eine Fülle von Einzelbeschwerden einging, wodurch das Gericht in seiner Arbeitsfähigkeit betreffend die entscheidenden politischen Fragen wesentlich behindert werde.[28]

Letztlich führte der Gesetzgeber die Verfassungsbeschwerde – einschließlich der Urteilsverfassungsbeschwerde – mit dem BVerfGG im Jahr 1951 ein.[29] 1969 wurde sie in Art. 93 Abs. 1 Nr. 4a GG verfassungsrechtlich abgesichert.[30]

Die Prognose des Gesetzgebers, wonach gerade im Bereich von Gerichtsentscheidungen Bedarf besteht, die unzutreffende Anwendung der Grundrechte einer verfassungsgerichtlichen Überprüfung und gegebenenfalls einer Korrektur zu unterziehen, hat sich als richtig erwiesen.

III. Grundregeln zur Abgrenzung der verfassungsgerichtlichen Kontrolle: Subsidiarität und Grundrechtsverletzung

Zwei Grundregeln, die das Verhältnis der Verfassungsbeschwerde zu den Urteilen der Fachgerichte bestimmen, lassen sich dem BVerfGG und der Rechtsprechung des BVerfG entnehmen: der Grundsatz der Subsidiarität und das Kriterium der Grundrechtsverletzung.

---

25 Ergänzung der Stellungnahme der Bundesregierung zu den Änderungsvorschlägen des Bundesrates, Dokument vom 30.04.1950, zu BT-Drs. 1/788, S. 3.

26 Mündlicher Bericht des Ausschusses für Rechtswesen und Verfassungsrecht vom 15.12.1950, BT-Drs. 1/1724, S. 22.

27 Bericht des Abgeordneten Dr. Wahl als Berichterstatter des Rechtsausschusses in der 2. Beratung im Bundestag am 18.01.1951, BT-PlPr. 1/112, S. 4227 (A).

28 Beratung des Entwurfs im Bundesrat, BR-PlPr., 49. Sitzung vom 09.02.1951, S. 87 (C).

29 Gesetz über das Bundesverfassungsgericht vom 12.03.1951, BGBl. I 1951, S. 243.

30 19. Gesetz zur Änderung des Grundgesetzes vom 29.01.1969, BGBl. I 1969, S. 97.

Zunächst bestimmt der Grundsatz der Subsidiarität das Verhältnis der Verfassungsbeschwerde zu den Verfahren vor den Fachgerichten. Nach der Rechtsprechung des BVerfG ist die Verfassungsbeschwerde ein außerordentlicher, letzter und subsidiärer Rechtsbehelf[31] Basierend auf demselben Gedanken hat der Gesetzgeber in § 90 Abs. 2 BVerfGG das Gebot der Rechtswegerschöpfung vorgesehen. Dieses besagt, dass der Bürger die Verfassungsbeschwerde erst dann einlegen kann, wenn er die ihm gesetzlich zur Verfügung stehenden Rechtsbehelfe ergriffen und den Instanzenzug voll ausgeschöpft hat.[32] Das Gebot der Rechtswegerschöpfung hat nur eine untergeordnete Rolle bei der Arbeitsteilung der beiden Gerichtsbarkeiten, weil trotz dieses Grundsatzes nach dem Durchlaufen der Instanzen die Verfassungsbeschwerde eingelegt werden kann. Ungleich größer ist die Relevanz des Subsidiaritätsgrundsatzes, den das BVerfG aus dem Gebot der Rechtswegerschöpfung abgeleitet hat.[33]

Die zweite Grundregel besagt, dass im Wege der Verfassungsbeschwerde nur die Verletzung von Grundrechten und grundrechtsgleichen Rechten gerügt werden kann. Hieraus ergibt sich die Notwendigkeit, diese Rechte von einfachgesetzlichen Rechten abzugrenzen. Obwohl das BVerfG im Rahmen der Verfassungsbeschwerde die Urteile der Gerichte aller Gerichtszweige nachprüfen und auch rechtskräftige Entscheidungen aufheben kann, darf es nicht in die Rolle eines Revisionsgerichts geraten. Das BVerfG hat nicht nachzuprüfen, ob die Fachgerichte das einfache Recht richtig angewandt haben.[34]

Die Abgrenzung hängt also maßgeblich davon ab, ob die behauptete Rechtsverletzung Grundrechte betrifft. Insofern ist klärungsbedürftig, ob und wie dies trennscharf beurteilt werden kann. Die dahinterstehende Problematik wird dadurch verschärft, dass das BVerfG den von ihm wahrgenommenen Kontrollbereich durch seine Rechtsprechung stetig erweitert hat, sodass die Grenze zwischen Grundrechten und einfachgesetzlichen Rechten nach und nach undeutlicher wurde.[35]

---

31 BVerfG, Urteil vom 27.01.1965, 1 BvR 213/58, BVerfGE 18, 315 (325); BVerfG, Beschluss vom 10.10.1978, 1 BvR 475/78, BVerfGE 49, 252 (258).

32 Bethge, in Maunz/Schmidt-Bleibtreu, BVerfGG, Stand: 61. Lieferung Juli 2020, § 90 Rn. 383.

33 Der Subsidiaritätsgrundsatz beherrscht die Rechtsprechung des BVerfG zu den einzelnen Zulässigkeitsvoraussetzungen der Verfassungsbeschwerde, Schlaich/Korioth, Das Bundesverfassungsgericht, Rn. 200. Die sich im Zusammenhang mit dem Grundsatz der Subsidiarität ergebenden Probleme sind Gegenstand von Kapitel 3, Abschnitt C. II.

34 Schlaich/Korioth, Das Bundesverfassungsgericht, Rn. 201.

35 Entscheidend waren insbesondere das Elfes- und das Lüth-Urteil des BVerfG. Auf diese Urteile und ihre Auswirkungen wird im Folgenden näher eingegangen.

Das BVerfG und das verfassungsrechtliche Schrifttum sind weiter auf der Suche nach praktikablen Möglichkeiten der Grenzziehung zwischen Fachgerichtsbarkeit und Verfassungsgerichtsbarkeit. Das BVerfG verfolgt dabei die gegenläufigen Ziele, einerseits den Zustrom an Urteilsverfassungsbeschwerden zu kanalisieren und andererseits seine Zugriffsmöglichkeit auf ein möglichst breites Spektrum an Fallkonstellationen zu erhalten.[36] Die Forderung, dass die Grenze sowohl klar als auch flexibel sein solle, könnte sich als unrealistisch erweisen. Die Entwicklung der Rechtsprechung in dieser Frage und die damit zusammenhängende Diskussion im verfassungsrechtlichen Schrifttum werden im Folgenden dargestellt.

IV. Die Abgrenzung in der Rechtsprechungspraxis des Bundesverfassungsgerichts

1. Elfes-Urteil und Lüth-Urteil

Bereits im ersten Jahrzehnt seines Bestehens hat das BVerfG zwei bedeutsame Urteile gefällt, die den von ihm wahrzunehmenden Prüfungsumfang bei Gerichtsurteilen stark erweitert haben: Das Elfes-Urteil und das Lüth-Urteil.

Im Jahr 1957 erging das Elfes-Urteil.[37] Diese Entscheidung kann als Durchbruch bezeichnet werden, der den Prüfungsumfang des BVerfG stark erweiterte und der die Effektivität der Verfassungsbeschwerde erhöhte. Gleichzeitig löste diese Entwicklung der Rechtsprechung Schwierigkeiten bei der Grenzziehung zwischen Verfassungsgerichtsbarkeit und Fachgerichtsbarkeit aus. Die verfassungsgerichtliche Rechtsprechung durchbrach die Barriere zum einfachen Recht, einem Territorium, das bislang allein der Fachgerichtsbarkeit zugewiesen war.

Im Elfes-Urteil wurde das Recht der allgemeinen Handlungsfreiheit aus dem Grundrecht auf freie Entfaltung der Persönlichkeit (Art. 2 Abs. 1 GG) abgeleitet. Dieses Freiheitsrecht ist nur subsidiär anwendbar, wenn keine speziellen Grundrechte einschlägig sind, aber es umfasst jede menschliche Handlung. Daraus folgt, dass jede Belastung des Bürgers ein Grundrechtseingriff ist, zumindest ein Eingriff in Art. 2 Abs. 1 GG als Auffanggrundrecht. Gleichzeitig bedarf jeder Eingriff in Grundrechte einer gesetzlichen Grundlage, die ihrerseits verfassungsmäßig sein muss und im Einzelfall angemessen angewendet werden muss. Fehlt es daran, so fehlt dem Eingriff die gesetzliche Grundlage. Als Kernaussage

36 Berkemann, Das BVerfG und „seine“ Fachgerichtsbarkeiten: Auf der Suche nach Funktion und Methodik, DVBl. 1996, S. 1028, 1029.

37 BVerfG, Urteil vom 16.01.1957, 1 BvR 253/56, BVerfGE 6, 32.

des Elfes-Urteils kann festgehalten werden, dass jeder rechtswidrige Eingriff zugleich grundrechtswidrig ist und im Wege der Verfassungsbeschwerde gerügt werden kann.

Ein zweiter Durchbruch der Verfassungsgerichtsbarkeit fand ein Jahr später, im Jahr 1958, mit dem Lüth-Urteil statt.[38] Das BVerfG entschied, dass sich die Wirkung der Grundrechte nicht auf das Verhältnis zwischen Staat und Bürgern beschränkt, sondern auf das Verhältnis zwischen den Bürgern ausstrahlt. Damit wurde die Funktion der Grundrechte in der verfassungsmäßigen Ordnung um ihre Bedeutung als objektive Wertordnung erweitert. Der materielle Garantiegehalt der Grundrechte wurde als objektive Wertordnung in den Regelungsgehalt des einfachen Rechts, bis zu den Regelungen des Zivilrechts, integriert. Das traditionelle Konzept der Grundrechte als Abwehrrechte erfuhr damit eine drastische Änderung. Die Grundrechte erhielten eine Fülle neuer Funktionen, indem sie als eine ranghöhere Wertordnung in den Abwägungs- oder Optimierungsprozess bei der Anwendung des einfachen Rechts hineinwirken.[39] Infolge der Ausstrahlungswirkung hat der Zivilrichter zu prüfen, ob die von ihm anzuwendenden zivilrechtlichen Normen grundrechtlich beeinflusst sind. Ist dies der Fall, so hat er „bei Auslegung und Anwendung dieser Vorschriften die sich hieraus ergebende Modifikation des Privatrechts zu beachten."[40] Andernfalls verstößt er nicht nur gegen objektives Verfassungsrecht, sondern er verletzt auch als Träger öffentlicher Gewalt das betroffene Grundrecht.[41]

2. *Funktioneller Gesichtspunkt und Heck'sche Formel*

Das Elfes-Urteil und das Lüth-Urteil führten zu einer deutlichen Erweiterung des Grundrechtsschutzes. Gleichzeitig relativierten sie die Arbeitsteilung zwischen Fachgerichtsbarkeit und BVerfG und verschärften die Arbeitsüberlastung des BVerfG. Eine übermäßig weitreichende Prüfungskompetenz ist mit der eigentlichen Funktion des BVerfG und mit der Aufgabenverteilung zwischen Fach- und Verfassungsgerichtsbarkeit nicht vereinbar. Auch das BVerfG selbst erkennt in seiner Rechtsprechung an, dass bei der Bestimmung seiner

38 BVerfG, Urteil vom 15.01.1958 – 1 BvR 400/51, BVerfGE 7, 198.

39 Berkemann, Das BVerfG und „seine" Fachgerichtsbarkeiten: Auf der Suche nach Funktion und Methodik, DVBl. 1996, S. 1028, 1029.

40 BVerfG, Urteil vom 15.01.1958 – 1 BvR 400/51, BVerfGE 7, 198, 206.

41 Maihold, Eröffnungsreferat aus zivilrechtlicher Sicht, in: Symposium „50 Jahre Schumannsche Formel", S. 93, 94.

Prüfungskompetenzen seine Funktion, seine Funktionsfähigkeit und die verfassungsmäßige Aufgabenteilung im Verhältnis zu den anderen Gerichten zu beachten sind.[42]

Korioth beschreibt den funktionellen Gesichtspunkt wie folgt:

> *Es ist dieser funktionelle Gesichtspunkt, der den Anstoß für die Abgrenzungskriterien gibt. Dabei geht es nicht darum, das Gebot der Beachtung und Durchsetzung der Verfassung für die anderen Gerichte zu reduzieren, um die Kontrolle dem BVerfG zu überlassen. Der Schutz der Bürger vor Verfassungsverletzungen ist allen Gerichten in gleicher Dichte anvertraut. Insoweit besteht eine „Aufgabenparallelität." Es geht um eine sinnvolle Verteilung der Aufgaben zwischen den Gerichten unter Bewahrung der Funktionsfähigkeit des BVerfG.*[43]

Das BVerfG führte 1964 eine auf funktionellen Gesichtspunkten beruhende Formel ein, mit der sein Prüfungsumfang definiert werden sollte. Diese ist heute – benannt nach dem Berichterstatter des betreffenden Verfahrens – als Heck'sche Formel bekannt.[44] Gemäß der Heck'schen Formel sind die „Gestaltung des Verfahrens, die Feststellung und Würdigung des Tatbestandes, die Auslegung des einfachen Rechts und seine Anwendung auf den einzelnen Fall [...] allein Sache der dafür allgemein zuständigen Gerichte und der Nachprüfung durch das Bundesverfassungsgericht entzogen; nur bei einer Verletzung von spezifischem Verfassungsrecht durch die Gerichte kann das Bundesverfassungsgericht auf Verfassungsbeschwerde hin eingreifen [...]. Spezifisches Verfassungsrecht ist aber nicht schon dann verletzt, wenn eine Entscheidung, am einfachen Recht gemessen, objektiv fehlerhaft ist; der Fehler muß gerade in der Nichtbeachtung von Grundrechten liegen."[45]

Mit dieser Formel hat das BVerfG eine Differenzierung der fachgerichtlichen Entscheidungselemente vorgenommen und dadurch den prozessualen Gegenstand der Prüfung in Kontrollbereiche zerlegt und einige Elemente vom Prüfungsumfang ausgeschlossen.[46] Die Formel sieht vor, dass das Gericht über den

---

42 BVerfG, Beschluss vom 07.06.1967 – 1 BvR 76/62, BVerfGE 22, 93, 98; BVerfG, Beschluss vom 03.04.1979 – 1 BvR 1460/78, BVerfGE 51, 130, 139; BVerfG, Beschluss vom 30.04.1997 – 2 BvR 817/90, BVerfGE 96, 27, 40.

43 Schlaich/Korioth, Das Bundesverfassungsgericht, Rn. 285.

44 Dr. Karl Heck, *18.11.1896, + 02.06.1997, von Oktober 1950 bis März 1954 Richter am Bundesgerichtshof, von April 1954 bis Februar 1965 Mitglied des Ersten Senats des BVerfG.

45 BVerfG, Beschluss vom 10.06.1964 – 1 BvR 37/63, BVerfGE 18, 85, 92 f.

46 Bei der Urteilsverfassungsbeschwerde sollte man die fachgerichtliche Entscheidung als solche von dem Objekt der verfassungsgerichtlichen Kontrolle unterscheiden. Der prozessuale Gegenstand der Verfassungsbeschwerde bildet die Grenze des Umfangs,

Prüfungsumfang entscheidet, indem es die zu prüfenden Elemente anhand ihrer verfassungsrechtlichen Relevanz und der Kompetenz des BVerfG auswählt. Um diese Auswahl zu treffen, muss man die Funktion, Aufgabe und Kompetenz des BVerfG, die Arbeitsteilung zwischen beiden Gerichtsbarkeiten und die funktionelle Autonomie der Fachgerichte berücksichtigen. Die Heck'sche Formel enthält insofern ein Modell der Differenzierung der fachgerichtlichen Entscheidungselemente, das durch die Vorstellung eines deduktiven Justizsyllogismus geprägt ist.[47]

Nach der Heck'schen Formel prüft das BVerfG grundsätzlich nicht, ob das Fachgericht bei seinem Urteil den Sachverhalt fehlerfrei ermittelt und festgestellt hat oder ob Anwendung und Auslegung des einfachen Rechts richtig sind. Diese Entscheidungselemente sind und bleiben Sache der Fachgerichte. Das BVerfG kontrolliert nur, ob „Auslegungsfehler sichtbar werden, die auf einer grundsätzlich unrichtigen Anschauung von der Bedeutung eines Grundrechts, insbesondere vom Umfang seines Schutzbereichs beruhen und auch in ihrer materiellen Bedeutung für den konkreten Rechtsfall von einigem Gewicht sind."[48]

Seit ihrer Entstehung beherrscht die Heck'sche Formel, die auf institutionell-funktionellen Gedanken basiert, das Problemfeld der Bestimmung des Umfangs verfassungsgerichtlicher Kontrollbefugnisse. Die Grenzen der Formel ergeben sich aus den Regelungen zur Zuständigkeit des BVerfG, aus Verfahrensregelungen und nicht zuletzt aus der Organisation des BVerfG und der mit dieser einhergehenden beschränkten Kapazität.

Zu den Kritikpunkten, die im Hinblick auf die Formel geäußert wurden, zählt zunächst der Vorwurf der Unbestimmtheit: Die Bezugnahme auf „spezifisches Verfassungsrecht" biete keinen hinreichend konkreten Maßstab.[49] Ohne weitere

---

in dem die Ermittlung der relevanten Frage und die Entscheidung erfolgen. Es ist weder möglich noch wünschenswert, alle Fragen, die in dem Urteil des Fachgerichts enthalten sind, nachzuprüfen. Deshalb sollte das BVerfG eine inhaltliche Prüfungsfrage als Objekt der verfassungsrechtlichen Kontrolle bestimmen. Hierzu muss es zunächst feststellen, was überhaupt eine im Rahmen der verfassungsgerichtlichen Überprüfung beantwortbare Frage sein kann, vgl. Berkemann, Das BVerfG und „seine" Fachgerichtsbarkeiten: Auf der Suche nach Funktion und Methodik, DVBl. 1996, S. 1028, 1030.

47 Berkemann, Das BVerfG und „seine" Fachgerichtsbarkeiten: Auf der Suche nach Funktion und Methodik, DVBl. 1996, S. 1028, 1031.

48 BVerfG, Beschluss vom 10.06.1964 – 1 BvR 37/63, BVerfGE 18, 85, 93.

49 Der Begriff selbst ist missverständlich. Korioth erläutert ihn wie folgt: „Gemeint ist das Verfassungsrecht, besonders die Grundrechte im Gegensatz zum einfachen Gesetzesrecht oder sonstigem Recht. Nicht gemeint sind also ein spezifischer Teil oder eine spezifische Qualität innerhalb des Verfassungsrechts bzw. der Grundrechte, sondern,

Eingrenzungskriterien wäre das BVerfG stets zur Kontrolle der Urteile der Fachgerichte am Maßstab des einfachen Rechts befugt.[50] Die Formel bietet insofern zwar Erklärungsansätze, wie das BVerfG seine Entscheidungen begründen kann, jedoch fehlen klaren Abgrenzungskriterien, die das BVerfG binden und dadurch die Entscheidungsmöglichkeit einschränken könnten.

Ein weiterer Kritikpunkt betrifft die Sachverhaltsfeststellung. Einer der festen Grundsätze der Heck'schen Formel ist der Ausschluss der Sachverhaltsermittlung von der verfassungsgerichtlichen Überprüfbarkeit. In einigen Fällen hat das BVerfG diese Regel jedoch selbst durchbrochen und auch die Sachverhaltsfeststellung zu seinem Prüfungsgegenstand gemacht. Die Grundlage dieser Ausdehnung bildeten der Anspruch auf effektiven Rechtschutz, der Anspruch auf rechtliches Gehör, der Anspruch auf ein faires Verfahren, rechtsstaatlich unverzichtbare Erfordernisse und das allgemeine Willkürverbot.[51]

Letztlich erscheint es fraglich, ob die Formel wirklich eine Formel ist. Die Hauptfunktion der Heck'schen Formel besteht darin, zu begründen, dass die Kontrolle eines Gerichtsurteils abzulehnen ist. Sie liefert dem BVerfG also ein Argument, warum es nicht dazu berufen ist, die Entscheidung eines anderen Gerichts einer inhaltlichen Nachprüfung zu unterziehen. Damit erfüllte sie früher die Aufgabe, die heute § 93a Abs. 2 BVerfGG für die Nichtannahme-Beschlüsse der Verfassungsbeschwerde thematisiert. Andererseits wurde die Formel im Schrifttum dahingehend kritisiert, dass sie es dem BVerfG gestatte, anhand eines unbestimmten Maßstabs in Bereiche der Fachgerichtsbarkeit einzudringen. Insgesamt erweckt die Rechtsprechung des BVerfG insofern den Eindruck der Kasuistik und damit einer gewissen Beliebigkeit bei Zugriff und Abwehr.[52]

---

spezifische Gründe des materiellen Verfassungsrechts', das spezifisch verfassungsrechtlich gewährleistete Ausmaß' des jeweils geltend gemachten subjektiven Rechts.", Schlaich/Korioth, Das Bundesverfassungsgericht, Rn. 282; siehe auch Sondervotum von Simon, in: BVerfG, Beschluss vom 08.03.1983 – 1 BvR 1078/80, BVerfGE 63, 266, 298.

50 Schlaich/Korioth, Das Bundesverfassungsgericht, Rn. 285.

51 Berkemann, Das BVerfG und „seine" Fachgerichtsbarkeiten: Auf der Suche nach Funktion und Methodik, DVBl. 1996, S. 1028, 1031.

52 Berkemann, Das BVerfG und „seine" Fachgerichtsbarkeiten: Auf der Suche nach Funktion und Methodik, DVBl. 1996, S. 1028, 1032.

3. *Schumann'sche Formel*

Fast zeitgleich mit der Veröffentlichung der Heck'schen Formel schlug Schumann ein anderes Modell der Abgrenzung vor, das seither als Schumann'sche Formel bekannt ist.[53] Die praktische Bedeutung dieser Formel ist hoch: Der ehemalige Präsident des BVerfG Voßkuhle schreibt in seiner Kommentierung des Art. 93 GG, die Schumann'sche Formel dominiere die Praxis des Gerichts.[54]

Die Formel beruht auf dem Gedanken, dass lediglich „verfassungsrechtlich überhöhte Unrichtigkeiten" fachgerichtlicher Entscheidungen den Weg zum BVerfG eröffnen.[55] Schumann hat diese Überlegung wie folgt präzisiert:

> *Eine Fehlinterpretation einfachen Gesetzesrechts ist für das BVerfG irrelevant, wenn der einfache Gesetzgeber bei der Regelung der betreffenden Materie ohne grundrechtliche Beanstandung zu derselben Rechtsfolge wie die unrichtige Auslegung hätte kommen können.*[56]

Schumann versuchte, die Interpretationsfälle richterlicher Rechtsfindung zu thematisieren und die Abgrenzung folgendermaßen vorzunehmen: Die Prüfungsbefugnisse zwischen Fachgerichtsbarkeit und BVerfG könnten dergestalt aufgeteilt werden, dass man zunächst ermittelt, ob der im angegriffenen Urteil enthaltene Rechtssatz sich als Gegenstand einer verfassungsrechtlichen Gesetzesprüfung umdenken lässt. Sodann prüft man, ob die Rechtsregel, die das Fachgericht seiner Entscheidung zugrunde gelegt hat, auch der Gesetzgeber in

---

53 Die Dissertation „Verfassungs- und Menschenrechtsbeschwerde gegen richterliche Entscheidungen" von Ekkehard Schumann wurde im Jahre 1963 veröffentlicht. Die Formel, die der Autor darin entwickelt, soll die Abgrenzung der Rechtsprechung der Fachgerichte von derjenigen des BVerfG leisten. Vgl. hierzu auch: Roth, Die „Schumannsche Formel" und das fehlerhafte Zivilurteil, in: Symposium „50 Jahre Schumannsche Formel", S. 19.

54 Voßkuhle, in: von Mangoldt/Klein/Starck, GG, 7. Aufl. 2018, Art. 93 Rn. 61, Fußnote 332; Berkemann stellt fest, dass das BVerfG etwa vier Fünftel aller Urteilsverfassungsbeschwerden noch heute mithilfe der Schumann'schen Formel bewältigt, auch wenn es dabei nur die Heck'sche Formel zitiert, Berkemann, Das BVerfG und „seine" Fachgerichtsbarkeiten: Auf der Suche nach Funktion und Methodik, DVBl. 1996, S. 1028, 1033.

55 Schumann, Verfassungs- und Menschenrechtsbeschwerde gegen richterliche Entscheidungen, S. 195.

56 Schumann, Verfassungs- und Menschenrechtsbeschwerde gegen richterliche Entscheidungen, S. 206.

verfassungsgemäßer Weise hätte beschließen dürfen. Ist dies der Fall, so ist auch die Entscheidung des Fachgerichts verfassungskonform.[57]

Nach der Schumann'schen Formel ist dem BVerfG die Normprüfung zugewiesen und den Fachgerichten die davon zu trennende Anwendungsprüfung. Die Reviere der Fachgerichtsbarkeit und des BVerfG sind damit klar aufgeteilt,[58] was für die Effektivität der Formel spricht. Gleichwohl bleibt die Frage, ob es verfassungsrechtlich gerechtfertigt ist, den Maßstab, der für die Kontrolle des Gesetzgebers gilt, auf die Kontrolle richterlicher Rechtsanwendung zu übertragen. Da gesetzgebende und rechtsprechende Gewalt unterschiedliche Stellungen im Gefüge der Rechtsordnung haben, spricht einiges dafür, dass die Regelungsergebnisse beider Institutionen nicht ohne Weiteres denselben Kontrollmaßstäben unterworfen werden können. Auch der Schumann'schen Formel selbst sind keine verfassungsrechtlichen Gründe dafür zu entnehmen, weshalb im Hinblick auf die Grenzziehung der verfassungsgerichtlichen Kontrolle die Rechtsanwendung der Richter mit der Normsetzung durch das Parlament gleichzusetzen wäre.

Ferner ist die Normanwendung nach der Schumann'schen Formel prinzipiell der verfassungsgerichtlichen Kontrolle entzogen. Grundrechte können aber auch im Rahmen der Rechtsfindung im Einzelfall verletzt werden. Gerade deshalb wurde die Verfassungsbeschwerde gegen Gerichtsentscheidungen eingeführt. Die Überprüfung der Normanwendung spielt eine wichtige Rolle für den Grundrechtsschutz. Es ist unverständlich, warum ein so hochrelevanter Bereich judizieller Machtausübung wie die Normanwendung von der Nachprüfung durch das BVerfG ausgeschlossen sein sollte.

Ein weiterer Kritikpunkt an der Schumann'schen Formel besteht darin, dass sie sich nicht zur Überprüfung solcher Gerichtsentscheidungen eignet, denen eine Abwägung im Einzelfall zugrunde liegt, wozu man wohl auch die Konkretisierung und Anwendung von Generalklauseln zählen kann.[59] In derartigen Fällen ist eine Interpretations-Verfassungsbeschwerde ausgeschlossen, solange

---

57 Berkemann, Das BVerfG und „seine" Fachgerichtsbarkeiten: Auf der Suche nach Funktion und Methodik, DVBl. 1996, S. 1028, 1033.

58 Berkemann, Das BVerfG und „seine" Fachgerichtsbarkeiten: Auf der Suche nach Funktion und Methodik, DVBl. 1996, S. 1028, 1033.

59 Roth, Die „Schumannsche Formel" und das fehlerhafte Zivilurteil, in: Symposium „50 Jahre Schumannsche Formel", S. 19, 25; Löwer, in: Isensee/Kirchhof (Hrsg.), Handbuch des Staatsrechts der Bundesrepublik Deutschland, Band 3, 3. Aufl. 2005, § 70 Rn. 206: Unanwendbarkeit der Formel, wenn es um „Wertung und Würdigung von Tatsachen und Kontexten im einzelnen Fall" geht.

sich die Fehlinterpretation des einfachen Rechts nicht als willkürlich erweist.[60] Jedoch sind auch bei Abwägungen im Einzelfall Grundrechtsverletzungen möglich. Man kann sogar argumentieren, dass die Gefahr der Verletzung von Grundrechten bei der Konkretisierung von Generalklauseln besonders hoch sei, da der Gesetzgeber hier nur wenig Kontrolle ausübt. Für diese Fälle bietet die Schumann'sche Formel indes keine Antwort.

Zusammenfassend kann man sagen, dass der Ansatz der Schumann'schen Formel, dem BVerfG ein restriktives Kontrollprogramm gegenüber Fachgerichtsurteilen vorzugeben, durchaus begrüßenswert ist. Dennoch verbleiben die dargestellten Defizite im Hinblick auf die verfassungsrechtliche Rechtfertigung der Grenzziehung, auf die Normanwendung und bei einzelfallbezogenen Abwägungen.

Ein weiter entwickelter Ansatz wurde 1996 von Starck vorgeschlagen. Ihm zufolge können bei der Urteilsverfassungsbeschwerde folgende drei Schritte der Formeln geprüft werden: Erstens, ob die Sachverhaltsermittlung willkürlich ist, d. h. ob im Hinblick auf das einschlägige Grundrecht ein völlig falscher Sachverhalt angenommen worden ist (= erste Formel); zweitens, ob das Ergebnis der Gesetzesanwendung auf den willkürfrei festgestellten Sachverhalt - als Norm verallgemeinert - verfassungswidrig wäre (= zweite Formel); drittens, ob die Grenzen richterlicher Rechtsfortbildung überschritten worden sind (= dritte Formel).[61]

4. *Ergänzende Prüfungskriterien*

Das BVerfG führte in Ergänzung der traditionellen Formeln weitere Prüfungskriterien ein, die dem Gericht fast unbegrenzten Spielraum bei der Bestimmung seiner Prüfungsbefugnis bieten. Es handelt sich dabei um das Kriterium der Willkür, um das Kriterium der Einhaltung der Grenzen der Rechtsfortbildung und um das Kriterium der Intensität der Grundrechtsverletzung.

Die ergänzenden Prüfungskriterien fungieren als Ausnahmeregelungen, indem sie es erlauben, ein aus der Anwendung der gängigen Formeln resultierendes Ergebnis zu modifizieren. Dadurch werden insbesondere in extrem gelagerten Fällen praktikable und gerechte Ergebnisse erzielt. Einerseits kompensieren

---

60 Roth, Die „Schumannsche Formel“ und das fehlerhafte Zivilurteil, in: Symposium „50 Jahre Schumannsche Formel Roth in: Symposium „50 Jahre Schumannsche Formel“, S. 19, 26.

61 Starck, Verfassungsgerichtbarkeit und Fachgerichte, JZ 1996, 1033, 1039.

die ergänzenden Prüfungskriterien also die Schwächen der Formeln; andererseits verliert durch sie der Kontrollbereich des BVerfG weiter an Kontur.

Es ist eine Prüfung, die einer Begründetheitsprüfung sehr nahekommt. Würden die Standards streng angewandt, wäre es das gleiche Verfahren wie die Begründetheitsprüfung. Wenn die Zuständigkeitsfrage erst am Ende der Sachprüfung beantwortet wird, führt dies zu einer großen Ineffizienz. Zum Beispiel kann jeder Beschwerdeführer argumentieren, dass seine Grundrechte durch das willkürliche Gerichtsurteil verletzt werden, und das Gericht muss den Fall im Bereich der Begründetheit prüfen.

Außerdem ist das Kriterium der Willkür nur schwer einheitlich anzuwenden, weil jeder seinen eigenen Maßstab in diesem Bereich hat. Die betreffende Judikatur des BVerfG ist der Kritik ausgesetzt, das Gericht nähere sich der Problemlösung vor allem intuitiv und kasuistisch.

(1) Willkürprüfung

Nach seiner Rechtsprechung kann das BVerfG Urteile der Fachgerichte daraufhin nachprüfen, ob die Auslegung oder Anwendung des einfachen Rechts bei verständiger Würdigung der das Grundgesetz beherrschenden Gedanken nicht mehr verständlich ist und sich daher der Schluss aufdrängt, dass die Entscheidung auf sachfremden Erwägungen beruht.[62] Diese Prüfung lässt sich auf das Willkürverbot des Art. 3 Abs. 1 GG stützen.

Das BVerfG spricht in diesem Zusammenhang von unhaltbaren und deshalb objektiv willkürlichen und eindeutig unangemessenen Entscheidungen. Die Rechtsfehler der fachgerichtlichen Entscheidung müssen offensichtlich sein.[63] Trotz der durch die geforderte Evidenz sehr hohen Voraussetzungen führt die Willkürprüfung zu dem schwerwiegenden Problem, dass die Verfassungsbeschwerde begründet sein kann, obwohl in der Sache nur ein Verstoß gegen einfaches Recht vorliegt. Das BVerfG überschreitet damit die selbst gesetzten Regeln zum Prüfungsumfang.

In Anbetracht der praktischen Vorteile der Willkürprüfung argumentiert Korioth, dass die betreffende Rechtsprechung nicht beanstandet werden solle:

62 BVerfG, Beschluss vom 24.03.1976 – 2 BvR 804/75, BVerfGE 42, 64, 74.

63 BVerfG, Beschluss vom 06.10.1981 – 2 BvR 1290/80, BVerfGE 58, 163, 167 f.; BVerfG, Beschluss vom 07.12.1982 – 2 BvR 900/82, BVerfGE 62, 338, 347: „Angesichts dieser klaren und eindeutigen Rechtslage, die einer abweichenden Auffassung keinen Raum ließ, enthalten die angegriffenen Entscheidungen eine willkürliche Beschränkung des Akteneinsichtsrechts.“

> *Das BVerfG nimmt angesichts eines völligen Versagens der Gerichte eine „Notkompetenz" für sich in Anspruch. Es nimmt die gute Gelegenheit wahr, offenbare Unrichtigkeit zu beseitigen, und betreibt eine allgemeine Gerechtigkeitsjudikatur. Kritik verdient es dafür nicht.*[64]

Aus praktischer Sicht ist die Willkürprüfung jedoch alles andere als unbedenklich. Nach dieser Rechtsprechung kann das BVerfG jedes Fachgerichtsurteil in sämtlichen Einzelaspekten auf seine Rechtmäßigkeit hin überprüfen. Dies macht das BVerfG unweigerlich zu einem Superrevisionsgericht, wenn nicht gar zu einem Superberufungsgericht. Des Weiteren geht diese Rechtsprechungspraxis mit unerwünschten Nebenwirkungen einher. Eine steigende Anzahl an Verfassungsbeschwerden ist unter dem Gesichtspunkt willkürlicher Rechtsprechung erfolgreich.[65] Für die unterlegenen Parteien fachgerichtlicher Verfahren bedeutet dies einen Anreiz, als letzte Chance auf ein günstiges Urteil eine Verfassungsbeschwerde einzulegen. Dadurch steigt das Aufkommen an Verfassungsbeschwerden, mit denen eine Verletzung des Willkürverbots geltend gemacht wird und die im Kern eine einfachgesetzliche Frage zum Gegenstand haben. Der größte Teil der Verfassungsbeschwerden, die unter Berufung auf das Willkürverbot erfolgreich sind, dürfte in der Sache keine verfassungsrechtlich bedeutsamen Fragen betreffen. Gleichzeitig sind diese Verfahren mindestens mitursächlich für die Arbeitsüberlastung des BVerfG sein.

(2) Grenze der Rechtsfortbildung

Der soziale Wandel und die Fortentwicklung der Rechtslage stellen sowohl für die Fachgerichte als auch für das BVerfG eine Herausforderung dar. In diesem Bereich haben die Fachgerichte die Aufgabe der Rechtsfindung und Rechtsfortbildung.

Das BVerfG kann das Urteil eines Fachgerichts in Hinblick auf die Auslegung des einfachen Gesetzes für fehlerhaft halten, wobei die Auslegung inhaltlich nicht als verfassungswidrig angesehen wird, sondern nur als ungesetzmäßig. Das BVerfG muss entscheiden, ob das Fachgericht die Grundrechtsbindung (Art. 1 Abs. 3 GG) beachtet hat. Hierbei stellt sich die Frage, ob das BVerfG

---

64 Schlaich/Korioth, Das Bundesverfassungsgericht, Rn. 300.

65 Korioth diagnostiziert, dass die Willkürrechtsprechung des BVerfG partiell die Prüfung der in Betracht kommenden Freiheits- und Gleichheitsrechte verdränge. Es bestehe die Gefahr, dass der unkonturierte Begriff der Willkür die sorgfältiger konturierten Schutzbereiche der Einzelgrundrechte überspielt, Schlaich/Korioth, Das Bundesverfassungsgericht, Rn. 300; vgl. auch Stürner, Die Kontrolle zivilprozessualer Verfahrensfehler durch das Bundesverfassungsgericht, JZ 1986, 526, 532.

auch darüber zu befinden hat, ob das Fachgericht bei der Auslegung den Vorbehalt des Gesetzeses (Art. 19 Abs. 1 GG) und den Grundsatz der Gesetzesbindung (Art. 20 Abs. 3 GG) beachtet hat. Es geht also darum, ob das BVerfG Fachgerichtsurteile daraufhin überprüfen darf, ob in ihnen die Grenze zulässiger Rechtsfortbildung überschritten wurde.

Hat das Fachgericht den Anwendungsbereich des Gesetzes oder die Reichweite des Gesetzesvorbehalts verkannt, so verletzt dies nach der Rechtsprechung des BVerfG das Rechtsstaatsprinzip (Art. 20 Abs. 2, 3 i.V.m. Art. 2 Abs. 1 GG). Diese Thematik wird in der Literatur unter dem Begriff der richterlichen Rechtsfortbildung bzw. des unzulässigen Richterrechts diskutiert.[66] Im Grunde geht es auch hierbei um die Arbeitsteilung zwischen BVerfG und Fachgerichten. Mit seiner Entscheidung über die Einhaltung des Gesetzesvorbehalts, insbesondere des parlamentarischen Vorbehalts, schützt das BVerfG die parlamentarische Demokratie.[67]

Verfassungsrechtlicher Anknüpfungspunkt dieser Rechtsprechung des BVerfG ist der Vorbehalt des Gesetzeses (Art. 19 Abs. 1 GG). Mit dem Vorbehalt des Gesetzeses unvereinbar ist es, dass durch eine richterliche Auslegung oder Rechtsfortbildung im Ergebnis ein neuer Anwendungsfall des Gesetzes oder ein Grundrechtseingriffstatbestand geschaffen wird, der einer ausdrücklichen gesetzlichen Regelung bedurft hätte.[68]

Die Grenze zwischen der Fallgruppe der unhaltbaren Auslegung und der Fallgruppe der vertretbaren Auslegung ist unklar. Die folgende Formulierung des BVerfG illustriert die Unbestimmtheit der Grenzen anschaulich:

> *Das Fehlen einer ausdrücklichen und bestimmten normativen Regelung bedeutet aber noch nicht, daß eine die Berufsausübung einschränkende Gerichtsentscheidung den Anforderungen des Art. 12 Abs. 1 S. 2 GG widersprechen müßte. Auch aus einer Gesamtregelung kann sich unter Berücksichtigung ihrer Auslegung in Rechtsprechung und Schrifttum eine hinreichend erkennbare und bestimmte, den Anforderungen des Gesetzesvorbehalts genügende Regelung der Berufsausübung ergeben.*[69]

---

66 Schlaich/Korioth, Das Bundesverfassungsgericht, Rn. 301; Berkemann, Das BVerfG und „seine" Fachgerichtsbarkeiten, DVBl. 1996, S. 1028, 1034; Wank, Die verfassungsgerichtliche Kontrolle der Gesetzesauslegung und Rechtsfortbildung durch die Fachgerichte, JuS 1980, 545, 551 f.

67 Berkemann, Das BVerfG und „seine" Fachgerichtsbarkeiten: Auf der Suche nach Funktion und Methodik, DVBl. 1996, S. 1028, 1034.

68 Schlaich/Korioth, Das Bundesverfassungsgericht, Rn. 301; BVerfG, Beschluss vom 28.06.1967 – 2 BvR 143/61, BVerfGE 22, 114 (121 ff.).

69 BVerfG, Urteil vom 01.07.1980 – 1 BvR 23/75, BVerfGE 54, 224, 234 f.

Das BVerfG hält es einerseits für zulässige Rechtsfortbildung, wenn das Fachgericht „die gesetzgeberische Grundentscheidung respektiert hat und den anerkannten Methoden der Gesetzesauslegung gefolgt ist.“[70] Andererseits hat das BVerfG die Möglichkeit der erweiternden Auslegung durch den Richter ausgeschlossen. Der Richter dürfe das Gesetz nicht so weit auslegen, dass im Ergebnis ein neuer, vom Gesetz nicht mehr gedeckter Eingriffstatbestand geschaffen wird. Ansonsten liege ein Grundrechtsverstoß im Hinblick auf das Rechtsstaatsprinzip vor, weil es dem Gericht verwehrt sei, „die gesetzgeberische Entscheidung im Wege der Auslegung zu unterlaufen und das Grundrecht über das vom Gesetzgeber vorgesehene Ausmaß hinaus einzuschränken.“[71] Nach der Auffassung des BVerfG sollen die Grenzen der Rechtsfindung mit Rücksicht auf den Verfassungsgrundsatz der Rechts- und Gesetzesbindung gezogen werden. Ein Gericht überschreite die Grenze, wenn es durch seine Erwägungen zeigt, dass es „objektiv nicht bereit war, sich Recht und Gesetz zu unterwerfen, sondern sich aus der Rolle des Normanwenders in die einer normsetzenden Instanz begeben hat.“[72]

Nach der Rechtsprechung des BVerfG sind Rechtsfindung und Rechtsfortbildung von ihm zu überprüfen, obwohl es dabei nicht unmittelbar um eine mögliche Grundrechtsverletzung geht, sondern um den Grundsatz der Gesetzmäßigkeit. Das Gericht ist bislang nicht in der Lage, die Bereiche zulässiger und unzulässiger Rechtsfortbildung klar voneinander abzugrenzen. Es verweist in diesem Zusammenhang auf das Rechtsstaatsprinzip und den Gesetzesvorbehalt, zeigt aber kein methodisch gesichertes Programm auf. Deshalb fallen die Antworten in Einzelfällen manchmal beliebig aus.[73]

(3) Intensität des Grundrechtseingriffs

Das BVerfG entwickelte den Grundsatz, dass die verfassungsrechtliche Prüfung einer gerichtlichen Entscheidung desto eingehender sein könne, je intensiver die Grundrechtsbeeinträchtigung im Einzelfall ist.[74] Der verfassungsgerichtliche Eingriff in die fachgerichtliche Rechtsprechung soll verhältnismäßig sein zu der Schwere des Grundrechtseingriffs durch das fachgerichtliche Urteil. Bei besonders intensiven Eingriffen in Grundrechte könnten auch einzelne

70 BVerfG, Beschluss vom 12.11.1997 – 1 BvR 479/92, BVerfGE 96, 375, 395.

71 BVerfG, Beschluss vom 08.03.1983 – 1 BvR 1078/80, BVerfGE 63, 266, 289.

72 BVerfG, Beschluss vom 06.05.1997 – 1 BvR 409/90, BVerfGE 96, 56, 63.

73 Berkemann, Das BVerfG und „seine“ Fachgerichtsbarkeiten: Auf der Suche nach Funktion und Methodik, DVBl. 1996, S. 1028, 1034.

74 Schlaich/Korioth, Das Bundesverfassungsgericht, Rn. 307.

Auslegungsfehler durch das BVerfG korrigiert und Wertungen des Fachgerichts durch solche des BVerfG ersetzt werden.[75] Nach der Rechtsprechung des BVerfG gilt:

> *Je nachhaltiger […] ein zivilgerichtliches Urteil im Ergebnis die Grundrechtssphäre des Unterlegenen trifft, desto strengere Anforderungen sind an die Begründung dieses Eingriffs zu stellen und desto weitreichender sind folglich die Nachprüfungsmöglichkeiten des Bundesverfassungsgerichts; in Fällen höchster Eingriffsintensität […] ist es durchaus befugt, die von den Zivilgerichten vorgenommene Wertung durch seine eigene zu ersetzen.*[76]

Diese Aussage bedeutet einen Kurswechsel gegenüber der ständigen Rechtsprechung des BVerfG. Nach der Heck'schen Formel werden die Entscheidungen der Fachgerichte nur daraufhin überprüft, ob sie Auslegungsfehler enthalten, die auf einer „grundsätzlich unrichtigen Anschauung von der Bedeutung eines Grundrechts" beruhen.[77] Hiervon weicht das BVerfG unter Berufung auf das Intensitätsargument ab, wenn es etwa konstatiert, sein Prüfungsauftrag bestimme sich „insbesondere nach der Intensität, mit der die angegriffenen Entscheidungen das betroffene Grundrecht beeinträchtigen."[78]

Basierend auf dem Gedanken der „Je-desto-Prüfung" hat das BVerfG einen Weg zur intensiveren Nachprüfbarkeit fachgerichtlicher Urteile entwickelt. Bei Strafurteilen, die eine Einschränkung der Kunstfreiheit mit sich bringen, nimmt das BVerfG eine besondere Intensität des Eingriffs an und sieht sich folglich zu einer umfassenden Nachprüfung befugt. Das Gericht begründet dies damit, dass die negativen Auswirkungen für die Ausübung der Kunstfreiheit, die aufgrund ihrer besonderen Bedeutung keinem Gesetzesvorbehalt unterliegt, über den konkreten Fall hinausgehen würden.[79]

Das Gericht hat den Gedanken der vollen Nachprüfbarkeit noch weiter ausgedehnt, nämlich auf das Grundrecht der Meinungsfreiheit (Art. 5 Abs. 1 GG), das anders als die Kunstfreiheit unter einem Gesetzesvorbehalt steht, sowie auf Zivilurteile: „Das Urteil des Oberlandesgerichts unterliegt einer intensiven verfassungsrechtlichen Prüfung. Diese kommt nicht nur bei strafgerichtlicher Ahndung eines dem Schutz des Art. 5 Abs. 1 S. 1 GG unterliegenden Verhaltens wegen des darin liegenden nachhaltigen Eingriffs in Betracht. Ein solcher Eingriff ist vielmehr auch bei zivilgerichtlichen Entscheidungen anzunehmen,

75 Schlaich/Korioth, Das Bundesverfassungsgericht, Rn. 307.
76 BVerfG, Beschluss vom 11.05.1976 – 1 BvR 671/70, BVerfGE 42, 143 (149).
77 BVerfG, Beschluss vom 10.06.1964 – 1 BvR 37/63, BVerfGE 18, 85 (93).
78 BVerfG, Beschluss vom 27.11.1990 – 1 BvR 402/87, BVerfGE 83, 130 (145).
79 BVerfG, Beschluss vom 17.07.1984 – 1 BvR 816/82, BVerfGE 67, 213 (223).

wenn diese geeignet sind, über den konkreten Fall hinaus präventive Wirkung zu entfalten, das heißt in künftigen Fällen die Bereitschaft mindern können, von dem betroffenen Grundrecht Gebrauch zu machen."[80] Oder anders: „Angesichts der einschüchternden Wirkung, die staatliche Eingriffe hier haben können, muß eine besonders wirksame verfassungsrechtliche Kontrolle Platz greifen."[81]

Das Gericht begründet diese Rechtsprechung also mit der über den konkreten Fall hinausgehenden präventiven oder einschüchternden Wirkung, die staatliche Eingriffe auf die zukünftige Inanspruchnahme des Grundrechts haben können.[82] Hieran schließt sich die Frage an, ob der Gedanke der präventiven Wirkung für alle Grundrechte gelten soll. Das BVerfG bejaht diese Frage:

> *Ein nachhaltiger Eingriff, der zu einer intensiveren verfassungsrechtlichen Prüfung führt, liegt nicht allein bei einer strafgerichtlichen Ahndung von Verhalten vor, das unter dem Schutze des Art. 5 Abs. 3 S. 1 GG steht. Ein solcher Eingriff ist vielmehr auch bei anderen Entscheidungen von Staatsorganen anzunehmen, wenn diese geeignet sind, über den konkreten Fall hinaus präventive Wirkungen zu entfalten, das heißt in künftigen Fällen die Bereitschaft mindern können, von dem betroffenen Grundrecht Gebrauch zu machen.*[83]

Das BVerfG erstreckt seinen verfassungsrechtlichen Nachprüfungsauftrag nicht nur bis in die Einzelheiten der fachgerichtlichen Rechtsanwendung, sondern auch bis in die Sachverhaltsfeststellung der Gerichte.[84] Da das BVerfG insofern auch die Sachverhaltsfeststellung des Fachgerichts nachprüft, ist es bei diesen Entscheidungen kein Revisionsgericht, sondern ein Tatsachengericht.[85]

Zwar ist das Gericht ausweislich des Wortlauts des § 26 Abs. 1 S. 1 BVerfGG nicht an behördliche und gerichtliche Tatsachenfeststellungen in den angegriffenen Entscheidungen gebunden. Allerdings verwahrt sich das BVerfG gegen die Rolle einer „Superberufungsinstanz" in Tatsachenfragen.[86] Laut Heck'scher Formel sind die im fachgerichtlichen Instanzenzug gewonnenen Feststellungen und die Würdigung des Tatbestands grundsätzlich die Sache der Fachgerichte und

---

80 BVerfG, Beschluss vom 25.03.1992 – 1 BvR 514/90, BVerfGE 86, 1 (10).

81 BVerfG, Beschluss 07.03.1990 – 1 BvR 266/86, BVerfGE 81, 278 (290).

82 Schlaich/Korioth, Das Bundesverfassungsgericht, Rn. 308.

83 BVerfG, Beschluss vom 27.11.1990 – 1 BvR 402/87, BVerfGE 83, 130 (145 f.).

84 BVerfG, Beschluss vom 09.10.1991, 1 BvR 1555/88, BVerfGE 85, 1 (14). Die Sachverhaltsfeststellung war dem BVerfG möglich, da in den betreffenden Fällen die inkriminierten Meinungsäußerungen als gedruckte Texte vorlagen, Schlaich/Korioth, Das Bundesverfassungsgericht, Rn. 308.

85 Schlaich/Korioth, Das Bundesverfassungsgericht, Rn. 308.

86 Barczak, in: Barczak (Hrsg.), BVerfGG, 2018, § 26 Rn. 8.

der Nachprüfung durch das BVerfG entzogen.[87] Die oben dargestellte Rechtsprechung des BVerfG zeigt, wie mit dem Maßstab „Intensität des Grundrechtseingriffs“ das auf Basis der Heck'schen Formel gefundene Ergebnis bedarfsbezogen angepasst wird. Letztlich ist sogar eine flexible Handhabung der Formel bei der Ermittlung des Sachverhalts möglich.[88]

5. *Kritik*

Seit der Veröffentlichung der Heck'schen Formel sind das BVerfG und das verfassungsrechtliche Schrifttum nicht müde geworden, nach geeigneten Kriterien zur Abgrenzung verfassungsrechtlicher von einfachgesetzlichen Fragen zu suchen. Die von ihnen diskutierten Formeln und Theorien zum Prüfungsumfang der Verfassungsgerichtsbarkeit ziehen materiellrechtliche oder institutionell-funktionelle Maßstäbe zur Grenzziehung heran. Allerdings hat sich gezeigt, dass keine der Formeln eine überzeugende Lösung bietet.

Die bisher diskutierten Formeln weisen einige gemeinsame Eigenschaft auf, insbesondere legen sie abstrakte materielle Maßstäbe an. Solche Maßstäbe tragen jedoch wenig zu einer sachgerechten Grenzziehung im konkreten Fall bei. Es gibt zahlreiche Faktoren und Kriterien, die berücksichtigt werden müssen, um in einem konkreten Fall die Grenze der verfassungsgerichtlichen Prüfungskompetenz zu bestimmen. Diese Kriterien ergeben sich aus einer Bündelung grundrechtlicher, funktioneller, institutioneller, rechtsphilosophischer und auch politischer Perspektiven. Abstrakte Maßstäbe können keine angemessene Antwort auf alle denkbaren Fälle liefern, da jeweils eine Vielzahl von Gesichtspunkten abgewogen werden muss, die ihrer Natur nach unbestimmt sind und sich vorab nicht abschließend benennen lassen. Die Rechtsprechung des BVerfG und die verfassungsrechtliche Literatur versuchen daher, Ausnahmeformeln wie die Willkür- und die Intensitätsprüfung zu schaffen, um die ursprünglichen Formeln zu ergänzen. Auch mit diesen zusätzlichen Prüfungskriterien gelingt indes kaum eine konsistente Abgrenzung. Sie sind vielmehr Ausdruck der Annahme, dass es die Aufgabe des BVerfG und der Verfassungsbeschwerde sei, jede Rechtsverletzung zu beheben und jedes einzelne Gerichtsurteil, gegen das Verfassungsbeschwerde eingelegt wird, einer Überprüfung zu unterziehen. Diese Vorstellung von der eigenen Pflichtenstellung bildet letztlich den Grund

87 BVerfG, Beschluss vom 10.06.1964 – 1 BvR 37/63, BVerfGE 18, 85 (92).

88 BVerfG, Beschluss vom 27.11.1990 – 1 BvR 402/87, BVerfGE 83, 130 (145 f.), betreffend die Kunstfreiheit; BVerfG, Beschluss vom 15.07.1998 – 1 BvR 1554/89, BVerfGE 98, 365 (389), betreffend den allgemein Gleichheitssatz.

für eine dysfunktionale, seiner Identität als Verfassungsgericht nicht angemessenen Aufgabenwahrnehmung des BVerfG und für die dauerhafte Arbeitsüberlastung des BVerfG.

Der Zweck der Verfassungsbeschwerde sollte anhand von pragmatischen Gesichtspunkten überprüft und neu konzipiert werden. Für den Grundrechtsschutz ist nicht nur das BVerfG zuständig, sondern gleichermaßen sind dies auch die Fachgerichte. Das Grundgesetz sieht vor, dass sich beide Gerichtsbarkeiten diese Aufgabe teilen. Angesichts der erfolgreichen Etablierung der Verfassungsgerichtsbarkeit beachten die Fachgerichte nicht nur die sich unmittelbar aus dem Grundgesetz ergebenden Vorgaben, sondern auch die Rechtsprechung des BVerfG. Das BVerfG nimmt seit seiner Gründung starken Einfluss auf die Rechtsprechung der Fachgerichte. Daher werden fachgerichtliche Urteile, die nicht im Einklang mit den Grundrechten oder der Rechtsprechung des BVerfG stehen, von den höheren Instanzen regelmäßig aufgehoben. In diesem Zustand ist es für das BVerfG nicht angebracht, „alle Hebel in Bewegung zu setzen", um die Grundrechte der Bürger zu schützen, wenn es nicht das Problem der Arbeitsüberlastung hätte.

Außerdem sollten bei dem Verfahren, das sich mit der Abgrenzung zwischen Fach- und Verfassungsgerichtsbarkeit beschäftigen soll, nicht nur der Schutz der Grundrechte des Beschwerdeführers oder der Aspekt der Entlastung des Gerichts berücksichtigt werden. Vielmehr muss der Blick auf die bislang vernachlässigte Aufgabe gelenkt werden, neue und zukünftig relevant werdende grundrechtliche Fragen zu identifizieren. Nur so können in einem dynamischen gesellschaftlichen Umfeld die Grundrechte der Bürger auch künftig angemessen geschützt werden.

Kapitel 3: Das Annahmeverfahren der Verfassungsbeschwerde

A. Einleitung

I. Das Annahmeverfahren und seine Funktion

Die Einführung des Annahmeverfahrens ist eine zwangsläufige Folge des Erfolgs des BVerfG und der Verfassungsbeschwerde.[89] Um die Funktionsfähigkeit des BVerfG aufrechtzuerhalten, führte der Gesetzgeber zunächst ein Vorprüfungsverfahren und später ein Annahmeverfahren ein. Die Durchführung des Annahmeverfahrens wird regelmäßig den Drei-Richter-Kammern übertragen (§ 93b S. 1 BVerfGG). Darüber hinaus zielen erleichterte Verfahrensvorschriften und geringere Anforderungen an die Begründung auf eine Entlastung ab (§ 93d Abs. 1 S. 1 und S. 2 BVerfGG). Bei der Annahmeentscheidung handelt es sich um eine gebundene Entscheidung. Sie ist keine Entscheidung nach Ermessen oder gar Belieben des BVerfG.[90]

Das Annahmeverfahren spielt für die Funktion der Verfassungsbeschwerde eine entscheidende Rolle, denn nur dieses Verfahren erlaubt es dem BVerfG, seine Arbeitsfähigkeit aufrechtzuerhalten. In diesem Kapitel wird dieses wichtige, aber angesichts seiner Bedeutung relativ wenig bekannte und diskutierte Verfahren beim BVerfG erörtert.

Zunächst wird auf die Geschichte der Einführung und die Änderungen des Annahmeverfahrens eingegangen.

Zweitens wird das aktuelle Annahmeverfahren im Detail erörtert. Die Gründe für die Annahme und Nichtannahme, die Spruchkörper und die Entscheidungsarten und -verfahren und schließlich die Besonderheiten des Verfahrens. Am Ende wird als Schlussfolgerung der Zweck des Annahmeverfahrens erörtert.

Drittens werden die Zulässigkeitsvoraussetzungen, die wichtigen Gründe für eine Nichtannahme sowie die Praxis und Rechtsprechung des BVerfG dazu näher betrachtet. Um das Annahmeverfahren zu verstehen, ist es wichtig, die Beziehung zwischen dem Annahmeverfahren und der Zulässigkeitsprüfung zu kennen. Die meisten Verfassungsbeschwerden scheitern bereits im

---

89 Benda/Klein, Verfassungsprozessrecht, § 19 Rn. 48.

90 Benda/Klein, Verfassungsprozessrecht, § 19 Rn. 449.

Annahmeverfahren. Das Fehlen von Zulässigkeitsvoraussetzungen ist einer der wichtigsten Gründe für eine Nichtannahme.[91]

II. Einführung und Änderungen des Vorprüfungsverfahrens und des Annahmeverfahrens

1. Einführung der Verfassungsbeschwerde und Denkschrift vom 23. Dezember 1954

Schon kurz nachdem das BVerfG am 7. September 1951 seine Arbeit aufgenommen hatte, war der seinerzeit für Verfassungsbeschwerden allein zuständige Erste Senat mit einem sehr hohen Geschäftsanfall konfrontiert: Innerhalb der ersten acht Monate wurden 791 Verfassungsbeschwerden erhoben. Eine Filtermöglichkeit, die von Anfang an bestand, ist die allgemeine Verwerfungskompetenz in § 24 BVerfGG. Nach dieser Vorschrift können unzulässige oder offensichtlich unbegründete Anträge durch einstimmigen Beschluss des BVerfG verworfen werden. Diese Verwerfungskompetenz, auf deren Grundlage sog. *A-limine*-Abweisungen ergehen, erwies sich jedoch als ineffizient. Die weiter ansteigenden Verfahrenszahlen ließen dem Gericht kaum noch Raum, seine wichtigste Aufgabe, die Auslegung von Grundrechte, zu erfüllen.[92]

Das Gericht selbst machte auf diesen Missstand wiederholt aufmerksam. Ende 1951 wandte sich der damalige Präsident Höpker-Aschoff mit einem Brief an den Bundesjustizminister und forderte Maßnahmen zur Entlastung des Ersten Senats. Außerdem erarbeitete das Gericht einen Gesetzentwurf, den es mit einer Denkschrift vom 23. Dezember 1954 gegenüber der Bundesregierung begründete.[93] Darin schlug es ein Zulassungsverfahren nach amerikanischem Vorbild vor:

> *Die bisherigen Erfahrungen haben gezeigt, daß weitaus die meisten der immer noch in großer Zahl eingehenden Verfassungsbeschwerden unzulässig oder offensichtlich unbegründet sind, und daß dieser Rechtsbehelf – vor allem wegen der Kostenfreiheit und wegen des fehlenden Anwaltszwanges für das schriftliche Verfahren vielfach von Querulanten mißbraucht wird. Nachhaltige Besserung dieses Zustandes ist nach Überzeugung des Gerichts nur von einer – dem amerikanischen writ of certiorari nachgebildeten – Vorprüfung zu erwarten, die in einem vereinfachten Verfahren Verfassungsbeschwerden von geringerem sachlichem Gehalt ausscheidet und eine Konzentration der Arbeit auf die der Entscheidung*

91 Nettersheim, in: Barczak (Hrsg.), BVerfGG, 2018, § 93a Rn. 8.

92 Schäfer, Grundrechtsschutz im Annahmeverfahren, S. 129.

93 Bundesverfassungsgericht, Vorschläge des Bundesverfassungsgerichts für eine Änderung des Gesetzes über das Bundesverfassungsgericht. – Karlsruhe, 1954.

durch ein Verfassungsgericht würdigen Fälle ermöglicht. In diesem Zulassungsverfahren soll es zu einer Prüfung, ob die Verfassungsbeschwerde verfahrensrechtlich zulässig und ob sie begründet ist, nicht kommen. Es wird lediglich darüber entschieden, ob die Verfassungsbeschwerde – sei es von einem allgemeinen objektiven Standpunkt, sei es von einem Standpunkt des Beschwerdeführers selbst aus – so bedeutsam ist, daß auf sie verfahrens- und gegebenenfalls materiellrechtlich eingegangen werden muß.[94]

2. Einführung des Vorprüfungsverfahrens im Jahr 1956

Das erste Änderungsgesetz, das Gesetz zur Änderung des Gesetzes über das BVerfG vom 21. Juli 1956,[95] führte zur vereinfachten Bearbeitung von Verfassungsbeschwerden ein Vorprüfungsverfahren durch einen Ausschuss von drei Richtern ein. Dieser sog. „Dreierausschuss" konnte eine Verfassungsbeschwerde unter bestimmten Voraussetzungen durch einstimmigen Beschluss verwerfen. Dabei stand dem Ausschuss kein Ermessen zu. Das neue Vorprüfungsverfahren wurde in § 91a Abs. 1 und 2 BVerfGG wie folgt geregelt:

(1) Ein aus drei Richtern bestehender Ausschuss, der von dem *zuständigen Senat für die Dauer eines Geschäftsjahres berufen wird, prüft die Verfassungsbeschwerde vor. Jeder Senat kann mehrere Ausschüsse berufen.*(2) Der Ausschuss kann durch einstimmigen Beschluss die Verfassungsbeschwerde verwerfen, wenn weder von der Entscheidung die Klärung einer verfassungsrechtlichen Frage zu erwarten ist noch dem Beschwerdeführer durch die Versagung der Entscheidung zur Sache ein schwerer und unabwendbarer Nachteil entsteht. Einigt sich der Ausschuss nicht, so kann der Senat die Verfassungsbeschwerde aus diesen Gründen mit einfacher Mehrheit verwerfen.

Die Tatsache, dass die beiden Verwerfungsvoraussetzungen sehr abstrakt gefasst sind, eröffnete dem BVerfG den in der Denkschrift vom 23. Dezember 1954 gewünschten Spielraum.[96]

In der Praxis ging das BVerfG zunehmend dazu über, die ihm vertrauten Kategorien der *A-limine*-Abweisungen, die Zulässigkeit und Begründetheit der Verfassungsbeschwerde, auch im Vorprüfungsverfahren anzuwenden. Eine offensichtlich unzulässige oder unbegründete Verfassungsbeschwerde könne weder objektiv noch subjektiv hinreichend wichtig sein. Verfassungsbeschwerden, die offensichtlich unzulässig oder unbegründet waren, wurden sogar ohne jeglichen Bezug auf § 91a Abs. 2 S. 1 BVerfGG verworfen. Für die

94 Bundesverfassungsgericht, Vorschläge des Bundesverfassungsgerichts für eine Änderung des Gesetzes über das Bundesverfassungsgericht. – Karlsruhe, 1954, S. 7, 8.

95 BGBl. I 1956, S. 662.

96 Schäfer, Grundrechtsschutz im Annahmeverfahren, S. 132.

Offensichtlichkeit kam es darauf an, ob die Verfassungsbeschwerde zweifelsfrei nach den Senatsgrundsätzen unzulässig oder unbegründet war. Zweifelsfragen wurden den Senaten vorgelegt.[97]

Nach Einführung des Vorprüfungsverfahrens mit der Novelle von 1956 wurden 95 Prozent aller erhobenen Verfassungsbeschwerden von den Ausschüssen entschieden. Durch die Prüfung der offensichtlichen Begründetheit der Verfassungsbeschwerde wurde die materiell-rechtliche Seite Gegenstand der Überprüfung durch die Vorprüfungsausschüsse.[98]

3. *Aufnahme der Verfassungsbeschwerde in das Grundgesetz im Jahr 1969*

Mit dem Neunzehnten Gesetz zur Änderung des Grundgesetzes vom 29. Januar 1969[99] wurde Art. 93 Abs. 1 Nr. 4a und 4b GG in den grundgesetzlichen Zuständigkeitskatalog des BVerfG eingefügt. Zugleich schuf der Gesetzgeber mit Art. 94 Abs. 2 S. 2 GG die Möglichkeit, für Verfassungsbeschwerden die vorherige Erschöpfung des Rechtswegs zur Voraussetzung zu machen und ein besonderes Annahmeverfahren vorzusehen.

Die Erwägungen, aus denen der Gesetzgeber die Verfassungsbeschwerde in das Grundgesetz aufnahm, sind nicht eindeutig bestimmbar. Denkbar ist, dass der Reform die doppelfunktionale Sicht des BVerfG zugrunde lag, wonach die Verfassungsbeschwerde sowohl individuellen Rechtsschutz garantieren als auch das objektive Verfassungsrecht wahren soll. Demgegenüber könnte es ihm auch darum gegangen sein, den subjektiven Rechtsschutzgedanken zu verwirklichen und die Verfassungsbeschwerde als Prozessgrundrecht verfassungsrechtlich abzusichern.[100]

4. *Die Novelle des Jahres 1985*

Mit der Novelle des Jahres 1985 wurden die Ausschüsse in Kammern umbenannt; zugleich wurden ihre Kompetenzen auf stattgebende Entscheidungen ausgedehnt. Die Kammern können seither durch einstimmigen Beschluss der Verfassungsbeschwerde stattgeben, wenn das BVerfG die hierfür maßgebliche verfassungsrechtliche Frage bereits entschieden hat, es zur Durchsetzung der Grundrechte angezeigt

97 Schäfer, Grundrechtsschutz im Annahmeverfahren, S. 137, 138.
98 Schäfer, Grundrechtsschutz im Annahmeverfahren, S. 139.
99 BGBl. I 1969, S. 97.
100 Schlaich/Korioth, Das Bundesverfassungsgericht, Rn. 273.

ist und sie offensichtlich begründet ist. Der Beschluss steht einer Entscheidung des Senats gleich.

B. Das Annahmeverfahren de lege lata

I. Allgemeines Register: ein Filter vor dem Annahmeverfahren

Von dem Annahmeverfahren zu unterscheiden ist die Vorfilterung von Verfassungsbeschwerden und deren Eintrag im Allgemeinen Register (AR). Dem AR-Verfahren, das in der Geschäftsordnung des BVerfG (BVerfGGO) geregelt ist, kommt eine nicht zu unterschätzende Entlastungsfunktion zu. Eingehende Verfassungsbeschwerden werden einer Vorprüfung durch den zur Postauszeichnung berufenen Mitarbeiter unterzogen (§ 64 Abs. 1 S. 2 BVerfGGO).[101] Sofern diese ergibt, dass eine Annahme zur Entscheidung nicht in Betracht kommt, wird die Verfassungsbeschwerde zunächst im Allgemeinen Register eingetragen (§ 63 Abs. 2 lit. a BVerfGGO). Dem Beschwerdeführer wird mitgeteilt, dass das Gericht ohne eine Behebung der dargelegten Zulässigkeitsmängel davon ausgeht, dass dieser nicht auf einer richterlichen Entscheidung bestehe.[102] Sofern der Beschwerdeführer daraufhin dennoch eine richterliche Entscheidung über seine Verfassungsbeschwerde beantragt, muss die Beschwerde in das Verfahrensregister umgetragen und der zuständige Berichterstatter bestimmt werden (§ 64 Abs. 2 BVerfGGO).[103] Von den im Geschäftsjahr 2020 im Allgemeinen Register geführten 5.583 Verfassungsbeschwerden und sonstigen Eingaben sind 2.610 Verfahren im Allgemeinen Register verblieben (47 Prozent).[104]

---

101 Für das Allgemeine Register handelt die Abteilungsleitung „Justizverwaltung“ im Auftrag des Gerichts (§ 65 S. 1 BVerfGGO).

102 Bei offensichtlicher Unzulässigkeit und offensichtlicher Aussichtlosigkeit wird der Beschwerdeführer durch das System des AR schriftlich über die bestehenden Zulässigkeitsbedenken belehrt und erhält Gelegenheit, seine Verfassungsbeschwerde nicht weiter zu verfolgen. Auf diese Weise kann eine Vielzahl von Verfahren ausgesiebt werden, ohne dass es einer richterlichen Entscheidung bedürfte (§ 64 Abs. 2 BVerfGGO). Benda/Klein, Verfassungsprozessrecht, § 19 Rn. 462.

103 Nettersheim, in: Barczak (Hrsg.), BVerfGG, 2018, § 93a Rn. 1.

104 BVerfG, Jahresstatistik 2020, S. 55, abrufbar unter: www.BVerfG.de/DE/Verfahren/Jahresstatistiken/jahresstatistiken_node.html (Abruf am 11.11.2021).

II. Grundlagen des Annahmeverfahrens

1. Die BVerfGG-Novelle des Jahres 1993

Die heute geltende Regelung zum Annahmeverfahren gelangte mit der Novelle des Jahres 1993[105] in das BVerfGG (§§ 93a bis d BVerfGG).

Der seinerzeit eingeführte § 93a BVerfGG lautet wie folgt:

> (1) Die Verfassungsbeschwerde bedarf der Annahme zur Entscheidung.
> (2) Sie ist zur Entscheidung anzunehmen,
> a) soweit ihr grundsätzliche verfassungsrechtliche Bedeutung zukommt,
> b) wenn es zur Durchsetzung der in § 90 Abs. 1 genannten Rechte angezeigt ist; dies kann auch der Fall sein, wenn dem Beschwerdeführer durch die Versagung der Entscheidung zur Sache ein besonders schwerer Nachteil entsteht.

Demnach bedarf die Verfassungsbeschwerde der Annahme zur Entscheidung (§ 93a Abs. 1 BVerfGG i.V.m. Art. 94 Abs. 2 S. 2 GG). Nach Eingang der Verfassungsbeschwerde entscheidet das BVerfG über die Eintragung im Allgemein Register oder die Erfassung im Verfahrensregister (§ 63 Abs. 1 BVerfGGO). Nach der Erfassung im Verfahrensregister erfolgt die Zuteilung an den nach der Geschäftsverteilung zuständigen Richter zur Berichterstattung. Das Prüfungsverfahren beginnt damit, dass der Richter als Berichterstatter entscheidet, ob er die Verfassungsbeschwerde dem Senat oder einer Kammer vorlegt. Im Dezernat des Berichterstatters wird sodann ein von diesem verantwortetes Votum mit Entscheidungsvorschlag erstellt. Die Erstellung eines Votums erfolgt bei sämtlichen Verfahren.[106]

Die aus drei Richtern bestehende Kammer kann im Rahmen einer Vorprüfung durch einstimmigen Beschluss die Annahme der Verfassungsbeschwerde ablehnen, wenn die Voraussetzungen des § 93a Nr. 2 BVerfGG nicht vorliegen.

Anstelle der zuvor normierten Ablehnungsgründe gelten nun positive Voraussetzungen, unter denen die Verfassungsbeschwerde anzunehmen ist. Die Voraussetzungen gelten gleichermaßen für Annahmeentscheidungen durch die Kammern und die Senate. Dem Gericht wird kein Ermessen eingeräumt, aber der Wortlaut der Norm eröffnet erheblichen Entscheidungsspielraum.[107]

---

105 BGBl. I 1993, S. 1442.

106 Auch in den Fällen einer unbegründeten Nichtannahme-Entscheidung nach § 93d Abs. 1 S. 3 BVerfGG wird ein Votum erstellt. Benda/Klein, Verfassungsprozessrecht, § 19 Rn. 462.

107 Schlaich/Korioth, Das Bundesverfassungsgericht, Rn. 264.

2. Gründe für die Annahme

(1) „Soweit ihr grundsätzliche verfassungsrechtliche Bedeutung zukommt" (§ 93a Abs. 2 lit. a BVerfGG)

Im ersten Annahmegrund findet die objektive Funktion der Verfassungsbeschwerde zur Bewahrung und Fortentwicklung des Verfassungsrechts ihre Ausprägung. Die Verfassungsbeschwerde muss angenommen werden, soweit ihr grundsätzliche verfassungsrechtliche Bedeutung zukommt. Grundsätzliche Bedeutung kommt einer Streitsache zu, wenn sie eine entscheidungserhebliche, klärungsbedürftige Rechtsfrage des „Verfassungsrechts" aufwirft.[108]

Das BVerfG sieht dieses Kriterium als erfüllt an, wenn die Verfassungsbeschwerde eine verfassungsrechtliche Frage aufwirft, die sich nicht ohne Weiteres aus dem Grundgesetz beantworten lässt, in der verfassungsrechtlichen Rechtsprechung noch ungeklärt ist und an deren Klärung ein über den Einzelfall hinausgehendes Interesse besteht.[109] Bereits bei der Prüfung der Annahme muss es erkennbar sein, dass sich das BVerfG bei seiner Entscheidung über die Verfassungsbeschwerde mit der geltend gemachten Grundsatzfrage befassen muss.[110]

(2) Angezeigt sein zur Durchsetzung der Rechte

§ 93a Abs. 2 lit. b BVerfGG betont die subjektivrechtliche Funktion der Verfassungsbeschwerde, die dem Einzelnen Grundrechte gewährleisten soll. Die Verfassungsbeschwerde muss demnach angenommen werden, „wenn es zur Durchsetzung der in § 90 Abs. 1 genannten Rechte angezeigt ist", was nach dem Beispiel des zweiten Halbsatzes der Fall sein kann, „wenn dem Beschwerdeführer durch die Versagung der Entscheidung zur Sache ein besonders schwerer Nachteil entsteht."

Eine Annahme nach § 93a Abs. 2 lit. b BVerfGG ist angezeigt, wenn die geltend gemachte Verletzung von Grundrechten oder grundrechtsgleichen Rechten besonderes Gewicht hat.[111] § 93a Abs. 2 lit. b BVerfGG hebt selbst hervor, dass dem Beschwerdeführer „durch die Versagung der Entscheidung zur Sache ein besonders schwerer Nachteil entsteh[en]" muss. Das zeigt die Intensität der

---

108 Berkemann, Das Annahmeverfahren der Verfassungsbeschwerde (§ 93a Abs. 2 BVerfGG), S. 280, 282.

109 BVerfG, Beschluss vom 08.02.1994 – 1 BvR 1693/92, BVerfGE 90, 22, 24 f.

110 BVerfG, Beschluss vom 08.02.1994 – 1 BvR 1693/92, BVerfGE 90, 22, 25.

111 Berkemann, Das Annahmeverfahren der Verfassungsbeschwerde (§ 93a Abs. 2 BVerfGG), AnwBl. 2020, S. 280, 282.

Verletzung, die erreicht sein muss. Nicht irgendeinen schweren Nachteil, sondern einen „besonders" schweren verlangt das Gesetz.[112] Nach der Kammerrechtsprechung ist dies vor allem der Fall, wenn der Grundrechtsverstoß den Beschwerdeführer in existenzieller Weise betrifft. Eine existenzielle Betroffenheit des Beschwerdeführers kann sich aus dem Gegenstand der angegriffenen Entscheidung oder seiner aus ihrer folgenden Belastung ergeben.[113]

Eine bloße Fehlentscheidung im Einzelfall wird hierfür in der Regel nicht ausreichen, wenn das Instanzgericht auch zutreffend darauf hingewiesen hat, dass ihm die Grundrechtsrelevanz der Entscheidung grundsätzlich bewusst war und dem Beschwerdeführer durch diese Einzelfallentscheidung kein besonders schwerer Nachteil entstehen wird. Gemäß der Rechtsprechung des BVerfG wird dies jedenfalls dann nicht der Fall sein, wenn die Verfassungsbeschwerde im Ergebnis keine hinreichende Aussicht auf Erfolg hat.[114] In der Kammerpraxis wird daher in der Regel eine herkömmliche Prüfung der Zulässigkeit und Begründetheit der Verfassungsbeschwerde durchgeführt.[115]

Mit dem Begriff des Angezeigtseins war offenbar intendiert, dem Gericht einen flexiblen und weiten Spielraum für die Annahmeentscheidung zu geben. Auch das unbestimmte Erfordernis des „besonders schweren Nachteils" relativiert die gesetzliche Verpflichtung zur Annahme. Das Gericht verfügt also über erheblichen Spielraum bei der Anwendung der Annahmekriterien. Ist dem Beschwerdeführer kein besonders schwerer Nachteil entstanden, ist die Annahme seiner Verfassungsbeschwerde unabhängig vom Vorliegen eines Verfassungsverstoßes nicht notwendig angezeigt. Trotz festgestellter Grundrechtsverletzung kann das Gericht auf eine Entscheidung zur Sache zu verzichten.[116]

Gegenüber der bis dahin geltenden Rechtslage betont die Neuregelung die objektiv-rechtliche Funktion der Verfassungsbeschwerde. Bei der Überprüfung der Frage des „Angezeigtsein" sind auch Erwägungen zum objektiven Gehalt der Grundrechte von Bedeutung. Da es sich bei dem vom Beschwerdeführer erlittenen Nachteil nicht mehr nur um einen schweren Nachteil, sondern um einen besonders schweren Nachteil handeln muss, ist die Sorge um den Schutz der

112 Berkemann, Das Annahmeverfahren der Verfassungsbeschwerde (§ 93a Abs. 2 BVerfGG), AnwBl. 2020, S. 280, 282.

113 BVerfG, Beschluss vom 09.07.1997 – 2 BvR 1371/96, BVerfGE 96, 245, 248.

114 BVerfG, Beschluss vom 08.02.1994 – 1 BvR 1693/92, BVerfGE 90, 22, 26.

115 Benda/Klein, Verfassungsprozessrecht, § 19 Rn. 452.

116 Benda/Klein, Verfassungsprozessrecht, § 19 Rn. 453.

individuellen Rechte kein eigenständiger Annahmegrund mehr, sondern lediglich ein zu berücksichtigender wesentlicher Faktor.[117]

Das BVerfG bedient sich nur sehr selten der mit dem Handlungsspielraum verbundenen Entlastungsmöglichkeit. Das BVerfG nutzt diesen Handlungsspielraum nicht aktiv. Masing, der vor kurzem (2020) ausgeschiedene Richter des BVerfG, hat die Praxis des BVerfG wie folgt erläutert.

> *Im Übrigen allerdings eröffnet das Gesetz durchaus einen erheblichen Freiraum, der in die Nähe eines freien Annahmeverfahrens führen könnte. Trotz wiederholter Anläufe scheiterte eine solche Handhabung aber seit jeher an inneren Widerständen im Gericht. Es fand sich immer eine zu gewichtige Zahl von Mitgliedern, die eine Entscheidung ohne Sachprüfung als mit ihrem richterlichen Auftrag und Ethos unvereinbar ansahen, so dass sich eine auch nur halbwegs freie Annahmepraxis nicht hat durchsetzen können.*[118]

Dieser Handlungsspielraum wird meist nur im Zusammenhang mit den folgenden zwei Fallgruppen verwendet.[119]

Erstens wird er angewandt, wenn deutlich abzusehen ist, dass der Beschwer des Beschwerdeführers auch durch eine Aufhebung des angegriffenen Hoheitsaktes und eine Zurückweisung der Sache an das Ausgangsgericht nicht abgeholfen werden könnte.[120]

Die zweite Gruppe von Fällen sind die Verfassungsbeschwerden, die die Bagatellgrenze nicht erreicht haben. Die Bagatellgrenze ist hier dennoch sehr stark von den Umständen abhängig und nicht zu verallgemeinern. Insbesondere ist es nicht möglich, anhand eines Geldbetrags eine starre Wertgrenze zu ziehen, sondern es ist notwendig, die jeweiligen Einkommens- und Vermögensverhältnisse und weitere Merkmale der konkreten Situation zu berücksichtigen.[121]

3. *Kammerentscheidungen durch Beschluss*

(1) *Kammer als Spruchkörper*

Kammern des BVerfG sind aus drei Richtern bestehende, jeweils für ein Geschäftsjahr berufene Spruchkörper (§ 15a BVerfGG, §§ 40 ff. BVerfGGO). Jeder Senat beruft für jeweils ein Jahr mehrere Kammern (§ 15a BVerfGG). Die

117 Bundesministerium der Justiz (Hrsg.), Entlastung des Bundesverfassungsgerichts, Bericht der Kommission), S. 35.

118 Masing, in: Herdegen u. a. (Hrsg.), Handbuch des Verfassungsrechts, § 15 Rn. 91.

119 Benda/Klein, Verfassungsprozessrecht, § 19 Rn. 453.

120 BVerfG, Beschluss vom 08.02.1994 – 1 BvR 1693/92, BVerfGE 90, 22, 26.

121 Benda/Klein, Verfassungsprozessrecht, § 19 Rn. 454.

Kammern sind ihrem jeweiligen Senat untergeordnet.[122] Die Kammern werden ausschließlich in Verfahren der Richtervorlage und Verfassungsbeschwerde tätig. Sie entscheiden über die Zulässigkeit der Richtervorlage und über die Annahme der Verfassungsbeschwerden zur Entscheidung. Obgleich sie auch Befugnisse im Bereich der konkreten Normenkontrolle haben (vgl. § 81a BVerfGG), erfüllen die Kammern ihre wichtigste Funktion im Rahmen von Annahmeverfahren für Verfassungsbeschwerden. Mehr als 99 Prozent der Verfassungsbeschwerden werden durch die Kammern erledigt.[123]

Die Kammer kann die Annahme der Verfassungsbeschwerde ablehnen (§ 93b BVerfGG). Die Kammer kann ausnahmsweise anstelle des Senats der Verfassungsbeschwerde stattgeben und ist somit ein eigenständiger Spruchkörper (§§ 93a ff. BVerfGG).[124] Die stattgebenden Entscheidungen der Kammern sind Sachentscheidungen, denen eine Annahmeentscheidung der Kammer zugrunde liegt. Sie stehen einer Entscheidung des Senats gleich (§ 93c Abs. 1 S. 2 BVerfGG). Neben den beiden Senaten sind die Kammern im Rahmen ihrer Kompetenz jeweils das BVerfG.[125]

(2) Beschluss der Kammer

Die Kammern entscheiden ohne mündliche Verhandlung und einstimmig (§ 81a S. 1, § 93d Abs. 3 S. 1 BVerfGG).[126] Nach § 93b S. 1 BVerfGG ist die Durchführung des Annahmeverfahrens regelmäßig den Kammern anvertraut. Dies entspricht der Intention des Annahmeverfahrens als ein Mittel zur Entlastung des BVerfG und seiner Senate.[127] Die Kammern haben im Prinzip nur die Zuständigkeit für Nicht-Annahme-Beschlüsse. Der Beschluss der „Annahme

---

122 Das ergibt sich daraus, dass die Senate die Kammern einsetzen und dass die Kammern im § 2 Abs. 1 BVerfGG nicht erwähnt werden. Schlaich/Korioth, Das Bundesverfassungsgericht, Rn. 40.

123 2019 und 2020 gingen 5.158 bzw. 5.194 Verfassungsbeschwerden ein. Davon wurden 3 (2019) bzw. 2 (2020) von den Senaten zurückgewiesen; 7 (2019) bzw. 21 (2018) Verfassungsbeschwerden wurde von den Senaten stattgegeben. BVerfG, Jahresstatistik 2020, S. 19, abrufbar unter: www.BVerfG.de/DE/Verfahren/Jahresstatistiken/jahresstatistiken_node.html (Abruf am 11.11.2021).

124 Schäfer, Grundrechtsschutz im Annahmeverfahren, S. 69.

125 Schlaich/Korioth, Das Bundesverfassungsgericht, Rn. 40; Schäfer, Grundrechtsschutz im Annahmeverfahren, S. 69.

126 Zur hieraus resultierenden Konsensorientierung des Gerichts vgl. Lübbe-Wolff, Wie funktioniert das Bundesverfassungsgericht?, S. 23 ff.

127 Benda/Klein, Verfassungsprozessrecht, § 19 Rn. 455.

zur Entscheidung“ liegt prinzipiell in der Verantwortung der Senate (§ 93b S. 2 BVerfGG).

Unter den Voraussetzungen des § 93c Abs. 1 S. 1 i.V.m. § 93a Abs. 2 lit. b BVerfGG kann die Kammer der Verfassungsbeschwerde stattgeben.[128] Der Stattgabe liegt eine Annahmeentscheidung durch die Kammer zugrunde. In diesem Fall sind die Kammern ausnahmsweise für die Annahme der Verfassungsbeschwerde zuständig.[129] Im Hinblick auf stattgebende Entscheidungen sind die Kammern auf die Fälle beschränkt, in denen bereits einschlägige Rechtsprechung des BVerfG vorliegt, d. h. eine Stattgabe durch die Kammer wegen grundsätzlicher verfassungsrechtlicher Bedeutung scheidet aus, wie sich aus der Verweisung auf § 93a Abs. 2 lit. b BVerfGG in § 93c Abs. 1 BVerfGG ergibt. Grundlegende Entscheidungen, die zur Fortbildung des Verfassungsrechts beitragen, sind dem Senat vorbehalten.[130] Der Beschluss der Kammer ist unanfechtbar, also formell rechtskräftig (§ 93d Abs. 1 S. 2 BVerfGG).

(3) Nichtannahme-Beschlüsse bei der Kammer ohne Begründung

Eine Nichtannahme zur Entscheidung durch die Kammern bedarf keiner Begründung (§ 93d Abs. 1 S. 3 BVerfGG).[131] Der Beschwerdeführer hat mithin keine Möglichkeit, die Gründe der Entscheidung nachzuvollziehen,[132] was im Hinblick auf die Rolle des BVerfG als Bürgergericht nicht ganz unproblematisch erscheint. Dies macht die Beratungen selbstverständlich effizienter. Gleichzeitig besteht aber auch eine gewisse Gefahr der Willkür, da die Entscheidungen nicht überprüfbar sind.

128 Nach dieser Gesetzesbestimmung müssen folgende Voraussetzungen erfüllt sein, damit die Kammer einer Verfassungsbeschwerde stattgeben kann: Die Verfassungsbeschwerde muss zur Durchsetzung der Grundrechte angezeigt und offensichtlich begründet sein und die betreffende verfassungsrechtliche Frage muss bereits vom BVerfG entschieden worden sein.

129 Schlaich/Korioth, Das Bundesverfassungsgericht, Rn. 266.

130 Schlaich/Korioth, Das Bundesverfassungsgericht, Rn. 266; Benda/Klein, Verfassungsprozessrecht, § 6 Rn. 160, Klein bezweifelt die Einhaltung dieser Regel in der täglichen Spruchpraxis der Kammern. Ihm zufolge gehen die Kammern des BVerfG teilweise deutlich über den bloßen Nachvollzug der Senatsrechtsprechung hinaus. Rn. 161.

131 Gelegentlich werden die Entscheidungen der Kammern mit einer ausführlichen Begründung versehen. Von 2004 bis 2014 gab es eine eigene Entscheidungssammlung für Kammerentscheidungen des BVerfG (BVerfGK).

132 Klein, Konzentration durch Entlastung?, NJW 1993, S. 2073, 2076.

Weitaus größere Bedenken in Anbetracht der fehlenden Begründungspflicht ergeben sich hingegen aus einem anderen Grund: Die fehlende Begründungspflicht macht eine ernsthafte Beratung in der Kammer ebenso überflüssig wie eine gewissenhafte Reflektion der tatsächlichen und rechtlichen Gesichtspunkte, wie sie bei einer Ausformulierung erforderlich wären. Vertreten die Mitglieder der Kammer unterschiedliche Ansichten zu den Gründen der Nichtannahme-Beschlüsse, so ist es entbehrlich, sich auf von allen Mitgliedern getragene Gründe zu verständigen.

Unter der Prämisse, dass die Struktur des derzeitigen Prozesses beibehalten wird, ist der Gewinn aus dem Vorteil des Systems größer als das Risiko aus dem Nachteil, denn ohne das System wäre es der Kammer unmöglich, die Flut der Verfassungsbeschwerden zu bearbeiten und die Funktion des BVerfG aufrechtzuerhalten. Politischen Bestrebungen, eine Begründungspflicht samt Veröffentlichungszwang einzuführen, ist insofern zu Recht eine Absage erteilt worden.[133]

5. *Annahmeverfahren im Senat*

Grundsätzlich ist die Kammer nur befugt, die Annahme der Verfassungsbeschwerde abzulehnen. Die Kammer kann ausnahmsweise im Falle des § 93c anstelle des Senats der Verfassungsbeschwerde stattgeben und in diesem Fall kann die Kammer die Verfassungsbeschwerde annehmen (§ 93b BVerfGG).

Hat die Kammer die Annahme nicht abgelehnt oder der Verfassungsbeschwerde (im Falle des § 93c) nicht stattgegeben, so hat der Senat über die Annahme zu entscheiden. Außerdem ist der Senat ist auch zuständig, wenn in der Kammer die erforderliche Einstimmigkeit über einen Beschluss nicht erzielt werden konnte. Beim Annahmeverfahren im Senat gelten dieselben Annahmevoraussetzungen wie beim Annahmeverfahren in der Kammer.

Das Annahmeverfahren beim Senat hat in der Praxis wenig Bedeutung. Der Berichterstatter legt dem Senat wichtige Fälle zusammen mit seinem Vorentscheid zur Annahme vor. Das Annahmeverfahren steht beim Senat nicht im Vordergrund. Laut Statistik gab es von 2016 bis 2020 nur einen einzigen Fall einer Nichtannahme-Entscheidung durch einen Senat.[134]

---

133 Vgl. den Entwurf eines 6. Gesetzes zur Änderung des BVerfGG (Gesetz zur Einführung der Begründungspflicht) der AfD-Fraktion v. 05.11.2018, BT-Drs. 19/5492. Der Rechtsausschuss hat mehrheitlich für die Ablehnung des Entwurfs votiert, vgl. BT-Drs. 19/9092, S. 2.

134 BVerfG, Jahresstatistik des BVerfG im Jahr 2020, S. 19, abrufbar unter: www.BVerfG.de/DE/Verfahren/Jahresstatistiken/jahresstatistiken_node.html (Abruf am 11.11.2021).

III. Das Annahmeverfahren in der Praxis: Aussagen der Richter des BVerfG

Der Politikwissenschaftler Uwe Kranenpohl hat erforscht, wie sich der interne Willensbildungs- und Entscheidungsprozess des BVerfG gestaltet. Zwischen Oktober 2005 und Januar 2006 hat er insgesamt 39 Interviews mit 15 aktiven und 15 ehemaligen Richtern des BVerfG, darunter acht Vorsitzenden, geführt, und ihnen detaillierte Fragen zur Entscheidungspraxis des BVerfG gestellt.[135] Die Interviews geben die persönliche Auffassung der befragten Richter wieder, d. h. bei den Antworten handelt es sich weder um innerhalb der Richterschaft abgestimmte Aussagen noch um offizielle Verlautbarungen des Gerichts. Obwohl natürlich denkbar ist, dass sich die Arbeitsweise des BVerfG zwischenzeitlich geändert hat und die heute amtierenden Richter zu anderen Einschätzungen gelangen, liefern die Interviews wertvolle Informationen über die Praxis der internen Willensbildung und Entscheidungsfindung am BVerfG. Für die vorliegende Arbeit lohnt es sich daher, einige Zitate aus den Interviews einzuführen, insbesondere solche, denen Informationen zur internen Praxis des Annahmeverfahrens und des Kammersystems entnommen werden können. Im Folgenden werden einige Aussagen von Richtern des BVerfG im entsprechenden Kontext zitiert.

1. *Zum Annahmeverfahren im Allgemeinen*

Kammern können durch einstimmige Entscheidung die Annahme einer Verfassungsbeschwerde ablehnen, wenn die Voraussetzungen des § 93a Abs. 2 nicht vorliegen (§§ 93b, 93d Abs. 3 BVerfGG). Die Statistik zeigt, dass die allermeisten der eingereichten Verfassungsbeschwerden, rund 98 Prozent, mit einer Nichtannahme-Entscheidung einer Kammer abgeschlossen werden.[136]

§ 93a Abs. 2 BVerfGG sieht zwei Gründe für die Annahme vor: grundsätzliche verfassungsrechtliche Bedeutung und Angezeigtsein zur Durchsetzung

---

135 Kranenpohl, Hinter dem Schleier des Beratungsgeheimnisses: der Willensbildungs- und Entscheidungsprozess des Bundesverfassungsgerichts, S. 71–72.

136 Im Jahr 2020 wurden in den Kammern und Senaten 5.361 Verfassungsbeschwerden erledigt. Hiervon wurden 5.248 Verfassungsbeschwerden durch Nichtannahmen durch Kammern erledigt, was 97,89 Prozent entspricht. In 90 Fällen wurde der Beschwerde von einer Kammer stattgeben; 23 Beschwerden wurden in Senaten erledigt. Jahresstatistik 2020 des BVerfG, S. 19, abrufbar unter: https://www.bundesverfassungsgericht.de/DE/Verfahren/Jahresstatistiken/jahresstatistiken_node.html (Abruf am 23.12.2021).

von Grundrechten. Die Anzahl der Verfassungsbeschwerden von grundsätzlicher verfassungsrechtlicher Bedeutung (§ 93a Abs. 2 lit. a BVerfGG) ist gering. In welchem Umfang das 1993 eingeführte Annahmeverfahren Wirkung entfalten kann, hängt daher wesentlich von der Anwendung des § 93a Abs. 2 lit. b BVerfGG im Einzelfall ab. Gemäß den Erhebungen Kranenpohls bereitet die Anwendung dieser Vorschrift in der Praxis Schwierigkeiten. Nur einige wenige seiner Gesprächspartner hielten das Annahmeverfahren insgesamt für unproblematisch.[137]

Ein Richter äußerte sich zu den Kriterien der Annahme zur Entscheidung und zu deren Bedeutung in der Praxis. Seinen Angaben zufolge kommt der zweite Annahmegrund (Angezeigtsein zur Durchsetzung von Grundrechten) dann zur Anwendung, wenn sich aus einem Einzelfall eine bedenkliche Praxis entwickeln würde:

Das entscheidet sich eigentlich alles nach den gesetzlichen Kriterien. Bei der Verfassungsbeschwerde ist es klar, da ist es geregelt: Was nicht angenommen wird, (hat) keine grundsätzliche verfassungsrechtliche Bedeutung oder (ist) auch nicht angezeigt – (das wäre gegeben), wenn man eine Korrektur am Einzelfall braucht, weil sich eine fehlgeleitete Praxis entwickeln würde. Das ist alles auch entschieden und ich meine, das ist wirklich das einzige Kriterium. (Interview Nr. 22)[138]

Einige Richter räumten ein, dass das Annahmeverfahren Elemente von Subjektivität oder Willkür enthält:

Weil wir ja inzwischen ein Annahmeverfahren haben, bei dem unter Umstände nicht mehr begründet werden muss, erleichtert es natürlich zu sagen: „Ich nehme im Rahmen des nach dem BVerfGG Zulässigen das an, was ich für entscheidungsbedürftig halte. Da können natürlich subjektive Elemente einfließen." (Interview Nr. 19)[139]

Es gibt in der Tat einen großen Graubereich. Wenn Sie sehen, dass es für die Annahme einer Verfassungsbeschwerde nicht einmal reicht, dass sie eine verfassungsrechtliche Frage zum Inhalt hat, sondern dass dann noch erschwerende Momente wie ein „schwerer Nachteil" und einiges hinzukommen müssen. Auch das sind offene Kriterien. (Interview Nr. 29)[140]

Es ist in der Tat so, dass diese Zulässigkeitskriterien schon etwas dschungelartig geworden sind und dass sich schon zurecht einige daran machen, das auszulichten. (Interview Nr. 14)[141]

137 Kranenpohl, Hinter dem Schleier des Beratungsgeheimnisses, S. 108.
138 Kranenpohl, Hinter dem Schleier des Beratungsgeheimnisses, S. 108.
139 Kranenpohl, Hinter dem Schleier des Beratungsgeheimnisses, S. 108.
140 Kranenpohl, Hinter dem Schleier des Beratungsgeheimnisses, S. 109.
141 Kranenpohl, Hinter dem Schleier des Beratungsgeheimnisses, S. 110.

Andere Richter wiederum betonten, dass das Annahmeverfahren nicht zu willkürlichen Entscheidungen führe:

> *Das ist schon rechtlich gesteuert. Der Eindruck, der manchmal erweckt wird, wir machen das, wie wir gerade Lust haben, ist insofern nicht berechtigt. Das könnte man nicht vertreten. (Interview Nr. 28)*[142]

Als Beleg für die nicht willkürliche Entscheidungspraxis in der Kammer verwiesen die Richter auf den großen Aufwand, der auch für solche Verfahren betrieben wird, die mit einer nicht begründeten Nichtannahme-Entscheidung abgeschlossen werden:

> *Ich hätte das aus der Außenperspektive, bevor ich hier war, so nicht gedacht, dass selbst für Verfassungsbeschwerden, bei denen man ersichtlich noch nicht einmal was schreiben müsste, um die mit einer Nichtannahme zu „beglücken", noch zehn Seiten Votum vorbereitet werden. (Interview Nr. 28)*[143]

> *Selbst bei einem nicht begründeten Beschluss kann es sein, dass ein hundertseitiges Votum zu Grunde gelegen hat. Und dass sich die Mitarbeiter und der Richterkollege wahnsinnig viel Mühe gemacht haben und das von den beiden anderen Richtern in der Kammer gelesen, kritisch überlegt wurde. Das schlägt sich nach außen nicht nieder. (Interview Nr. 3)*[144]

Es ist eine Sache, dass die Richter sehr sorgfältig arbeiten und einen Fall nicht willkürlich entscheiden; eine ganz andere Sache ist es, dass die Richter einen Fall angemessen entscheiden. Obwohl man darauf vertraut, dass das Gericht nicht willkürlich entscheidet, bleibt doch die Frage, ob das Annahmeverfahren so funktioniert, wie es funktionieren sollte. In der Praxis sieht man, dass die Annahmegründe sehr unbestimmt sind und Nichtannahme-Entscheidungen sehr häufig auf Zulässigkeitsvoraussetzungen gestützt werden.

2. *Der Zweck des Annahmeverfahrens*

Eine der schwierigsten Fragen im Hinblick auf das Annahmeverfahren ist die Frage nach seinem Zweck. Diesen zu ergründen, fällt vor allem deshalb so schwer, weil Theorie und Praxis, der offizielle Zweck und die Realität, teilweise nicht übereinstimmen.

Der eigentliche Zweck des Annahmeverfahrens ist die Entlastung des BVerfG. Es handelt sich beim Annahmeverfahren um einen der Sachentscheidung

---

142 Kranenpohl, Hinter dem Schleier des Beratungsgeheimnisses, S. 122.
143 Kranenpohl, Hinter dem Schleier des Beratungsgeheimnisses, S. 107.
144 Kranenpohl, Hinter dem Schleier des Beratungsgeheimnisses, S. 108.

vorgelagerten Filter, der in der Masse der Verfahren diejenigen identifizieren soll, die einer Sachentscheidung durch das Gericht bedürfen.[145] Bis heute – letztmals 1993 – hat der Gesetzgeber die betreffenden Verfahrensvorschriften insgesamt sechsmal geändert. Der Zweck des Gesetzgebers war immer derselbe: dem Gericht die Möglichkeit und den Spielraum zu geben, sich auf wichtige Fälle zu konzentrieren.[146] In den Interviews äußerten sich einige Richter dazu, worin aus ihrer Sicht der Zweck des Annahmeverfahrens bestehe. Demzufolge geht es im Annahmeverfahren darum, die Fälle anhand ihrer Relevanz auszuwählen:

> *Das Ziel, das man dabei hat, ist doch, dass man ein so hochkarätiges Gericht nicht durch die Überzahl der Beschwerden „paralysieren" will. Darum der Versuch, hier eine Annahmevorschrift zu schaffen, die gestattet, die Spreu vom Weizen zu sondern. Ein Kollege hat es so schön gesagt: „Es gibt dabei dreierlei: Die Molke, die Milch und die Sahne. Gerichte wie das BVerfG sollen die Sahne entscheiden und die Milch und vor allem die Molke den anderen überlassen." (Interview Nr. 29)*[147]

> *Das finde ich wirklich eine der Stärken des Gerichts, nach meiner hiesigen Erfahrung. Erstaunlich! Wenn wir hier das alles nur als Routine wahrnehmen, dann könnte man uns das kaum übelnehmen. Aber wir haben eine verhältnismäßig gute Organisation, die sensitiv (für die Frage) ist: Ist da was dran oder ist da nichts dran? (Interview Nr. 4)*[148]

Der Bedarf zum Herausfiltern der relevanten Fälle besteht, weil so viele und so geringwertige Verfassungsbeschwerden eingereicht werden. Ein Richter äußerte sich hierzu wie folgt:

> *Die Hauptgründe für die Nichtannahme zur Entscheidung sind eigentlich von Anwälten schlampig geführte Gerichtsprozesse. Wenn die dann am Ende Schwierigkeiten mit ihren Mandaten bekommen oder befürchten, gehen die dann noch mal nach Karlsruhe. Das merken Sie deutlich. Und damit beruhen die meisten aller Fälle darauf, dass die Behauptung aufgestellt wird: „Es ist einfaches Gesetzesrecht nicht richtig angewendet worden." Das ist nicht Sache des BVerfG! Das sehen die Leute nicht, denn die sagen natürlich mit einer gewissen Logik: „In dieses Grundrecht darf aufgrund Gesetzes eingegriffen werden, aber hier ist das Gesetz falsch angewendet. Insofern ist es eben nicht aufgrund eines Gesetzes passiert." Aber das ist nicht die Rechtsprechung des BVerfG. Das sind die Hauptgründe (für Nichtannahme). Schlampige Prozessführung, die am Ende noch ausgeputzt werden*

145 Benda/Klein, Verfassungsprozessrecht, § 19 Rn. 48.

146 Die Vielzahl der Änderungen des BVerfGG zeigt, wie schwer sich eine effektive und zugleich systemkonforme Lösung finden lässt. Vitzthum, Annahme nach Ermessen bei Verfassungsbeschwerde?, JöR 2005, S. 319, 324.

147 Kranenpohl, Hinter dem Schleier des Beratungsgeheimnisses, S. 105.

148 Kranenpohl, Hinter dem Schleier des Beratungsgeheimnisses, S. 105.

soll. Vor allem Dingen die Rüge, die gegen Verletzung einfachen Rechts geht. (Interview Nr. 30)[149]

Auf Grundlage seiner Interviews mit den Richtern und deren Analyse fasst Kranenpohl den Zweck des Annahmeverfahrens in der Praxis wie folgt zusammen: Primäre Aufgabe des Annahmeverfahrens ist es, das BVerfG vor Überlastung zu schützen und aus der Fülle der vorgebrachten Verfassungsbeschwerden die verfassungsrechtlich Relevanten herauszufiltern.[150]

3. *Annahmeverfahren in der Kammer*

(1) Berichterstattersystem

Das Berichterstattersystem spielt bei der Prüfung von Verfassungsbeschwerden durch das BVerfG eine wichtige Rolle. Es gestaltet sich wie folgt: Die eingehenden Verfahren werden an den zuständigen Senat weitergeleitet, der sie je nach Fachgebiet an die einzelnen Richter weiterleitet. Der berichterstattende Richter hat die Aufgabe, mithilfe seiner wissenschaftlichen Mitarbeiter ein Votum zu erstellen. Dieses spielt eine entscheidende Rolle im Prüfungsprozess. Das Votum beinhaltet den Hintergrund und den Sachverhalt des Rechtsstreits, gibt einen Überblick über die einschlägige Rechtsprechung des BVerfG und die entsprechende juristische Literatur, stellt die von beiden Seiten vorgebrachten Argumente ausführlich dar und schließt mit einer persönlichen Einschätzung, wie der Fall entschieden werden sollte. Das Votum wird an die weiteren Richter des betreffenden Spruchkörpers weitergeleitet und bildet für sie die Grundlage, sich mit dem Fall auseinanderzusetzen.[151]

Die interviewten Richter waren sich einig, dass der Einfluss der Berichterstatter enorm ist:

Der Einfluss des Berichterstatters ist schon nicht unerheblich, weil er natürlich dem übrigen Spruchkörper – sei es der Kammer mit zwei Kollegen oder den sieben – ein Votum vorlegt, in dem der Sachverhalt aufbereitet ist, in dem ein rechtlich begründeter Entscheidungsvorschlag gemacht wird, und weil er natürlich eine bestimmte Auswahl trifft – ob nun bewusst oder unbewusst. Ich nehme an, eher unbewusst, weil er eine bestimmte Vorstellung davon hat, wie die Entscheidung zu treffen ist. (Interview Nr. 18)[152]

149 Kranenpohl, Hinter dem Schleier des Beratungsgeheimnisses, S. 111.

150 Kranenpohl, Hinter dem Schleier des Beratungsgeheimnisses, S. 105.

151 Kommers/Miller, The Constitutional Jurisprudence of the Federal Republic of Germany, S. 27.

152 Kranenpohl, Hinter dem Schleier des Beratungsgeheimnisses, S. 133.

Der Berichterstatter hat, meine ich, zunächst mal einen primären Zugriff, da er bei der Verfassungsbeschwerde zunächst entscheiden kann, ob er die Sache in der Kammer erledigen will oder im Senat. Das betrifft den allerersten Entschluss. (Interview Nr. 22).[153]

(2) Einfluss des Berichterstatters im Kammerverfahren

Nach Einschätzung der Richter werden Bedeutung und Einfluss des Berichterstatters und seines Votums durch das Kammerverfahren noch verstärkt.

Der Einfluss des Berichterstatters auf die Vorbereitung ist groß – und zwar vor allem dann, wenn es sich um Kammersachen handelt. (Interview Nr. 15)[154]

Der Einfluss des Berichterstatters in Kammersachen ist relativ hoch, weil man seiner Vorgabe im wesentlichen folgt. Dass man ihr folgt, liegt (aber) an der Struktur der Kammersache: Wenn die Rechtsfragen geklärt sind, wenn es zu einer Kammersache überhaupt kommen kann – im Normalfall also –, läuft in der Kammer das Votum des Berichterstatters durch. (Interview Nr. 5)[155]

In Kammersachen werden viele kleinere Fälle bearbeitet – also Routinesachen. Dabei kommt der Vorbereitung durch das jeweils zuständige Dezernat große Bedeutung zu. ... Insgesamt ist dort der Einfluss des Berichterstatters und seiner Mitarbeiter bei typisierender Betrachtung etwas größer als in den Senatssachen. (Interview Nr. 17)[156]

(3) Umlaufverfahren in der Kammer

Zwei Merkmale sind charakteristisch für die Bearbeitung der Verfahren in der Kammer. Erstens entscheidet die Kammer in der Regel im schriftlichen Umlaufverfahren, um das Verfahren zu beschleunigen. Das bedeutet, dass die Richter nicht zusammenkommen, um eine Kammersache zu besprechen, sondern dass sie sich schriftlich dazu äußern. Zweitens ist es üblich, dass der Berichterstatter den anderen Mitgliedern das Votum zusammen mit einem Entscheidungsentwurf vorlegt – anders als im Senat, wo der Entwurf einer Entscheidung erst nach der Diskussion und der Abstimmung erstellt wird. Damit erhält das Votum im Kammerverfahren eine andere Bedeutung, da es deutlich stärker als im Senatsverfahren auf eine Entscheidung hin ausgerichtet ist.[157]

153 Kranenpohl, Hinter dem Schleier des Beratungsgeheimnisses, S. 134.
154 Kranenpohl, Hinter dem Schleier des Beratungsgeheimnisses, S. 139.
155 Kranenpohl, Hinter dem Schleier des Beratungsgeheimnisses, S. 157.
156 Kranenpohl, Hinter dem Schleier des Beratungsgeheimnisses, S. 139.
157 Kranenpohl, Hinter dem Schleier des Beratungsgeheimnisses, S. 124.

Ein Richter sagte, dass der Einfluss des Berichterstatters in der Kammer besonders stark sei, da hier das schriftliche Umlaufverfahren praktiziert und die höhere Diskursivität der mündlichen Beratung vermieden wird.

> *Bei Kammersachen wird die Tendenz, (dass sich der Berichterstatter durchsetzt), etwas stärker sein. Das hängt einfach mit der Arbeitstechnik zusammen, weil die Kammerentscheidungen meistens im schriftlichen Verfahren getroffen werden, so dass da der Meinungsaustausch nicht so intensiv ist wie in den Senatssachen. (Interview Nr. 23).*[158]

Die meisten Verfassungsbeschwerden werden von der Kammer abgelehnt. Ein Richter bestätigte den besonderen Einfluss des Berichterstatters auf die Nichtannahme zur Entscheidung:

> *Der Berichterstatter hat Einfluss dadurch, dass er bei den Verfassungsbeschwerden votiert: Eben Nichtannahme oder Entscheidung, d. h. Zurückweisung oder Stattgabe (wenn es in der Kammer geht). ... Bei Verfassungsbeschwerden ist vielleicht der Einfluss stärker, gerade wenn es um Nichtannahmeentscheidungen geht. (Interview Nr. 13).*[159]

4. *Anwendung und Bedeutung der Zulässigkeitskriterien im Annahmeverfahren*

Trotz seiner großen praktischen Bedeutung ist das Annahmeverfahren in der Bevölkerung weitgehend unbekannt. Eine der unbekanntesten Seiten des Annahmeverfahrens ist die umfassende Prüfung von Zulässigkeitskriterien.

Die praktische Durchführung des Annahmeverfahrens ist von der Prüfung der Erfolgsaussichten einer Beschwerde – vor allem hinsichtlich ihrer Zulässigkeit und gegebenenfalls auch hinsichtlich ihrer Begründetheit – gekennzeichnet. In den meisten Fällen findet eine vollständige Prüfung der Zulässigkeitskriterien statt.[160] Dies ist auch der Grund, weshalb die Zulässigkeitsprüfung bei der Verfassungsbeschwerde kaum eine eigenständige Bedeutung hat. Wenn eine Verfassungsbeschwerde unzulässig ist, wird sie in aller Regel bereits im Annahmeverfahren nicht zur Entscheidung angenommen.[161] Daher kann man sagen,

---

158 Kranenpohl, Hinter dem Schleier des Beratungsgeheimnisses, S. 140.

159 Kranenpohl, Hinter dem Schleier des Beratungsgeheimnisses, S. 140.

160 Nettersheim, in: Barczak (Hrsg.), BVerfGG, 2018, § 93a Rn. 8.

161 Korioth erklärt die Beziehung zwischen den beiden wie folgt: „Das Annahmeverfahren geht [...] der Zulässigkeitsprüfung voraus. Die Zulässigkeit einer Verfassungsbeschwerde kann zwar innerhalb des Annahmeverfahrens eine Rolle spielen, die Annahmefähigkeit einer Verfassungsbeschwerde ist aber nicht ein Teil der Zulässigkeitsvoraussetzungen." Schlaich/Korioth, Rn. 258.

dass die Prüfung der Zulässigkeitsvoraussetzungen praktisch in das Annahmeverfahren integriert ist.

Einige Richter nahmen Stellung dazu, warum die Zulässigkeitskriterien im Annahmeverfahren so penibel geprüft werden. Sie vertraten die Meinung, dass diese Kriterien ein relativ einfach anzuwendendes Mittel zur Verweigerung der Annahme einer Verfassungsbeschwerde seien:

> *Wann ist eine Verfassungsbeschwerde ausreichend begründet? Tja, das ist eine Wertungsfrage, sehr stark eine Wertungsfrage. ... Hier ist es natürlich so: Wenn man sich eine Verfassungsbeschwerde anschaut und sieht, es ist an ihr letztlich nichts dran – und zwar unter verschiedenen rechtlichen Gesichtspunkten –, dann ist man eher bereit zu sagen: „Die Begründungsanforderungen hat er auch nicht erfüllt!" Dann wird man da ein bisschen strenger, stützt es darauf, weil es einfacher ist. Es liegt immer im Rahmen des juristisch Vertretbaren, und ist insofern keine Willkür. Wenn man allerdings riecht, ansonsten ist die Verfassungsbeschwerde begründet und das ist auch ein wichtiges Thema, dann fängt man nicht an, bei den Begründungsanforderungen „überkritisch herumzudoktern". (Interview Nr. 28)*[162]

> *Wenn eine Nichtannahme aus Zulässigkeitsgründen erfolgte, hätte man in aller Regel auch sagen können: Es ist auch in der Sache nichts dran. ... Die Nichtannahme beruht vielfach ja auch darauf, dass gesagt wird: Die Verfassungsbeschwerde hat in der Sache ersichtlich keinen Erfolg. Das ist ein ganz häufiger Nichtannahmegrund, manchmal auch kombiniert. Wir sagen: Einerseits unzulässig, weil nicht substantiiert, keine Grundrechtsrügen vorgebracht sind, aber gleichzeitig ist auch in der Sache nichts dran. (Interview Nr. 17)*[163]

> *Ich glaube nicht, dass durch überzogene Zulässigkeitsanforderungen Sachentscheidungen umgangen oder vermieden werden. Dass eine Verfassungsbeschwerde aus rein formalen Gründen trotz ernsthafter Bedenken in Bezug auf die angegriffene Entscheidung nicht angenommen worden wäre, habe ich – abgesehen von den klaren Fällen der Unzulässigkeit, etwa der Verfristung – noch nicht erlebt. Deswegen denke ich, dass auch im Falle einer weniger strengen Formulierung der Anforderungen an die Zulässigkeit die Annahmestatistik im Ergebnis nicht wesentlich anders aussähe. (Interview Nr. 17)*[164]

Einige Richter gaben an, dass die Zulässigkeitsvoraussetzungen für die Annahme unangemessen streng angewandt würden.[165] Im Gegensatz dazu äußerte ein Richter, es sei notwendig, eine klare formale Hürde aufzubauen:

> *Das BVerfG unterliegt keinerlei Kontrolle. Das BVerfG kann nur mittelbar über die enumerative Zuständigkeit kontrolliert werden (keine Generalklausel) und über das*

162 Kranenpohl, Hinter dem Schleier des Beratungsgeheimnisses, S. 115.
163 Kranenpohl, Hinter dem Schleier des Beratungsgeheimnisses, S. 115, 116.
164 Kranenpohl, Hinter dem Schleier des Beratungsgeheimnisses, S. 118.
165 Kranenpohl, Hinter dem Schleier des Beratungsgeheimnisses, S. 110.

Antragsprinzip (keine Tätigkeit von Amts wegen). ... Von daher wäre es aus meiner Sicht sogar ein Widerspruch zu dieser Stellung, wenn man mit Zulässigkeitsfragen zu großzügig umginge, weil dann das BVerfG die Möglichkeit hätte, seine Zuständigkeiten auszuweiten. Das muss man schon sehen! Ich bin jetzt keiner, der sagt, wir müssen noch mehr Hürden aufbauen, aber man muss schon mit Rücksicht auf diese Argumente sehen, dass man bei den Zulässigkeitsvoraussetzungen etwas strikt sein muss. Wenn man sagen könnte: „Das ist jetzt eine interessante Frage, (das bearbeiten wir jetzt)!", dann wäre das Willkür! (Interview Nr. 25)[166]

Ein Richter, der zuvor als wissenschaftlicher Mitarbeiter beim BVerfG gewesen war, berichtete von einer Änderung der Rechtsprechung:

Ich gebe zu, dass man, als ich das erste Mal (als Mitarbeiter) hier war, die Dinge noch etwas großzügiger gehandhabt hat. Es mussten also nicht alle maßgeblichen Schriftstücke vorgelegt werden. Ich war sehr überrascht, als ich hier dann wieder angefangen habe - ich hatte ja keine Veranlassung, die Rechtsprechung zwischendurch weiterzuverfolgen. (Interview Nr. 25)[167]

Ein anderer Richter meinte, dass die Gründe für den Wandel in der Arbeitsüberlastung lägen:

Mit Sicherheit kann man sagen, dass die Zulässigkeitsanforderungen sowohl an konkrete Normenkontrollen wie an Verfassungsbeschwerden durch Rechtsprechung verschärft worden sind, damit man dem Arbeitsanfall Herr wird. (Interview Nr. 19)[168]

Einer der Befragten räumte ein, dass jeder Richter seine eigene Vorstellung von der Höhe der Zulässigkeitshürden habe:

Das ist ein Thema, das uns beschäftigt. Dabei praktizieren die Richter die Zulässigkeitsanforderungen durchaus unterschiedlich. Es gibt auf der einen Seite Richter, die streng prüfen und hohe Zulässigkeitshürden aufbauen. Auf der anderen Seite gibt es Richter, die in diesem Bereich eher großzügig sind. Die Zulässigkeitsvoraussetzungen sind ja nicht dazu da, Verfahren vom Gericht fernzuhalten. Sie können vielmehr dem Rechtsfrieden dienen, wenn es z. B. um Fristfragen geht oder sie tragen dazu bei, dass das Gericht eine hinreichende Tatsachengrundlage für seine Entscheidung hat, wie z. B. bei der Substantiierung. Jedenfalls sollten die Zulässigkeitshürden insgesamt nicht zu hoch sein. Das wird im Senat jedoch unterschiedlich gesehen. (Interview Nr. 16)[169]

Auch Rainer Wahl und Joachim Wieland haben darauf hingewiesen, dass die Rechtsprechungspraxis zu hohen und immer höheren Zulässigkeitshürden für

166 Kranenpohl, Hinter dem Schleier des Beratungsgeheimnisses, S. 112.
167 Kranenpohl, Hinter dem Schleier des Beratungsgeheimnisses, S. 118.
168 Kranenpohl, Hinter dem Schleier des Beratungsgeheimnisses, S. 118.
169 Kranenpohl, Hinter dem Schleier des Beratungsgeheimnisses, S. 121.

Verfassungsbeschwerden geführt hat. Im Annahmeverfahren setze das BVerfG demnach die Zulässigkeitsanforderungen als Mittel zur Steuerung seiner Arbeitsbelastung ein.[170]

5. *Kritik*

Im Rahmen des Annahmeverfahrens werden sowohl offensichtlich unzulässige oder unbegründete Verfassungsbeschwerden als auch Fälle, in denen es nur um Fragen des einfachgesetzlichen Rechts geht, herausgefiltert. Der Berichterstatter möchte den Senat mit diesen Fällen nicht belasten. Er möchte ein Votum vorlegen, das einen reibungslosen Verfahrensablauf und eine einstimmige Abstimmung im Annahmeverfahren des Kammers ermöglicht.

> *Da wird der Berichterstatter schon durch die Tatsache diszipliniert, dass er keine Mehrheitsentscheidung erzwingen kann, sondern dass er auf Einstimmigkeit angewiesen ist. (Interview Nr. 23)*[171]

> *In der Kammer, wo ja das meiste endet, muss er mit den zwei anderen klarkommen. Das geht relativ formlos. Eigentlich kennt man auch seine Leute und weiß so ungefähr, was da so zu machen ist. Wenn man also die „Schere im Kopf" mal als Steuerungsinstrument nicht berücksichtigt: Der Rest ist dann sehr stark. Da muss dann aber Einstimmigkeit erzielt werden. Die kann man aber auch mit einen gewissen Begründungsaufwand herstellen. Wenn Widerstand kommt, nimmt man die Akten unter den Arm und geht zum dissenter hin. Und wenn das gar nichts hilft, landet man wieder als Berichterstatter im Senat. (Interview Nr. 27)*[172]

Die Herstellung der Einstimmigkeit ist also eine durchaus anspruchsvolle Aufgabe, denn die Richter des BVerfG sind geschult, Schwachstellen zu finden und passende Fragen zu stellen. Auf der anderen Seite sind die Richter derselben Kammer aber auch geneigt, dem Vorschlag des Berichterstatters zu folgen, weil sie wissen, dass ein umfangreiches Arbeitspensum zu bewältigen ist:

> *Wenn ich mir jetzt die Kammersachen angucke, da sind eigentlich in den normalen Kammern die Konfliktfälle die Ausnahme, so dass man sagen kann: Im Normalfall entspricht die Endentscheidung dem Vorschlag des Berichterstatters. ... Der Berichterstatter setzt sich im Normalfall durch, aber das ist keine individuelle Durchsetzung, sondern das ist die gemeinsame Erledigung der großen Zahl der Fälle. (Interview Nr. 10)*[173]

---

170 Wahl/Wieland, Verfassungsrechtsprechung als knappes Gut, JZ 1996, S. 1137, 1142.
171 Kranenpohl, Hinter dem Schleier des Beratungsgeheimnisses, S. 158.
172 Kranenpohl, Hinter dem Schleier des Beratungsgeheimnisses, S. 140.
173 Kranenpohl, Hinter dem Schleier des Beratungsgeheimnisses, S. 139.

Eine wichtige Aufgabe des Berichterstatters ist es, eine möglichst stimmige Begründung zu liefern, der sich auch die beiden anderen Richter in der Kammer leicht anschließen können. Aus Sicht des Berichterstatters stellt sich die Zustimmung der Kollegen als umso wahrscheinlicher dar, je deutlicher er sich mit seinem Entscheidungsvorschlag in den Bahnen der bisherigen Rechtsprechung bewegt. Damit kommt der Kontinuität der Rechtsprechung im Umlaufverfahren der Kammer ein größeres Gewicht zu, als bei der Erledigung im Senat.[174] Hier bietet die Rechtsprechung im Bereich der Zulässigkeitsvoraussetzungen eine gute Grundlage, um einen einstimmige Nichtannahme-Beschluss zu erreichen. Insbesondere Aspekte der Substantiierung und der Subsidiarität erweisen sich insofern als geeignet.

Die Novelle von 1993 (§ 93a Abs. 2 lit. b BVerfGG) hat dem BVerfG mit den Worten „ein besonders schwerer Nachteil" eine in der Regel von der Prüfung der Erfolgsaussichten losgelöste Annahmeentscheidung ermöglicht. Das BVerfG sollte den notwendigen Beurteilungsspielraum gewinnen, um den Schwerpunkt seiner Arbeit auf Bereiche zu legen, in denen sich verfassungsrechtliche Fragen für neue Lebens- und Problembereiche stellen.[175] Das BVerfG nutzt den vom Gesetzgeber eingeräumten Beurteilungsspielraum jedoch nicht, sondern betreibt stattdessen einen großen Aufwand bei der Prüfung bestimmter Zulässigkeitsvoraussetzungen.

In einem 1997 veröffentlichten Aufsatz vertritt Marion Albers, seinerzeit wissenschaftliche Mitarbeiterin am BVerfG, die Meinung, dass gemäß der §§ 93a bis 93d BVerfGG die Annahmeentscheidung soweit wie möglich von der Prüfung der Erfolgsaussichten zu lösen sei und sie dieser vielmehr wie ein Filter vorgeschaltet sein sollte. Das tatsächliche Aufbereitungs- und Entscheidungsmuster bestehe indes überwiegend in der gründlichen Prüfung der Zulässigkeit und der Begründetheit. Albers beschreibt die Ursachen dieser Praxis wie folgt:

> *Grund für dieses notwendig in die Arbeitsüberlastung führende Vorgehen ist die Kraft der Routinemechanismen. Weitere Gründe sind feste interne Erwartungsstrukturen und ein persönliches Verantwortungsempfinden, aufgrund dessen man grundrechtsverletzende Entscheidungen, mögen sie im Gewicht auch unbedeutend sein, nicht passieren lassen will. Das wirkt sympathisch, und man mag es keiner Kritik unterziehen.*[176]

---

174 Kranenpohl, Hinter dem Schleier des Beratungsgeheimnisses, S. 158; Hoffman-Riem, Die Klugheit der Entscheidung ruht in ihrer Herstellung – selbst bei der Anwendung von Recht, in: Scherzberg (Hrsg.), Kluges Entscheiden, 2006, S. 3, 19.

175 Gesetzentwurf der Bundesregierung, BT-Drs. 12/3628, S. 7.

176 Albers, Freieres Annahmeverfahren für das BVerfG?, ZRP 1997, 198, 199, 201–202.

Die Gründe dürften daneben auch in der Struktur des Kammersystems liegen. Wenn die Nichtannahme in einer Kammer nur durch einen einstimmigen Beschluss erreicht werden kann, so könnte dies ein Begründungsverhalten begünstigen, das möglichst wenig Konfliktstoff beinhaltet. In der Tat zeigt die Praxis, dass die Zulässigkeit sehr umfassend geprüft wird. Obwohl eine Nichtannahme-Entscheidung auf verschiedene Gründe gestützt werden kann, sind es offenbar gerade Defizite im Bereich der Zulässigkeit, die bei den übrigen Kammermitgliedern die wenigsten Zweifel aufkommen lassen und zu einer raschen Einigung führen. Dies wirft die Frage auf, ob nicht der Senat der geeignetere Spruchkörper für das Annahmeverfahren wäre.

Der vom Gesetzgeber eingeräumte Beurteilungsspielraum bei der Annahmeentscheidung eignet sich für die Beratung in den Senaten, nicht jedoch für die schriftliche Beratung des Kammerverfahrens. Die Senate können den Beurteilungsspielraum wesentlich souveräner und entschlossener ausüben. Dies kann eine Arbeitsentlastung für das Gericht bewirken und zu einheitlicheren Standards für Annahmeentscheidungen führen. Zudem hat das Annahmeverfahren im Senat weitere offensichtliche Vorteile wie die Verbesserung des Grundrechtsschutzes für die Beschwerdeführer und die Intensivierung der Auseinandersetzung mit neu auftretenden grundrechtsrelevanten Sachverhalten. Manch wichtige verfassungsrechtliche Frage, die in Vorkommnissen des täglichen Lebens verborgen ist, kann erst durch eingehende Diskussionen und den Austausch unterschiedlicher Meinungen ans Licht gebracht werden. Nur eine Annahmeprüfung im Senat kann dies leisten.

Wie das BVerfG das Annahmeverfahren organisiert und durchführt, entscheidet nicht nur über den damit verbundenen Arbeitsaufwand, sondern auch darüber, ob die vorhandenen Kapazitäten bestmöglich zum Erkennen und Lösen grundrechtlicher Fragen eingesetzt werden. Unter diesem Gesichtspunkt muss die Praxis des Kammersystems für das Annahmeverfahrens neu überdacht werden.

C. Subsidiarität und Substantiierung der Verfassungsbeschwerde im Annahmeverfahren

I. Einleitung: Der Grundsatz der Subsidiarität und das Erfordernis der Substantiierung

Subsidiarität und Substantiierung sind zwei Zulässigkeitsvoraussetzungen der Verfassungsbeschwerde, die mehrere Gemeinsamkeiten haben. Ihr ursprünglicher Zweck ist eine ausgewogene Arbeitsteilung zwischen den Fachgerichten und dem BVerfG. Dieses setzt den Subsidiaritätsgrundsatz und das Substantiierungserfordernis jedoch dazu ein, um die Hürde für eine Sachentscheidung zu erhöhen und so den Zugang zur Verfassungsbeschwerde zu regulieren.[177]

Die ehemalige Verfassungsrichterin Lübbe-Wolff äußert in einem Aufsatz unter dem Titel „Substantiierung und Subsidiarität der Verfassungsbeschwerde", dass diese beiden Zulässigkeitskriterien die einflussreichsten seien, da sie sich überwiegend in eine restriktive Richtung entwickelt hätten.[178] Sie hält es grundsätzlich nicht für problematisch, über Zulässigkeitsvoraussetzungen die Belastung des BVerfG zu steuern. Jedoch erachtet sie die Entwicklung der Rechtsprechung als bedenklich, da „die Zulässigkeitsrechtsprechung des Gerichts sich in einem langen Prozess aus vielen kleinen Schritten weit von dem entfernt hat, was die Rechtsschutzsuchenden aus dem Gesetz entnehmen können."[179] Lübbe-Wolff schließt ihren Beitrag mit dem Befund, dass diese Voraussetzungen zum „Stolperstein" für den Beschwerdeführer geworden sind.[180]

Die beiden Voraussetzungen haben eine viel stärkere Wirkung, wenn sie bereits im Annahmeverfahren geprüft werden. Stellt die Kammer im Annahmeverfahren fest, dass eine Verfassungsbeschwerde wegen Verstoßes gegen den Grundsatz der Subsidiarität oder das Substantiierungserfordernis unzulässig ist, so trifft sie eine Nichtannahme-Entscheidung. Das eigentliche Problem ergibt sich in Verbindung mit einer anderen verfahrensrechtlichen Regelung: Eine Nichtannahme-Entscheidung bedarf keiner Begründung (§ 93d Abs. 1 S. 3 BVerfGG). Der Beschwerdeführer hat also keine Möglichkeit, die Gründe für die Entscheidung zu erfahren, geschweige denn, sie nachzuvollziehen. Infolgedessen sind die Nichtannahme-Entscheidungen der Kammer, die auf der Grundlage der Zulässigkeitsvoraussetzungen getroffen werden, der Kritik weitgehend entzogen. Aus der Sicht des BVerfG ist die Kombination aus flexiblen Zulässigkeitsvoraussetzungen und Nichtannahme-Beschlüssen ohne Begründung eine äußerst effiziente und bequeme Methode, den Zugang zum BVerfG zu steuern. Aus Sicht der Öffentlichkeit und des Beschwerdeführers erscheint dieses Vorgehen jedoch als nicht nachvollziehbar, intransparent oder gar willkürlich.

177 Schlaich/Korioth, Das Bundesverfassungsgericht, Rn. 244.

178 Lübbe-Wolff, Substantiierung und Subsidiarität der Verfassungsbeschwerde, EuGRZ 2004, S. 669.

179 Lübbe-Wolff, Substantiierung und Subsidiarität der Verfassungsbeschwerde, EuGRZ 2004, S. 669, 682.

180 Lübbe-Wolff, Substantiierung und Subsidiarität der Verfassungsbeschwerde, EuGRZ 2004, S. 669, 682.

II. Der Grundsatz der Subsidiarität der Verfassungsbeschwerde

1. Rechtswegerschöpfung und Subsidiarität

§ 90 Abs. 2 BVerfGG normiert als Zulässigkeitsvoraussetzung der Verfassungsbeschwerde das Gebot der Rechtswegerschöpfung. Ist ein Rechtsweg gegen die Maßnahme der öffentlichen Gewalt eröffnet, so ist die Verfassungsbeschwerde erst nach dessen Erschöpfung zulässig (§ 90 Abs. 2 BVerfGG i.V.m. Art. 94 Abs. 2 S. 2 Hs. 1 GG). Die entsprechende Regelung hatte der Gesetzgeber bereits in der Ursprungsfassung des BVerfGG vorgesehen; in das Grundgesetz gelangte sie 1969.[181]

Die Rechtsprechung des BVerfG interpretiert den Begriff der Rechtswegerschöpfung auf Grundlage von Art. 94 Abs. 2 S. 2 Hs. 1 GG und gelangt dabei zu einem sehr weiten Begriffsverständnis. Demgemäß beinhaltet § 90 Abs. 2 S. 1 BVerfGG nicht nur das Gebot der Rechtswegerschöpfung im engeren Sinn, sondern auch den Grundsatz der Subsidiarität der Verfassungsbeschwerde.[182]

Rechtswegerschöpfung und Subsidiarität umfassen unterschiedliche Inhalte, gleichwohl werden beide Gesichtspunkte oft undifferenziert als „Grundsatz der Subsidiarität" bezeichnet. Der Anwendungsbereich des § 90 Abs. 2 BVerfGG umfasst drei Fallgruppen.

Zunächst gibt es die Rechtswegerschöpfung im engeren Sinn, worunter das vollständige Durchlaufen des Instanzenzugs zu verstehen ist. Der Beschwerdeführer muss alle in dem jeweils einschlägigen sachnächsten Verfahren vorgesehenen Rechtsmittel eingelegt haben und darf sie nicht zurückgenommen haben.[183] Beispiele hierfür sind die Aufklärungsrüge im strafgerichtlichen Revisionsverfahren,[184] die Gegenvorstellung nach § 33a StPO[185] und die Anhörungsrüge unter den Voraussetzungen des

---

181 19. Gesetz zur Änderung des Grundgesetzes vom 29.01.1969, BGBl. I 1969, S. 97.

182 Ständige Rechtsprechung, z. B. BVerfG, Beschluss vom 09.11.2004 – 1 BvR 684/98, BVerfGE 112, 50, 60 f. Schon in einer Entscheidung aus dem Jahr 1972 wurde festgestellt, dass der außerordentliche Rechtsbehelf der Verfassungsbeschwerde „nur unter wesentlich engeren Voraussetzungen zulässig" ist als die allgemeinen Rechtsmittel des einfachen Rechts. Insbesondere habe das BVerfG in zahlreichen Entscheidungen den Grundsatz der Subsidiarität der Verfassungsbeschwerde „betont und immer stärker entwickelt." BVerfG, Beschluss vom 28.06.1972 – 1 BvR 105/63 u. a., BVerfGE 33, 247, 258.

183 BVerfG, Beschluss vom 11.10.1951 – 1 BvR 95/51, BVerfGE 1, 12, 13.

184 BVerfG, Beschluss vom 14.01.2004 – 2 BvR 564/95, BVerfGE 110, 1, 12.

185 BVerfG, Beschluss vom 10.05.1972 – 2 BvR 644/71, BVerfGE 33, 192, 194; BVerfG, Beschluss vom 30.06.1976 – 2 BvR 164/76, BVerfGE 42, 243, 247.

Anhörungsrügegesetzes.[186]

Die zweite Fallgruppe ist die formelle Subsidiarität. Nach dem Grundsatz der formellen, also der verfahrensbezogenen Subsidiarität muss der Beschwerdeführer nicht nur den gesamten Instanzenzug durchlaufen, sondern auch alle zur Verfügung stehenden prozessualen Möglichkeiten ergreifen, um die Grundrechtsverletzung durch die Fachgerichte korrigieren zu lassen oder eine Grundrechtsverletzung zu verhindern.[187] Die Verweisung auf den Rechtsweg der Hauptsache nach Erschöpfung des Eilrechtswegs ist ein Beispiel hierfür. Die Verfassungsbeschwerde gegen eine gerichtliche Eilentscheidung kann unzulässig sein, weil zunächst ein Hauptsacheverfahren durchgeführt und der Rechtsweg in diesem Verfahren erschöpft werden muss.[188] Ein anderes Beispiel ist die Vermeidung strafgerichtlicher Verurteilungen aufgrund verwaltungsakzessorischer Tatbestände durch Einlegung von Rechtsbehelfen im Verwaltungsverfahren.[189]

Durch die materielle Subsidiarität als dritte Fallgruppe wird der Anwendungsbereich des Grundsatzes der Subsidiarität erheblich erweitert. Der Begriff der materiellen Subsidiarität bezieht sich auf die Anforderungen an das Verhalten des Beschwerdeführers innerhalb des Rechtswegs,[190] insbesondere auf die Anforderungen an die Substantiierung des Tatsachen- und Rechtsvortrags im Ausgangsverfahren. Nach der Rechtsprechung des BVerfG muss der Beschwerdeführer im fachgerichtlichen Verfahren den Tatsachenvortrag vorgebracht haben, den er im Verfassungsbeschwerdeverfahren vor dem BVerfG vorbringen will, um sein Recht geltend zu machen. Folglich ist neuer Tatsachenvortrag im Verfahren der Verfassungsbeschwerde seitens des Beschwerdeführers ausgeschlossen.[191] Außerdem muss der Beschwerdeführer im fachgerichtlichen Verfahren die rechtlichen Gesichtspunkte vorgebracht haben, die er später im

186 BVerfG, Beschluss vom 25.11.2008 – 1 BvR 848/07, BVerfGE 122, 190, 198; BVerfG, Beschluss vom 13.04.2010 – 1 BvR 216/07, BVerfGE 126, 1, 17. Die Anhörungsrüge wurde eingeführt, um der Arbeitsüberlastung des BVerfG mit Verfassungsbeschwerden entgegenzuwirken. Es ist fraglich, ob die Anhörungsrüge diesen Zweck erfüllt und ob sie die Rechtsposition des Verfassungsbeschwerdeführers nicht unangemessen einschränkt. Die Fragen, die sich im Zusammenhang mit der Anhörungsrüge stellen, werden im Folgenden behandelt.

187 Benda/Klein, Verfassungsprozessrecht, § 19 Rn. 572.

188 BVerfG, Beschluss vom 25.03.1992 – 1 BvR 1859/91, BVerfGE 86, 15, 22.

189 BVerfG, Beschluss vom 17.10.1967 – 1 BvR 760/64, BVerfGE 22, 287, 290 ff.

190 BVerfG, Urteil vom 17.03.2004 – 1 BvR 1266/00, BVerfGE 110, 177, 189.

191 BVerfG, Beschluss vom 04.04.1984 – 1 BvR 1287/83, BVerfGE 66, 337, 364; BVerfG, Beschluss vom 25.03.1986 – 1 BvL 5/80 u. a., BVerfGE 72, 84, 88.

Verfassungsbeschwerdeverfahren vor dem BVerfG geltend macht. Unzulässig ist daher die Geltendmachung von Verfahrensfehlern der Fachgerichte im Rahmen der Verfassungsbeschwerde, wenn der Beschwerdeführer diese nicht im Ausgangsverfahren angegriffen hat.[192]

Die Frage, ob neuer verfassungsrechtlicher Vortrag auch im Verfahren der Verfassungsbeschwerde ausgeschlossen ist, war lange umstritten.[193] Die Rechtsprechung hierzu war uneindeutig, bis am 9. November 2004 der Erste Senat des BVerfG eine klare Entscheidung traf: „Der Beschwerdeführer hat bei Erhebung einer Verfassungsbeschwerde nicht darzulegen, dass er von Beginn des fachgerichtlichen Verfahrens an verfassungsrechtliche Erwägungen und Bedenken vorgetragen und geltend gemacht hat, er sei durch die öffentliche Gewalt und insbesondere eine gerichtliche Entscheidung in seinen Grundrechten verletzt. Daher gehört auch die Vorlage entsprechender Schriftsätze aus dem Ausgangsverfahren nicht zur Erfüllung der Substantiierungspflicht gemäß § 23 Abs. 1 S. 2, § 92 BVerfGG. Der Beschwerdeführer kann sich im fachgerichtlichen Ausgangsverfahren regelmäßig damit begnügen, auf eine ihm günstige Auslegung und Anwendung des einfachen Rechts hinzuwirken [...]“[194] Das BVerfG will mit dieser Rechtsprechung eine von der Sache her nicht gebotene Konstitutionalisierung des fachgerichtlichen Verfahrens und dessen Überfrachtung vermeiden.[195]

Der verfassungsgerichtlichen Rechtsprechung sind mehrere Ausnahmen von diesem Grundsatz zu entnehmen. Hierzu zählt etwa, dass die Verfahrensbeteiligten an Vorgaben des Prozessrechts gebunden bleiben, die sie zu Rechtsausführungen verpflichten, etwa bei der Einlegung der Revision oder der Nichtzulassungsbeschwerde.[196] Verfassungsrechtliche Ausführungen vor den Fachgerichten sind erforderlich, wenn ein Rechtsmittel nach instanzrechtlichem

---

192 BVerfG, Beschluss vom 19.07.2011 – 1 BvR 1916/09, BVerfGE 129, 78, 93; BVerfG, Beschluss vom 15.05.1963 – 2 BvR 106/63, BVerfGE 16, 124, 127; BVerfG, Beschluss vom 19.07.2011 – 1 BvR 1916/09, BVerfGE 129, 78, 92 ff.

193 Schlaich/Korioth, Das Bundesverfassungsgericht, Rn. 248.

194 BVerfG, Beschluss vom 09.11.2004 – 1 BvR 684/98, BVerfGE 112, 50, 61.

195 BVerfG, Beschluss vom 09.11.2004 – 1 BvR 684/98, BVerfGE 112, 50, 61.

196 BVerfG, Beschluss vom 09.11.2004 – 1 BvR 684/98, BVerfGE 112, 50. 60 f. Falls der Beschwerdeführer zu einer verfassungsrechtlichen Argumentation im fachgerichtlichen Verfahren verpflichtet wäre, um sich die spätere Möglichkeit einer Verfassungsbeschwerde zu erhalten, so müsste der Beschwerdeführer ab der ersten Instanz seines Prozesses einen Verfassungsprozess führen, Schlaich/Korioth, Das Bundesverfassungsgericht, Rn. 249.

Verfahrensrecht auf die Verletzung von Verfassungsrecht gestützt werden soll oder das Begehren von der Verfassungswidrigkeit einer Vorschrift abhängt.[197]

2. Funktion des Grundsatzes der Subsidiarität

(1) Arbeitsteilung zwischen den Gerichtsbarkeiten

Es gehört zu den Aufgaben aller Gerichte, bei Verfassungsverletzungen Rechtsschutz zu gewähren.[198] Insofern stellt sich die Frage, wie diese Aufgabe zwischen dem BVerfG und der Fachgerichtsbarkeit verteilt werden soll. Das Gebot der Erschöpfung des Rechtswegs und der Subsidiaritätsgrundsatz zeigen die Art und Weise der funktionalen Kompetenzverteilung zwischen dem BVerfG und der Fachgerichtsbarkeit auf: Die Aufgabe der Wahrung der Grundrechte obliegt danach in erster Linie der Fachgerichtsbarkeit, denn hierdurch erhält sie ihre Eigenständigkeit aufrecht und trägt zu einer Vermeidung der Arbeitsüberlastung des BVerfG bei. Hingegen ist die Verfassungsbeschwerde ein allerletzter und allein auf den Schutz der Grundrechte beschränkter Rechtsbehelf.[199]

Der Grundsatz der Subsidiarität hat eine weitere Funktion. Dem BVerfG soll ein Fall unterbreitet werden, zu dem die Fachgerichte bereits eine Fallanschauung und eine Rechtsauffassung formuliert haben.[200] Aufgrund der Subsidiarität kann sich das BVerfG bei seiner Entscheidung mit den vorausgegangenen fachgerichtlichen Entscheidungen auseinandersetzen und diese zum Gegenstand seiner Beratungen machen. Der Grundsatz bietet dem BVerfG sowohl die Möglichkeit der Kommunikation mit den Fachgerichten auf der Ebene der konkreten Entscheidungen als auch eine sichere Grundlage für seine eigenen Entscheidungen. Ohne diese Möglichkeit wäre das BVerfG in der misslichen Situation, auf ungesicherter Grundlage weitreichende Entscheidungen treffen zu müssen.[201]

(2) Kritik an der Rechtsprechung des Bundesverfassungsgerichts

Die Rechtsprechung des BVerfG zum Grundsatz der Subsidiarität hat nicht wenig Kritik erfahren. Bemängelt wird zunächst, dass damit der normative

---

197 BVerfG, Beschluss vom 09.11.2004 – 1 BvR 684/98, BVerfGE 112, 50, 62.
198 BVerfG, Beschluss vom 26.01.1978 – 1 BvR 1200/77, BVerfGE 47, 144, 155.
199 Benda/Klein, Verfassungsprozessrecht, § 19 Rn. 567; Schlaich/Korioth, Das Bundesverfassungsgericht, Rn. 244.
200 BVerfG, Beschluss vom 03.12.1958 – 1 BvR 488/57, BVerfGE 9, 3, 7 f.; BVerfG, Urteil vom 15.12.1983 – 1 BvR 209/83 u. a., BVerfGE 65, 1, 38; BVerfG, Beschluss vom 08.01.1985 – 1 BvR 700/83 u. a., BVerfGE 68, 376, 380.
201 BVerfG, Beschluss vom 15.04.1980 – 2 BvR 842/77, BVerfGE 54, 53, 56.

Rahmen des § 90 Abs. 2 S. 1 BVerfGG überschritten werde. Zu bedenken sei, dass die richterliche Auslegung ihre Grenzen hat. Ob die hier vorgenommene Rechtsfortbildung erlaubt ist und ob die Grenzen der Auslegung noch beachtet werden, sei fraglich.[202]

Außerdem sei dieser Grundsatz in seinem Inhalt und seinen Grenzen nicht eindeutig bestimmt, weshalb seine Anforderungen für den rechtsuchenden Bürger nicht klar erkennbar seien. Dieser Umstand sei bedenklich, da der Grundsatz der Subsidiarität und die an ihn gestellten Anforderungen den Grundrechtsschutz durch die Verfassungsbeschwerde unmittelbar beeinflussen.[203]

Ebenso unklar seien auch die am jeweiligen Einzelfall ausgerichteten Ausnahmen. Die Maßstäbe der Regeln und Ausnahmen würden von den Kammern und den Richtern, insbesondere den Berichterstattern, nicht einheitlich angewendet. Dies führe zu Schwierigkeiten unter dem Aspekt der Rechtsstaatlichkeit, da es den Anschein habe, dass das Gericht sich nicht an den jeweiligen Regeln orientiert, sondern auf die Methode der Kasuistik zurückgreift. In der Konsequenz sei die richterliche Entscheidungsfindung weder vorhersehbar noch nachprüfbar, was letztlich mit einem Verlust an Rechtssicherheit für den Bürger einhergehe.[204]

3. Die Anhörungsrüge und der Grundsatz der Subsidiarität

(1) Verfassungsbeschwerde und Verfahrensgrundrechte

Eine Verfassungsbeschwerde kann auch dann eingelegt werden, wenn eine Verletzung von Grundrechten durch das gerichtliche Verfahren geltend gemacht wird. Die insofern in Betracht kommenden Grundrechte sind Justizgrundrechte bzw. Verfahrensgrundrechte (Art. 101 Abs. 1 S. 2, Art. 103 Abs. 1, Art. 104, Art. 19 Abs. 4 GG).[205] Ursprünglich war eine Erstreckung der Verfassungsbeschwerde

---

202 Die Rechtsprechung stellt neue, von der eigentlichen gesetzlichen Regelung abweichende Anforderungen an den Beschwerdeführer. Das BVerfG muss sich die Frage stellen, ob es die Grenze der Rechtsfortbildung überschritten hat, Posser, Die Subsidiarität der Verfassungsbeschwerde, S. 37. Das Subsidiaritätsprinzip darf nicht als „Quelle zusätzlicher, Verfassung und Gesetz unbekannter Sachentscheidungsvoraussetzungen“ genutzt werden, Pestalozza, Verfassungsprozessrecht, § 12 Rn. 12.

203 Posser, Die Subsidiarität der Verfassungsbeschwerde, S. 30.

204 Posser, Die Subsidiarität der Verfassungsbeschwerde, S. 35. Eine dogmatische Herleitung der Subsidiarität entweder aus § 90 Abs. 2 BVerfGG oder aus Art. 94 Abs. 2 GG ist allerdings nicht erfolgversprechend. Schlaich/Korioth, Das Bundesverfassungsgericht, Rn. 244.

205 Schlaich/Korioth, Das Bundesverfassungsgericht, Rn. 321.

auf die verfassungsrechtlich gewährten Verfahrensrechte nicht vorgesehen. Beide Entwürfe zum BVerfGG beschränkten die Verfassungsbeschwerde auf die in Art. 1 bis 19 GG gewährleisteten Grundrechte.[206] Erst während der Beratungen im Rechtsausschuss wurden die Verfahrensrechte sowie die staatsbürgerlichen Rechte (Art. 33 GG) einschließlich des Wahlrechts (Art. 38 GG) in das BVerfGG aufgenommen.[207]

Die Erstreckung der Verfassungsbeschwerde auf verfassungsrechtlich gewährleistete Verfahrensrechte bedeutet mehr als eine bloße Erweiterung des Rechtswegs. Durch ihre Einbeziehung in Art. 93 Abs. 1 Nr. 4a GG und § 90 Abs. 1 BVerfGG sind die dort genannten Rechte grundrechtsgleiche Rechte geworden. An die Stelle eines Rechts auf verfahrensrechtliche Teilhabe ist ein Verfahrensgrundrecht getreten.[208]

Verfahrensgrundrechte haben jedoch eine andere Funktion als materielle Grundrechte. In ihrem Mittelpunkt steht nicht die Beschränkung der Staatsmacht, sondern die Vorstellung von prozeduraler Gerechtigkeit als Voraussetzung einer richtigen Entscheidung.[209] Sie sichern die Bedingungen, auf deren Grundlage nach dem Verständnis des Grundgesetzes eine Rechtsanwendung überhaupt erst möglich wird.[210]

Die Rüge der Verletzung von Verfahrensgrundrechten, besonders des rechtlichen Gehörs (Art. 103 Abs. 1 GG), stellt die am häufigsten mit der Verfassungsbeschwerde geltend gemachte Rechtsverletzung dar. Die wachsende Bedeutung der Gehörsrüge war bereits in den ersten Jahrzehnten der verfassungsgerichtlichen Tätigkeit zu beobachten.[211] Vor diesem Hintergrund waren die wegen der

206 BT-Drs. 1/328, S. 11 (Gesetzentwurf der SPD); BT-Drs. 1/788, Anlage 1, S. 20 (Regierungsentwurf).

207 Bundesministerium der Justiz (Hrsg.), Entlastung des Bundesverfassungsgerichts, Bericht der Kommission), S. 64.

208 Bundesministerium der Justiz (Hrsg.), Entlastung des Bundesverfassungsgerichts, Bericht der Kommission), S. 65. Zu dem grundrechtsgleichen Rechten gehören außer den Justizgrundrechten (Art. 101, 103, 104 GG) die Art. 20 Abs. 4, 33 und 38 GG.

209 BVerfG, Beschluss vom 08.01.1959 – 1 BvR 396/55, BVerfGE 9, 89, 95.

210 Bundesministerium der Justiz (Hrsg.), Entlastung des Bundesverfassungsgerichts, Bericht der Kommission), S. 65.

211 Nach einer Untersuchung der in Band 1 bis 67 der amtlichen Sammlung veröffentlichten Entscheidungen betrafen mehr als die Hälfte der Verfahren Gehörsrügen. Der Anteil entsprechender Verfahren hat sich in dem Zeitraum fast verdoppelt. Schumann, Die Wahrung des Grundsatzes des rechtlichen Gehörs, NJW 1985, S. 1134; Bundesministerium der Justiz (Hrsg.), Entlastung des Bundesverfassungsgerichts, Bericht der Kommission), S. 63.

Verletzung rechtlichen Gehörs erhobenen Verfassungsbeschwerden ein wichtiger Punkt in der Diskussion über die Verfahrensreform zur Entlastung des BVerfG. Auch die Einführung der Anhörungsrüge im Jahr 2005 geht auf diese Problematik zurück.

(2) Der Anspruch auf rechtliches Gehör und der Prüfungsumfang des Bundesverfassungsgerichts

Der Anspruch auf rechtliches Gehör nach Art. 103 Abs. 1 GG ist ein objektivrechtliches Verfahrensprinzip, das für ein rechtsstaatliches Verfahren konstitutiv ist. Zugleich ist es „prozessuales Urrecht" des Menschen, indem es seine Subjektstellung im Verfahren sichert.[212]

Der Anspruch auf rechtliches Gehör als ein grundrechtsgleiches Recht hat dreifachen Gewährleistungsgehalt. Zunächst enthält er ein Recht auf Information über das prozessuale Geschehen und den tatsächlichen Verfahrensstoff.[213] Außerdem gewährleistet er ein Recht auf Äußerung zum Verfahrensstoff und zur Rechtslage sowie ein Recht, Anträge zu stellen.[214] Schließlich enthält das Recht auf rechtliches Gehör eine Pflicht der Gerichte zur Berücksichtigung des Vorgebrachten. Die Gerichte haben das Parteivorbringen zur Kenntnis zu nehmen und in Erwägung zu ziehen.[215] Nach der Rechtsprechung des BVerfG sind die Gerichte nicht dazu verpflichtet, in der Begründung einer Entscheidung jedes Vorbringen umfassend aufzugreifen.[216] Aus diesem Grund ist ein Verstoß gegen Art. 103 Abs. 1 GG nur dann anzunehmen, wenn besondere Umstände im Einzelfall deutlich ergeben, dass das Vorbringen nicht erwogen wurde. Solche Umstände liegen vor, wenn in einer Entscheidung auf den Kern des Tatsachenvortrags zu einer Frage nicht eingegangen wurde, die für das Verfahren jedoch von zentraler Bedeutung ist.[217]

Verstößt ein Gericht gegen gehörsbezogene Regelungen des einfachen Prozessrechts, liegt darin eine Verletzung von Art. 103 Abs. 1 GG, wenn Bedeutung und Tragweite des Grundrechts verkannt wurden.[218] In der Praxis des BVerfG

---

212 BVerfG, Beschluss vom 09.07.1980 – 2 BvR 701/80, BVerfGE 55, 1, 6; BVerfG, Beschluss des Plenums vom 30.04.2003 – 1 PBvU 1/02, BVerfGE 107, 395, 408.

213 BVerfG, Beschluss vom 08.06.1993 – 1 BvR 878/90, BVerfGE 89, 28, 35.

214 BVerfG, Beschluss vom 17.05.1983 – 2 BvR 731/80, BVerfGE 64, 135, 143 f.

215 BVerfG, Beschluss vom 14.06.1960 – 2 BvR 96/60, BVerfGE 11, 218, 220; BVerfG, Urteil vom 08.07.1997 – 1 BvR 1621/94, BVerfGE 96, 205, 216.

216 BVerfG, Beschluss vom 19.07.1967 – 2 BvR 639/66, BVerfGE 22, 267, 274; BVerfG, Urteil vom 08.07.1997 – 1 BvR 1621/94, BVerfGE 96, 205, 216 f.

217 BVerfG, Beschluss vom 19.05.1992 – 1 BvR 986/91, BVerfGE 86, 133, 146.

218 BVerfG, Beschluss vom 23.10.2007 – 1 BvR 782/07, BVerfGE 119, 292, 296.

fungiert der Anspruch auf rechtliches Gehör als Möglichkeit zur „Fehlerkorrektur“ in fachgerichtlichen Verfahren. Bei der Überprüfung einer wegen der Verletzung des rechtlichen Gehörs erhobenen Verfassungsbeschwerde nimmt das BVerfG einen außerordentlich weiten Prüfungsumfang für sich in Anspruch.[219] Das BVerfG überprüft die reine Gesetzmäßigkeit des fachgerichtlichen Verhaltens. Die Konstruktion ist wie folgt: Art. 103 Abs. 1 GG gewährleistet das Recht auf rechtliches Gehör, das von der jeweiligen Prozessordnung vorgesehen ist. Folglich ist die Einhaltung der Prozessordnung unmittelbar und direkt grundrechtsrelevant.[220] Nach der Rechtsprechung des BVerfG kann die Verletzung einer einfachrechtlichen Prozessordnung einen Verstoß gegen Art. 103 Abs. 1 GG darstellen. Es sei jedoch in jedem Einzelfall zu prüfen, ob dadurch „zugleich das unabdingbare Maß verfassungsrechtlich verbürgten rechtlichen Gehörs verletzt worden ist.“[221]

(3) Diskussionspunkte der Kommission im Jahr 1997

(a) Diskussion über die Einführung der Anhörungsrüge

Aufgrund der erheblichen Arbeitsbelastung des BVerfG durch Verfassungsbeschwerden berief der Bundesminister der Justiz 1996 eine Kommission ein, die sich mit allen bis dahin vorgeschlagenen Möglichkeiten zur Entlastung des Gerichts auseinandersetzte.[222] Als ein Mittel zur

219 Schlaich/Korioth, Das Bundesverfassungsgericht, Rn. 321. Die Kommission hat dies als eine Kontrolldichte, die stärker als bei materiellen Grundrechten ist, beschrieben. Bundesministerium der Justiz (Hrsg.), Entlastung des Bundesverfassungsgerichts, Bericht der Kommission), S. 65.

220 BVerfG, Beschluss vom 23.11.1982 – 2 BvR 1008/82, BVerfGE 62, 320, 322. Nach der Auffassung Korioths nahm das BVerfG faktisch die Funktion einer Berufungs- oder Revisionsinstanz für Gehörsrügen wahr. Schlaich/Korioth, Das Bundesverfassungsgericht, Rn. 323; Voßkuhle, Rechtsschutz gegen den Richter, S. 232 ff.

221 BVerfG, Beschluss vom 21.04.1982 – 2 BvR 810/81, BVerfGE 60, 305, 310; BVerfG, Beschluss vom 30.01.1985 – 1 BvR 99/84, BVerfGE 69, 126, 139; BVerfG, Beschluss vom 11.02.1987 – 1 BvR 475/85, BVerfGE 74, 228, 233. Das BVerfG fragt wie auch sonst im Bereich der anderen Grundrechte nach dem „spezifisch verfassungsrechtlich gewährleisteten Ausmaß an rechtlichem Gehör.“ Schlaich/Korioth, Das Bundesverfassungsgericht, Rn. 324.

222 Die Kommission wurde zur Prüfung und Erarbeitung von Maßnahmen zur Entlastung des BVerfG eingesetzt. Der Inhalt ihres Berichts, insbesondere die Maßnahmen, die sie untersucht und vorgeschlagen hat, werden im Folgenden beschrieben.

Reduzierung des Geschäftsanfalls diskutierte die Kommission das Modell einer Anhörungsrüge.[223]

Dieses Thema war bereits Jahre zuvor mehrfach Gegenstand der rechtspolitischen Diskussion gewesen. Ende der 70er-Jahre war das Modell einer Anhörungsrüge als ein besonderer subsidiärer Rechtsbehelf in zivilgerichtlichen Verfahren erwogen worden. Die Anhörungsrüge sollte nach Abschluss eines Verfahrens durch rechtskräftiges Urteil möglich sein, wenn die Verletzung des Anspruchs auf rechtliches Gehör geltend gemacht wird.[224] Das seinerzeit entwickelte, aber nie eingeführte Modell wurde von einem Mitglied der Kommission modifiziert und in die Beratungen der Kommission eingebracht. Die in der Kommission diskutierte Anhörungsrüge betrifft diejenigen Verfahren, für die nur eine Instanz vorgesehen ist, sowie die Revisionsvorschriften der Zivilprozessordnung und des Arbeitsgerichtsgesetzes.[225] Der Vorschlag zielt darauf ab, in diesen Verfahren eine Möglichkeit zur Korrektur relevanter fachgerichtlicher Verfahrensfehler durch die Fachgerichte einzuführen. Die Kommission nahm an, dass der Gesetzgeber bei der konkreten Ausgestaltung der Anhörungsrüge dem iudex a quo (dem Richter, der die anzufechtende Entscheidung getroffen hat) eine Gelegenheit zur Prüfung seiner Entscheidung einräumen könne. Die Regelung der Anhörungsrüge solle vorsehen, dass diese bei dem Gericht, das den Gehörsanspruch verletzt haben soll, einzureichen ist.[226]

(b) Bewertung der Anhörungsrüge durch die Kommission

Letztlich hat die Kommission das Modell mit acht zu drei Stimmen abgelehnt.[227] Die Kommissionsmehrheit teilte die Bedenken, dass die vorgeschlagene Anhörungsrüge nicht nur den erwünschten Effekt verfehlen, sondern auch den Grundrechtsschutz des Beschwerdeführers beeinträchtigen

223 Bundesministerium der Justiz (Hrsg.), Entlastung des Bundesverfassungsgerichts, Bericht der Kommission), S. 73.

224 Bundesministerium der Justiz (Hrsg.), Entlastung des Bundesverfassungsgerichts, Bericht der Kommission), S. 71.

225 Bundesministerium der Justiz (Hrsg.), Entlastung des Bundesverfassungsgerichts, Bericht der Kommission), S. 73.

226 Nach den Befürwortern dieses Modells könnte die Verletzung der Verfahrensgrundrechte durch die Fachgerichte, sogar durch den iudex a quo, schneller und effizienter selbst korrigiert werden. Bundesministerium der Justiz (Hrsg.), Entlastung des Bundesverfassungsgerichts, Bericht der Kommission), S. 74.

227 Bundesministerium der Justiz (Hrsg.), Entlastung des Bundesverfassungsgerichts, Bericht der Kommission), S. 73.

könnte.[228] Die Kommission hat das Modell unter mehreren Aspekten – der Entlastung des BVerfG, der Wirkung auf den Individualrechtsschutz und der Belastung der Fachgerichte – erörtert.

Zunächst hat sich die Kommission mit dem Beitrag des Modells der Anhörungsrüge zur Entlastung des BVerfG auseinandergesetzt.[229] Die Kommissionsmehrheit war der Meinung, dass der entlastende Effekt der Anhörungsrüge nicht hinreichend überzeugend sei. Die Korrektur von Verfahrensfehlern durch die Fachgerichte könne die Anzahl der Verfassungsbeschwerden nur in dem Umfang reduzieren, in dem die Anhörungsrüge erfolgreich ist. Dagegen könne bei ablehnenden Entscheidungen der Fachgerichte, die den Regelfall bilden würden, nicht damit gerechnet werden, dass die unterlegene Partei diese Entscheidung akzeptiert und auf die Einlegung einer Verfassungsbeschwerde verzichtet. Allerdings erkannte die Kommission auch den Vorteil, dass in diesem Fall ein bereits durch das Fachgericht aufbereiteter Sachverhalt zum BVerfG kommt. Das BVerfG könne somit die entsprechenden Feststellungen der Fachgerichte zugrunde legen und sich auf die Auslegung der Verfahrensgrundrechte konzentrieren. Damit könne sich das Modell durchaus zugunsten einer Entlastung des BVerfG auswirken.[230]

Des Weiteren äußerte die Kommission die Erwartung, dass das Modell den Individualrechtsschutz beeinträchtige. Die Einführung der Anhörungsrüge würde zwar einen verstärkten Schutz der Verfahrensrechte im fachgerichtlichen Verfahren hervorbringen; jedoch werde dadurch für den Bürger, der materielle Rechtsverletzungen rügen will, eine weitere Hürde auf seinem Weg zum BVerfG errichtet. Der Beschwerdeführer müsse dann eine Anhörungsrüge einlegen, auch wenn der Schwerpunkt seiner verfassungsrechtlichen Bedenken im materiellen Grundrechtsbereich liegt. Unterbleibt die Anhörungsrüge, müsse der Beschwerdeführer mit einer Nichtannahme der entsprechenden Verfassungsbeschwerde rechnen. Sein Weg nach Karlsruhe werde mit der Einführung des Systems der Anhörungsrüge also erschwert.[231]

---

228 Die Bewertung der Kommission hat große Bedeutung, da im Jahr 2005 in Anlehnung an dieses Modell ein System der Anhörungsrüge eingeführt worden ist. Die Nachteile der Anhörungsrüge wurden schon im Jahr 1997 von der Kommission erörtert.

229 Dieser Aspekt war schon Gegenstand der Begründung des Regierungsentwurfs zur BVerfGG-Novelle von 1985. BT-Drs. 10/2951, S. 7 f.

230 Bundesministerium der Justiz (Hrsg.), Entlastung des Bundesverfassungsgerichts, Bericht der Kommission), S. 74–75.

231 Bundesministerium der Justiz (Hrsg.), Entlastung des Bundesverfassungsgerichts, Bericht der Kommission), S. 75.

Letztlich befürchtete die Kommission auch negative Auswirkungen auf die Arbeitsbelastung der Fachgerichte. Nach Auffassung der Kommission führt die Einführung der Anhörungsrüge bei den Fachgerichten zu einem erheblich gesteigerten Arbeitsaufkommen. Anhörungsrügen würden sich dort nicht durch einen kurzen Bescheid erledigen lassen, sondern eine Vielzahl von Arbeitsvorgängen mit sich bringen. Diese Belastung entstehe erst recht, wenn ein übergeordnetes Kollegialgericht für die Entscheidung zuständig ist.[232]

Aus ähnlichen Erwägungen waren bereits Mitte der 1980er-Jahre Bestrebungen, eine Anhörungsrüge einzuführen, gescheitert. Das Bundesministerium der Justiz hatte seinerzeit einen ersten Vorentwurf eines Gesetzes für die Einführung der Anhörungsrüge erarbeitet.[233] Dieser stieß vor dem Hintergrund der weiter zunehmenden Belastung der Gerichte auf nachdrückliche Kritik der Länder und wurde nicht umgesetzt.[234]

(c) Anhörungsrüge und Annahme zur Entscheidung nach Ermessen

Die einzige und von fast allen Mitgliedern mitgetragene Empfehlung der Kommission lautete, für Verfassungsbeschwerden ein Annahmeverfahren nach Ermessen einzuführen. Ergänzend befasste sich die Kommission mit der Folgefrage, ob die Anhörungsrüge bei Einführung eines Annahmeverfahrens nach Ermessen größere Bedeutung erlangen würde. Die Kommission sah Bedarf, dies zu diskutieren, weil ein ermessensbasiertes Annahmeverfahren die Gesamtstruktur der verfassungsgerichtlichen Überprüfung beeinflussen und Bedarf zur Nachsteuerung auslösen könnte.

---

232 Bundesministerium der Justiz (Hrsg.), Entlastung des Bundesverfassungsgerichts, Bericht der Kommission), S. 75.

233 Bundesministerium der Justiz (Hrsg.), Entlastung des Bundesverfassungsgerichts, Bericht der Kommission), S. 72, Der Vorentwurf zielte hauptsächlich auf die Entlastung des BVerfG. Dessen Lage wird in der Begründung des Vorentwurfs wie folgt beschrieben: Durch die Häufung von Verfassungsbeschwerden, die auf eine Verletzung des Art. 103 Abs. 1 GG gestützt werden, drohe das BVerfG in die Rolle eines „obersten Prozessgerichts“ zur Überprüfung von Verfahrensfehlern der Fachgerichte gedrängt zu werden.

234 Bundesministerium der Justiz (Hrsg.), Entlastung des Bundesverfassungsgerichts, Bericht der Kommission), S. 72. Die Justizministerkonferenz sprach sich auf ihrer Sitzung im Juni 1983 klar gegen die Einführung einer Anhörungsrüge aus. Diese führe nicht nur zu einer Mehrbelastung der Zivilgerichte, sondern auch zu einer Mehrbelastung des BVerfG, vgl. BT-Drs. 10/2951, S. 8.

Eine Minderheit der Kommissionsmitglieder sprach sich für die Einführung der Anhörungsrüge aus. Nach ihrer Einschätzung würden bei Einführung einer Annahme nach Ermessen künftig weniger Verfassungsbeschwerden angenommen werden, die sich auf die Verletzung von Verfahrensgrundrechten beziehen. Um die Verfahrensgrundrechte gleichwohl sicherzustellen, bedürfe es ausgleichender Maßnahmen im Bereich der Fachgerichte.[235]

Im Gegensatz dazu vertrat die Kommissionsmehrheit die Meinung, dass eine Anhörungsrüge auch bei Einführung eines Annahmeverfahrens nach Ermessen nicht nötig sei. Für eine wirksame Entlastung des BVerfG sei die Verringerung des Individualrechtsschutzes unvermeidlich. Zudem biete die Einführung des neuen Annahmeverfahrens nach Ermessen den Vorteil, dass das BVerfG Verfassungsbeschwerden aus allen Grundrechtsbereichen gleichermaßen aufgreifen und entscheiden kann.

Die Kommission hat die Anhörungsrüge unter verschiedenen Gesichtspunkten erörtert und letztlich aus mehreren Gründen abgelehnt. Es liegt eine gewisse Ironie darin, dass das abgelehnte Modell der Anhörungsrüge im Nachhinein – im Jahr 2005 – vom Gesetzgeber eingeführt wurde. Hingegen ist der einzige Vorschlag der Kommission, das Annahmeverfahren nach Ermessen, nicht umgesetzt worden. Die negativen Auswirkungen, zu denen die Anhörungsrüge geführt hat, waren von der Mehrheit der Kommissionsmitglieder bereits erwartet und formuliert worden, als sie den Vorschlag zur Einführung der Anhörungsrüge ablehnte.

(4) Die Einführung der Anhörungsrüge und ihre Auswirkungen auf die Rechtsprechung des Bundesverfassungsgerichts

(a) Der Plenarbeschluss vom 30. April 2003 und die Anhörungsrüge

Mit Plenarbeschluss vom 30. April 2003 forderte das BVerfG beim Gesetzgeber die Einführung von fachgerichtlichem Rechtsschutz gegen die Verletzung des rechtlichen Gehörs ein. Dem Beschluss zufolge müsse eine einmalige fachgerichtliche Überprüfungsmöglichkeit bestehen, im Rahmen derer Verletzungen des Anspruchs auf rechtliches Gehör gerügt werden können.[236]

Das Plenum entschied, dass es gegen das Rechtsstaatsprinzip in Verbindung mit Art. 103 Abs. 1 GG verstoße, „wenn eine Verfahrensordnung keine fachgerichtliche Abhilfemöglichkeit für den Fall vorsieht, dass ein Gericht

235 Bundesministerium der Justiz (Hrsg.), Entlastung des Bundesverfassungsgerichts, Bericht der Kommission), S. 83.

236 BVerfG, Beschluss des Plenums vom 30.04.2003 – 1 PBvU 1/02, BVerfGE 107, 395.

in entscheidungserheblicher Weise den Anspruch auf rechtliches Gehör verletzt."[237] Damit beauftragte das BVerfG den Gesetzgeber, ein Selbstkorrektur-Verfahren für die Fachgerichte zu schaffen, das dem Verfassungsgebot des effektiven Rechtsschutzes und dem Erfordernis der Rechtsmittelklarheit genügt. Mit dem Plenarbeschluss machte das BVerfG klar, dass für den Rechtsschutz bei einer möglichen Verletzung des rechtlichen Gehörs vorrangig die Fachgerichte zuständig sind. Der Gesetzgeber führte daraufhin zum 1. Januar 2005 die Anhörungsrüge als Sonderrechtsbehelf in allen Verfahrensordnungen ein. Vorbild war der mit Wirkung vom 1. Januar 2002 eingeführte § 321a ZPO a. F., der für berufungsunfähige Urteile die richterliche Selbstkorrektur ermöglichte.[238]

(b) Anhörungsrüge, Verfassungsbeschwerde und der Grundsatz der Subsidiarität

Mit seiner restriktiven Rechtsprechung erschwert das BVerfG die Einlegung der Verfassungsbeschwerde. Die Folgen der Rechtsprechung kommen besonders dann zum Tragen, wenn ein Beschwerdeführer seine Verfassungsbeschwerde ohne vorherige Anhörungsrüge einlegt.

Die Einlegung der Anhörungsrüge zur Geltendmachung einer Verletzung des rechtlichen Gehörs (Art. 103 Abs. 1 GG) soll zum Rechtsweg im Sinne des § 90 Abs. 2 BVerfGG gehören.[239] Eine ohne vorherige Anhörungsrüge erhobene Verfassungsbeschwerde kann wegen der Verletzung des Grundsatzes der Rechtswegerschöpfung und des Subsidiaritätsprinzips als unzulässig abgewiesen werden. Innerhalb der ohne vorherige Anhörungsrüge erhobenen Verfassungsbeschwerden ist zwischen zwei Fallgruppen zu differenzieren. Die eine Fallgruppe betrifft Verfassungsbeschwerden, mit denen der Beschwerdeführer ausdrücklich oder der Sache nach einer Verletzung rechtlichen Gehörs rügt, die andere Fallgruppe betrifft Verfassungsbeschwerden, mit denen der Beschwerdeführer ausschließlich andere Grundrechtsverletzungen geltend macht.

(c) Verfassungsbeschwerde ohne vorherige Anhörungsrüge

Rügt der Beschwerdeführer ausdrücklich oder inhaltlich die Verletzung rechtlichen Gehörs und hat er seine Verfassungsbeschwerde ohne vorherige

---

237 BVerfG, Beschluss des Plenums vom 30.04.2003 – 1 PBvU 1/02, BVerfGE 107, 395 (Tenor).

238 Gesetzentwurf der Bundesregierung vom 24.11.2000, BT-Drs. 14/4722, S. 63, 85 f.

239 Beispielsweise gehört bei der Rüge einer Verletzung des Art. 103 Abs. 1 GG im Zivilverfahren die Anhörungsrüge nach § 321a ZPO zum Rechtsweg.

Anhörungsrüge erhoben, ist diese unzulässig. Ein Problem ergibt sich, wenn er neben der Verletzung von Art. 103 Abs. 1 GG noch weitere Grundrechtsverletzungen geltend macht: Soll diese ohne vorherige Anhörungsrüge erhobene Verfassungsbeschwerde grundsätzlich im Ganzen unzulässig sein?

Wird innerhalb eines Streitgegenstands neben einer Gehörsverletzung auch ein Verstoß gegen andere Grundrechte geltend gemacht, kann die Anhörungsrüge keine umfassende Abhilfe schaffen, denn sie betrifft nur Gehörsverletzungen. Das BVerfG legt in diesem Zusammenhang den Grundsatz der Subsidiarität jedoch streng aus. Erst wenn das Anhörungsrügeverfahren erfolglos durchlaufen ist, könne in solchen Fällen die Verfassungsbeschwerde zulässig erhoben werden. Vorher sei die Verfassungsbeschwerde auch bezüglich der anderen Grundrechtsrügen unzulässig.[240]

Nach dem Grundsatz der Subsidiarität muss ein Beschwerdeführer alle nach Lage der Dinge zur Verfügung stehenden prozessualen Möglichkeiten ergreifen. Das BVerfG verweist darauf, dass eine begründete Anhörungsrüge die Fortsetzung des Verfahrens zur Folge habe, und damit die Möglichkeit der Heilung auch anderer Grundrechtsverstöße bestehe. Dies soll gelten, sofern die Verletzung von Art. 103 Abs. 1 GG und die anderen gerügten Grundrechtsverstöße denselben Streitgegenstand betreffen.[241]

Eine weitere Frage lautet, ob die Erhebung einer Anhörungsrüge auch dann notwendig ist, wenn nach Auffassung des Beschwerdeführers keine Verletzung des rechtlichen Gehörs vorliegt. Muss der Beschwerdeführer auch in dieser Situation eine Anhörungsrüge erheben, bevor er Verfassungsbeschwerde einlegt?

Wird nur die Verletzung anderer Grundrechte gerügt, ist die vorherige Einlegung einer Anhörungsrüge eigentlich nicht zweckmäßig. Angesichts der verfassungsgerichtlichen Rechtsprechung zum Subsidiaritätsgrundsatz kann der Beschwerdeführer dennoch gehalten sein, eine Anhörungsrüge zu erheben, auch wenn er mit der späteren Verfassungsbeschwerde keinen Verstoß gegen Art. 103 Abs. 1 GG rügen will.[242]

Die von der unterlegenen Partei zu treffende Beurteilung, ob zunächst eine Anhörungsrüge zu erheben ist, kann besonders schwierig sein, da insbesondere

---

240 BVerfG, Beschluss vom 25.04.2005 – 1 BvR 644/05, NJW 2005, S. 3059; Benda/Klein, Verfassungsprozessrecht, § 19 Rn. 577.

241 BVerfG, Beschluss vom 16.07.2013 – 1 BvR 3057/11, BVerfGE 134, 106, 113.

242 BVerfG, Beschluss vom 16.07.2013 – 1 BvR 3057/11, BVerfGE 134, 106, 115; BVerfG, Beschluss vom 14.07.2011 – 1 BvR 1468/11, BVerfGK 19, 23; vgl. auch BVerfG, Beschluss vom 25.10.2011 – 2 BvR 2407/10.

bei letztinstanzlichen Entscheidungen die Gerichte nicht gehalten sind, jedes Vorbringen in ihren Entscheidungen aufzugreifen.[243] Das BVerfG hat versucht, seine restriktive Rechtsprechung wie folgt zu modifizieren:[244] Eine Verfassungsbeschwerde ohne vorherige Anhörungsrüge, mit der nicht Art. 103 Abs. 1 GG gerügt wird, scheitert nur dann am Subsidiaritätsgrundsatz, wenn den Umständen nach ein Gehörsverstoß durch die Fachgerichte naheliegt und vernünftige Verfahrensbeteiligte mit Rücksicht auf die geltend gemachte Beschwer bereits im fachgerichtlichen Verfahren einen entsprechenden Rechtsbehelf ergreifen würden. Nach dieser Rechtsprechung greift der Grundsatz der Subsidiarität insbesondere dann, wenn es offensichtlich ist, dass das Beschwerdevorbringen der Sache nach auf die Rüge von Art. 103 Abs. 1 GG zielt, aber ersichtlich mit Rücksicht auf ein versäumtes Anhörungsrügeverfahren ausschließlich andere Grundrechtsverletzungen beanstandet.[245]

(5) Fazit

Die Anhörungsrüge bietet eine Reihe von Vorteilen. Der Grundsatz der Prozessökonomie und der Gesichtspunkt der größeren Sachnähe der Prozessgerichte sprechen ebenso wie die Subsidiarität der Verfassungsbeschwerde dafür, dass Fachgerichten in Fällen einer eindeutigen Verletzung des Anspruchs auf rechtliches Gehör eine verstärkte Selbstkontrolle möglich sein sollte. Man sollte jedoch zwischen der Wirkung der Anhörungsrüge und dem Ziel der Einführung der Anhörungsrüge unterscheiden. Im Hinblick auf die Belastungssituation des BVerfG bringt die Anhörungsrüge keine wesentlichen Verbesserungen. Im Zusammenwirken mit dem Grundsatz der Subsidiarität kann sich das Verfahren verzögern, schlussendlich werden die meisten Rügen dennoch dem BVerfG zur Entscheidung vorgelegt werden.[246] Insgesamt betrachtet bildet die Anhörungsrüge bei Verfassungsbeschwerden, die nicht nur Verfahrensgrundrechte sondern

---

243 BVerfG, Beschluss vom 19.07.1967 – 2 BvR 639/66, BVerfGE 22, 267, 274; BVerfG, Urteil vom 08.07.1997 – 1 BvR 1621/94, BVerfGE 96, 205, 216 f.

244 Das BVerfG begrenzte diese Rechtsprechung zunächst unter Zumutbarkeitsaspekten. Die Einlegung der Anhörungsrüge sei entbehrlich, wenn sie offensichtlich unzulässig wäre. BVerfG, Beschluss vom 08.01.1985 – 1 BvR 700/83, BVerfGE 68, 376, 381; BVerfG, Beschluss vom 20.05.2013 – 1 BvR 1024/12, juris, Rn. 7.

245 BVerfG, Beschluss vom 16.07.2013 – 1 BvR 3057/11, BVerfGE 134, 106, 116.

246 Benda/Klein, Verfassungsprozessrecht, §19 Rn. 483. Diese Folge der Anhörungsrüge hat die Kommission schon vorhergesehen. Bundesministerium der Justiz (Hrsg.), Entlastung des Bundesverfassungsgerichts, Bericht der Kommission), S. 74, 75.

auch materielle Grundrechte betreffen, für den Beschwerdeführer eine unkalkulierbare und unangemessene Hürde.

III. Das Erfordernis der Substantiierung

1. Grundlagen und praktische Bedeutung der Substantiierung

Gemäß § 90 Abs. 1 BVerfGG muss der Beschwerdeführer bei der Einlegung einer Verfassungsbeschwerde geltend machen, in einem seiner Grundrechte oder grundrechtsgleichen Rechte verletzt zu sein. Das Erfordernis, dass diese Behauptung hinreichend substantiiert, d. h. hinreichend begründet sein muss, ist eine Zulässigkeitsvoraussetzung. Das sogenannte Substantiierungs- oder Begründungserfordernis findet seine Grundlage im BVerfGG: Zunächst ergibt sie sich aus der allgemeinen Verfahrensnorm des § 23 Abs. 1 S. 2 BVerfGG, die für sämtliche Verfahrensarten gilt. Wird der Antrag nicht ausreichend substantiiert, führt dies zur Unzulässigkeit des Antrags.[247] Außerdem regelt § 92 BVerfGG als Spezialvorschrift die Begründungspflicht für Verfassungsbeschwerden. Der Beschwerdeführer muss das Grundrecht oder grundrechtsgleiche Recht, in dem er sich verletzt fühlt, und den Hoheitsakt, den er als Verletzung seiner Rechtsposition betrachtet, „bezeichnen".

Das Substantiierungserfordernis ist die praktisch relevanteste und zugleich intransparenteste Zulässigkeitshürde. Sie steht in unmittelbarer Beziehung zu allen anderen Zulässigkeitsvoraussetzungen, zum materiellen Verfassungsrecht (der Begründetheit der Verfassungsbeschwerde) und auch zum Annahmeverfahren.[248] Die Anforderungen an die Substantiierung gemäß § 92 BVerfGG, wonach das potenziell verletzte Recht und der potenziell verletzende Hoheitsakt zu bezeichnen sind, klingen trivial. In der Praxis reicht die bloße Bezeichnung indes bei Weitem nicht aus. Umgekehrt wird aber auch eine noch so gute Begründung einem hoffnungslosen Fall nicht zum Erfolg verhelfen. Die für die Substantiierung maßgeblichen Anforderungen wurden von der Rechtsprechung des BVerfG konkretisiert und weiterentwickelt.[249] Die Anforderungen der Rechtsprechung sind so komplex und so anspruchsvoll, dass auch eine anwaltliche Vertretung längst keine Garantie für eine substantiierte Verfassungsbeschwerde bedeutet. Wann eine Verfassungsbeschwerde hinreichend begründet im Sinne

---

247 Barczak, in: Barczak (Hrsg.), BVerfGG, 2018, § 23 Rn. 21 ff.

248 Barczak, in: Barczak (Hrsg.), BVerfGG, 2018, § 92 Rn. 2.

249 Barczak, in: Barczak (Hrsg.), BVerfGG, 2018, § 92 Rn. 1; Lübbe-Wolf, Substantiierung und Subsidiarität der Verfassungsbeschwerde, EuGRZ 2004, S. 669, 676.

des § 92 BVerfGG ist, lässt sich nicht allgemein sagen, sondern nur mit Blick auf das konkrete Verfahren, den jeweiligen Angriffsgegenstand und die jeweils verletzten Grundrechte entscheiden.[250]

2. Inhalt des Substantiierungserfordernisses

§ 92 BVerfGG fordert nur die Bezeichnung des Rechts, das verletzt sein soll, und der beanstandeten Handlung oder Unterlassung eines Organs oder einer Behörde. Die von der Rechtsprechung des BVerfG entwickelten Anforderungen an eine hinreichende Begründung der Verfassungsbeschwerde reichen erheblich weiter und haben eine formelle (z. B. Vorlage oder Wiedergabe des wesentlichen Inhalts von Dokumenten wie Gerichtsentscheidungen) und eine materielle Seite.[251] In materieller Hinsicht bezieht sich das Substantiierungserfordernis auf die übrigen Zulässigkeitsvoraussetzungen, auf die Annahmegründe und die Begründetheit der Verfassungsbeschwerde. Nach der Rechtsprechung des BVerfG muss innerhalb der Beschwerdefrist die „behauptete Grundrechtsverletzung durch Bezeichnung des angeblich verletzten Rechts und des die Verletzung enthaltenden Vorgangs substantiiert und schlüssig vorgetragen werden."[252]

(1) Darlegung einer möglichen Grundrechtsverletzung

Zunächst ist eine substantiierte Darlegung des die Verletzung enthaltenden Vorgangs erforderlich.[253] Eine substantiierte Begründung erfordert eine einzelfall- und sachbezogene Auseinandersetzung mit dem Angriffsgegenstand. Dazu gehört nach dem Wortlaut des § 92 BVerfGG auch die Benennung des Hoheitsträgers, durch dessen Maßnahme sich der Beschwerdeführer verletzt fühlt. Eine Darstellung, die eine Identifizierung des Organs oder der Behörde ermöglicht, ist insoweit erforderlich, als mehrere Verursacher einer Grundrechtsverletzung in Betracht kommen, z. B. wenn mehrere Gerichtsentscheidungen im Instanzenzug Gegenstand der Verfassungsbeschwerde sein können.[254]

Zur ausreichenden Substantiierung einer Verfassungsbeschwerde muss ein Sachverhalt vorgetragen werden, nach dem es möglich ist, dass die geltend

---

250 Barczak, in: Barczak (Hrsg.), BVerfGG, 2018, § 92, Rn. 2.

251 Barczak, in: Barczak (Hrsg.), BVerfGG, 2018, § 92, Rn. 15.

252 BVerfG, Beschluss vom 12.04.2005 – 2 BvR 1027/02, BVerfGE 113, 29, 44.

253 BVerfG, Beschluss vom 23.01.1990 – 1 BvR 306/86, BVerfGE 81, 208, 214.

254 Barczak, in: Barczak (Hrsg.), BVerfGG, 2018, § 92 Rn. 40.

gemachte Grundrechtsverletzung vorliegt.[255] Diese Formulierung aus der Senatsrechtsprechung begrenzt die Darlegungslast des Beschwerdeführers auf die tatsächliche Seite des als grundrechtsverletzend beanstandeten Vorgangs. Was alles zur Darlegung eines Sachverhalts gehört, der die geltend gemachte Grundrechtsverletzung als möglich erscheinen lässt, bleibt in dieser Formulierung allerdings offen.[256]

Der vom Beschwerdeführer als grundrechtsverletzend angesehene Vorgang muss dem Gericht „substantiiert dargelegt“ werden. Oft wird auch verlangt, dass der Vorgang oder einzelne entscheidungserhebliche Tatbestände „schlüssig“ oder „substantiiert und schlüssig“ dargelegt werden. Das Kriterium der „Schlüssigkeit“ ist erfüllt, „wenn die Rechtsverletzung nach dem vorgetragenen Sachverhalt möglich erscheint.“[257] Bei der Urteilsverfassungsbeschwerde muss der Beschwerdeführer in seinem Vortrag den Ausgangssachverhalt darlegen, der dem erstinstanzlichen Verfahren zugrunde gelegt wurde.[258]

(2) Vorlage oder ausreichende Wiedergabe

Den wichtigsten Bestandteil der Sachverhaltsdarstellung bei der Urteilsverfassungsbeschwerde bilden die angegriffenen Gerichtsentscheidungen. Sie müssen dem BVerfG mit der Beschwerdebegründung vorgelegt oder zumindest so wiedergegeben werden, dass ihre Vereinbarkeit mit dem Grundgesetz geprüft werden kann.[259] Gibt es noch andere Dokumente, die in dem zugrundeliegenden fachgerichtlichen Verfahren eine Rolle gespielt haben, und deren Inhalt für die Beurteilung der Verfassungsbeschwerde von Bedeutung sein kann, verlangt die Rechtsprechung des BVerfG die Vorlage oder die Wiedergabe der wesentlichen Inhalte dieser Dokumente.[260]

---

255 BVerfG, Beschluss vom 25.02.1964 – 2 BvR 411/61, BVerfGE 17, 252, 258; BVerfG, Beschluss vom 07.11.1979 – 2 BvR 513/73, BVerfGE 52, 303–327.

256 Lübbe-Wolff, Substantiierung und Subsidiarität der Verfassungsbeschwerde, EuGRZ 2004, S. 669, 676.

257 BVerfG, Urteil vom 21.07.2000 – 2 BvH 3/91, BVerfGE 102, 224, 232.

258 Schlaich/Korioth, Das Bundesverfassungsgericht, Rn. 216.

259 Schlaich/Korioth, Das Bundesverfassungsgericht, Rn. 216.

260 Hierzu zählen beispielsweise vorinstanzliche Entscheidungen (BVerfG, Beschluss vom 24.11.1998 – 2 BvR 1957/98, NJW 1999, S. 1856 f.) sowie Gutachten, Stellungnahmen und sonstige Quellen, auf die sich die angegriffene Gerichtsentscheidung bezieht (BVerfG, Beschluss vom 09.09.1999 – 2 BvR 1343/99, juris, Rn. 5).

(3) Vortrag zur rechtlichen Beurteilung

Der Beschwerdeführer muss nachvollziehbar aufzeigen und begründen, mit welchen Grundrechten die angegriffene Maßnahme kollidiert.[261] Schon die gesetzliche Regelung (§ 92 BVerfGG) fordert über die Sachverhaltsdarstellung hinaus eine Rechtsbehauptung. Diese Anforderung wird von der Rechtsprechung allerdings großzügig interpretiert. Daher muss der Beschwerdeführer das Grundrecht, in dem er sich verletzt fühlt, benennen, nicht aber die entsprechende Artikelnummer.[262] Wenn der Beschwerdeführer zum Beispiel die Nichtgewährung rechtlichen Gehörs rügen will, muss er weder Art. 103 Abs. 1 GG nennen noch den Ausdruck „rechtliches Gehör" verwenden. Es reicht aus, wenn er einen Sachverhalt beanstandet, durch den seine Grundrechte verletzt worden sein könnten.[263]

Rügt der Beschwerdeführer eine Grundrechtsverletzung in einer Fallgestaltung, zu der einschlägige Rechtsprechung des BVerfG vorliegt, muss er sich mit dieser auseinandersetzen, um in seinem Fall die Möglichkeit eines Grundrechtsverstoßes ausreichend darzutun.[264] Hinsichtlich der Begründetheit der Verfassungsbeschwerde hat der Beschwerdeführer die geltend gemachte Verletzung in seinen Grundrechten nachvollziehbar darzulegen. Diese Anforderungen dürfen nicht überspannt werden. Die Materialisierung des Substantiierungserfordernisses darf nicht dazu führen, dass eine hinreichende Substantiierung nur noch dann gelingt, wenn die Verfassungsbeschwerde tatsächlich begründet ist. Ansonsten würde die Unbegründetheit stets auch zur Unzulässigkeit der Beschwerde führen.[265]

(4) Kombination des Subsidiaritätsgrundsatzes und des Substantiierungserfordernisses

Das in der Praxis weitaus wichtigste Substantiierungserfordernis betrifft die Wahrung des Subsidiaritätsgrundsatzes.[266] Bei diesem Prüfungsschritt werden die beiden Zulässigkeitsvoraussetzungen kombiniert angewendet. Diese

---

261 BVerfG, Beschluss vom 29.05.2007 – 2 BvR 695/07, BVerfGK 11, 241, 252.

262 Lübbe-Wolff, Substantiierung und Subsidiarität der Verfassungsbeschwerde, EuGRZ 2004, S. 669, 680.

263 BVerfG, Beschluss vom 01.02.1978 – 1 BvR 426/77, BVerfGE 47, 182, 187.

264 BVerfG, Beschluss vom 15.12.1999 – 1 BvR 1904/95, BVerfGE 101, 331, 346.

265 Barczak, in: Barczak (Hrsg.), BVerfGG, 2018, § 92, Rn. 38.

266 Lübbe-Wolff, Substantiierung und Subsidiarität der Verfassungsbeschwerde, EuGRZ 2004, S. 669, 681; Barczak, in: Barczak (Hrsg.), BVerfGG, 2018, § 92 Rn. 34.

Kombination hat „gefährliche Nebenwirkungen".[267] Wie oben dargestellt wurde, gehört nach der Rechtsprechung des BVerfG zur Wahrung der Subsidiarität nicht nur die Erschöpfung des Rechtsweges, sondern darüber hinaus die Nutzung aller prozessualen Möglichkeiten zur Verhinderung oder Korrektur des geltend gemachten Grundrechtsverstoßes im fachgerichtlichen Verfahren. Die Begründung der Verfassungsbeschwerde muss daher nicht nur erkennen lassen, dass der Beschwerdeführer den Rechtsweg erschöpft hat, sondern auch, dass die sonstigen verfügbaren prozessualen Möglichkeiten ergriffen wurden. Der Beschwerdeführer muss substantiieren, dass er potenziell zweckdienliche Anträge aller Art gestellt hat und dass er die mit der Verfassungsbeschwerde vorgetragenen Rügen bereits im Instanzenzug vorgetragen hat.[268] Demzufolge muss der Beschwerdeführer seine Antragsschriften aus dem fachgerichtlichen Verfahren vorlegen oder deren Inhalt wiedergeben.[269]

3. *Die neue Funktion des Substantiierungserfordernisses und damit einhergehende Probleme*

(1) *Grundrechtliche Relevanz der Verfassungsbeschwerde und Notwendigkeit der Entlastung des Bundesverfassungsgerichts*

Wie bereits gezeigt wurde, hat die Rechtsprechung des BVerfG den Grundrechtsschutz erheblich erweitert. Eines der markantesten Beispiele ist die Anerkennung der allgemeinen Handlungsfreiheit (Art. 2 Abs. 1 GG).[270] Art. 2 Abs. 1 GG wurde hierdurch zum Auffanggrundrecht und folglich zum Hebel, gegen jede Belastung der öffentlichen Gewalt eine Verfassungsbeschwerde erheben zu können.[271] In der Entscheidung des BVerfG zum Reiten im Walde heißt es dazu: „Geschützt ist damit nicht nur ein begrenzter Bereich der Persönlichkeitsentfaltung, sondern jede Form menschlichen Handelns ohne Rücksicht darauf, welches Gewicht der Betätigung für die Persönlichkeitsentfaltung zukommt."[272]

Richtet sich der Beschwerdeführer mit seiner Verfassungsbeschwerde gegen ein fachgerichtliches Urteil, so muss er die Verletzung gerade in einem

---

267 Lübbe-Wolff, Substantiierung und Subsidiarität der Verfassungsbeschwerde, EuGRZ 2004, S. 669, 681.

268 BVerfG, Beschluss vom 26.05.1987 – 1 BvR 586/87, NJW 1987, S. 1689.

269 Lübbe-Wolff, Substantiierung und Subsidiarität der Verfassungsbeschwerde, EuGRZ 2004, S. 669, 681.

270 BVerfG, Beschluss vom 19.10.1983 – 2 BvR 298/81, BVerfGE 65, 196, 210.

271 Schlaich/Korioth, Das Bundesverfassungsgericht, Rn. 220.

272 BVerfG, Beschluss vom 06.06.1989 – 1 BvR 921/85, BVerfGE 80, 137, 152.

Grundrecht geltend machen. Dennoch verletzt wegen der oben genannten Rechtsprechung ein den Beschwerdeführer belastendes Urteil, das „ohne Rechtsgrundlage" in den Vorschriften des einfachen Rechts erging, das einschlägige Grundrecht, zumindest das Grundrecht des Art. 2 Abs. 1 GG.[273]

Zu dieser Entscheidung einschließlich der vorangegangenen einschlägigen Rechtsprechung des BVerfG verfasste der Richter Grimm eine abweichende Meinung. In seinem Sondervotum trägt er vor, Art. 2 Abs. 1 GG enthalte keine Gewährleistung einer umfassend verstandenen allgemeinen Handlungsfreiheit. Grimm zufolge sollte durch eine klare Konturierung des Grundrechts ~~solle~~ die „vom Grundgesetz nicht vorgesehene Banalisierung der Grundrechte und die damit verbundene Ausuferung der Verfassungsbeschwerde rückgängig gemacht werden."[274] Aus diesem Sondervotum kann man die Notwendigkeit ableiten, dass das BVerfG seine eigene Funktion und Identität gegenüber den Fachgerichten gestalten und sich hiermit vor einem unüberschaubaren Verfahrensaufkommen schützen muss.

In der Praxis laden Beschwerdeführer häufig einfachrechtliche Fragen verfassungsrechtlich auf, um sie im Rahmen der Verfassungsbeschwerde rügefähig und begründungsfähig zu machen. Korioth sieht darin einen der Verfassungsbeschwerde immanenten Anreiz, der kaum zu vermeiden ist.[275] Für das BVerfG bedeutet dieser Umstand, dass es notwendig ist, die grundrechtliche Relevanz einer Verfassungsbeschwerde möglichst frühzeitig zu klären. Ansonsten ist absehbar, dass es zu einer massiven Arbeitsüberlastung des Gerichts kommt und die Diskussion über scheinbare Grundrechtsfragen die Bearbeitung tatsächlich grundrechtsrelevanter Konflikte jedenfalls teilweise verdrängt.

Aus diesem Grund nutzt das BVerfG das Substantiierungserfordernis als Maßstab für seine Annahmeentscheidungen. Der Beschwerdeführer muss deutlich machen, dass er die Verletzung von Grundrechten rügt. Bewegt sich das gesamte Vorbringen des Beschwerdeführers auf der Ebene des einfachen Rechts, ist seine Verfassungsbeschwerde nicht anzunehmen.[276]

---

273 BVerfG, Beschluss vom 05.07.1983 – 2 BvR 200/81, BVerfGE 64, 389, 394.

274 BVerfG, Beschluss vom 06.06.1989 – 1 BvR 921/85, BVerfGE 80, 137, 168; Korioth hält diese Auffassung für zustimmungswürdig, bezweifelt aber gleichzeitig, dass sie sich gegen die Rechtsprechung des BVerfG durchsetzt. Schlaich/Korioth, Das Bundesverfassungsgericht, Rn. 220.

275 Schlaich/Korioth, Das Bundesverfassungsgericht, Rn. 297.

276 Schlaich/Korioth, Das Bundesverfassungsgericht, Rn. 217; Berkemann, Das Annahmeverfahren der Verfassungsbeschwerde, AnwBl. 2020, S. 280, 281.

(2) *Praktische Probleme der neuen Funktion des Substantiierungserfordernisses*

In der Praxis prüft das BVerfG im Annahmeverfahren die Grundrechtsrelevanz nicht selten unter dem Gesichtspunkt einer hinreichend substantiierten Begründung. Das Substantiierungserfordernis ist eine Zulässigkeitsvoraussetzung, fungiert aber in der Praxis des Annahmeverfahrens als Universalwerkzeug der Zugangskontrolle, das die Prüfung anderer Zulässigkeitsvoraussetzungen, der verfassungsrechtlichen Relevanz und von Begründetheitsaspekten umfasst. Seine Anwendung hängt auch von der Intensität des Grundrechtseingriffs im konkreten Fall ab.[277] Das Spannungsfeld, das es mit dem Erfordernis der Substantiierung aufzulösen gilt, besteht zwischen einer wirksamen Entlastung des Verfassungsgerichts, einer ausgewogenen Aufgabenverteilung zwischen Fach- und Verfassungsgerichtsbarkeit sowie der Verwirklichung des Zwecks der Verfassungsbeschwerde und der Verfassungsgerichtsbarkeit.

Die hohen Anforderungen an die Substantiierung spielen eine wichtige Rolle bei der Bewältigung der großen Anzahl an Verfassungsbeschwerden im Annahmeverfahren. Barczak zufolge können diese Anforderungen damit gerechtfertigt werden, dass es sich bei der Verfassungsbeschwerde um einen „außerordentlichen Rechtsbehelf" handelt.[278] Durch den großen Beurteilungsspielraum, den das BVerfG bei der Prüfung der Substantiierung für sich in Anspruch nimmt, ergänze diese als „weiches" Zulässigkeitskriterium die restlichen „harten" Sachentscheidungsvoraussetzungen, die als Rechtsbegriffe zwar auslegungsfähig sind, jedoch keinen Ermessenspielraum lassen.[279] Der große Beurteilungsspielraum ermöglicht es dem BVerfG also, das Substantiierungserfordernis als „Filtermechanismus" flexibel einzusetzen, um das große Aufkommen an Verfassungsbeschwerdeverfahren zu regulieren.

Das Problem der aufgezeigten praktischen Handhabung des Substantiierungserfordernisses besteht vor allem in der mangelnden Einheitlichkeit der Maßstäbe. Was dem einen Richter an Substantiierung ausreicht, ist dem anderen Richter nicht genug. Für die Frage nach der ausreichenden bzw. nicht ausreichenden Substantiierung gibt es keinen verfahrensrechtlichen Mechanismus, der eine Einheitlichkeit unter den Kammern sicherstellt.[280] Barczak äußert, dass

---

277 Barczak, in: Barczak (Hrsg.), BVerGG, 2018, § 92 Rn. 3; Schlaich/Korioth, Das Bundesverfassungsgericht, Rn. 217, 222.

278 Barczak, in: Barczak (Hrsg.), BVerfGG, 2018, § 92 Rn. 6.

279 Barczak, in: Barczak (Hrsg.), BVerfGG, 2018, § 92 Rn. 3.

280 Barczak, in: Barczak (Hrsg.), BVerfGG, 2018, § 92 Rn. 3.

die Rechtsprechung insofern von einer umfangreichen Kasuistik, einem gehörigen Maß an Kreativität sowie von Beliebigkeit geprägt sei.[281] Das Zusammenspiel dieser Praxis mit der fehlenden Begründungspflicht für die ablehnenden Entscheidungen führt zur Intransparenz und Unvorhersehbarkeit der Ergebnisse. Dies stellt selbst für anwaltlich vertretene Beschwerdeführer eine große Schwierigkeit dar.

Ein weiteres praktisches Problem im Zusammenhang mit dem Begründungserfordernis neuer Funktion ist das Fehlen eines geeigneten Verfahrens. Das BVerfG braucht einen Filtermechanismus, den es im Annahmeverfahren einsetzen kann. In der Praxis dient hierzu das Begründungserfordernis, jedoch wird es dieser Funktion nicht gerecht, da es kein geeignetes Verfahren zur Prüfung der Frage der Grundrechtsrelevanz der Verfassungsbeschwerde gibt. Die Entscheidung darüber, ob es sich um eine grundrechtlich relevante Verfassungsbeschwerde handelt, ist viel wichtiger als die Entscheidung über das Begründungserfordernis.

Die Frage der Grundrechtsrelevanz eines Falles steht in unmittelbarem Zusammenhang mit dem Schutz der Grundrechte und der Auslegung der Verfassung und letztlich auch mit dem Rechtsstaatsprinzip. Entscheidungen in diesem Bereich bedürfen der intensiven Auseinandersetzung mit dem konkreten Fall und einer umfassenden Diskussion in rechtlicher Hinsicht. Im Rahmen eines diskussionsorientierten Verfahrens kann jeder Richter aus der Perspektive seiner Kollegen neue Denkansätze gewinnen. Das Gericht muss dem Beschwerdeführer und den anderen Verfahrensbeteiligten die Möglichkeit geben, die Bedeutung der im jeweiligen Verfahren aufgeworfenen Fragen darzulegen. Eines der größten Probleme der momentanen Praxis betrifft den Inhalt, die Schwerpunktsetzung und die Aufrichtigkeit der Kommunikation zwischen dem BVerfG und dem Beschwerdeführer. Auf Grundlage einer Auswertung der statistischen Zahlen zu den angenommenen Verfassungsbeschwerden kommt Korioth zu folgendem Ergebnis: „Trotz der ansteigenden Zahl der eingehenden Verfassungsbeschwerden und trotz des anfänglichen Fehlens des Annahmeverfahrens und der dann wechselnden Regelungen hat das BVerfG unbeirrt über all die Jahre hinweg eine mehr oder weniger konstante Zahl von Verfassungsbeschwerden in den beiden Senaten jährlich beraten und entschieden.“[282] Er schlussfolgert daraus, dass das BVerfG die Anzahl seiner Entscheidungen ganz offensichtlich nach Maßgabe seiner Arbeitskapazität begrenzt und Qualität der Quantität vorzieht.

281 Barczak, in: Barczak (Hrsg.), BVerfGG, 2018, § 92 Rn. 3.
282 Schlaich/Korioth, Das Bundesverfassungsgericht, Rn. 275.

Mit anderen Worten: Das BVerfG konzentriert sich auf die verfassungsrechtlich relevanten Fälle und filtert deshalb die restlichen Fälle heraus.

In dieser Situation geben die Beschwerdeführer und ihre Anwälte ihr Bestes, um die scheinbar schwierigsten Hürden zu nehmen: das Subsidiaritätsprinzip, das Substantiierungserfordernis und vor allem die Kombination beider Kriterien. Für Darlegungen, die sich hiermit befassen, verwenden sie die meiste Zeit, die meiste Mühe und die meisten Seiten ihrer Schriftsätze. Nicht nur der Vortrag des Beschwerdeführers bzw. seiner Anwältin, sondern auch die Bearbeitung im Dezernat, das Votum der Berichterstatterin und die Befassung der übrigen Kammermitglieder mit dem Fall widmen sich im Schwerpunkt diesen Verfahrensangelegenheiten.

Das BVerfG nimmt für sich in Anspruch, dass es jede Verfassungsbeschwerde genau prüft und anhand von Gesetz und Rechtsprechung über sie entscheidet. Das Problem ist, dass die für eine Nichtannahme angegebenen Gründe nicht unbedingt die wahren Gründe sind, aufgrund derer das Gericht entschieden hat. Dies führt zu einem Kommunikationskreislauf abseits der in Wirklichkeit relevanten Fragen.

Kapitel 4: Das Writ of Certiorari-Verfahren des US Supreme Court

A. Grundlagen des Gerichtssystems der Vereinigten Staaten

I. Das Bundesgerichtssystem der Vereinigten Staaten

Um den Zuständigkeitsbereich des US Supreme Court und das Writ of Certiorari-Verfahren einordnen zu können, soll zunächst ein Überblick über das Gerichtssystem der Vereinigten Staaten gegeben werden. Ein grundlegendes und zugleich sehr spezielles Merkmal des Gerichtssystems der Vereinigten Staaten ist sein dualer Aufbau, d. h. das Nebeneinander eigenständiger Gerichtssysteme auf Bundesebene und auf Ebene der einzelnen Bundesstaaten. Für einige Rechtsfragen sind ausschließlich Bundesgerichte zuständig, für andere ausschließlich die Gerichte der Bundesstaaten, wieder andere können in den Zuständigkeitsbereich beider Gerichtsbarkeiten fallen.[283]

Die Bundesgerichte der Vereinigten Staaten sind Gerichte mit beschränkter Zuständigkeit.[284] Damit sie zuständig sind, muss eine bundesrechtliche Frage (federal question) vorliegen. Dies ist unter anderem dann der Fall, wenn die Frage die Bundesverfassung oder ein Bundesgesetz betrifft sowie bei Bundesstrafsachen. Ein Bundesgericht darf sich nur dann mit einer Angelegenheit befassen, wenn sowohl eine verfassungsmäßige als auch eine gesetzliche Ermächtigung vorliegt.[285]

Das Bundesgerichtssystem der Vereinigten Staaten besteht aus drei Ebenen von Gerichten: Bundesbezirksgerichten (US District Courts), Bundesrevisionsgerichten (US Courts of Appeals) und dem US Supreme Court. Bundesbezirksgerichte sind erstinstanzlich zuständig für Verfahren auf den Gebieten des Straf-, Zivil- und Verwaltungsrechts.[286] Die zwölf Bundesrevisionsgerichte sind für Revisionen gegen

283 Carp, et al., Judicial Process in America, S. 25.

284 Carp, et al., Judicial Process in America, S. 76–77; Chemerinsky, Federal Jurisdiction, § 5.2.

285 Zum einen wird der Umfang der Zuständigkeit der Bundesgerichte in Art. 3 der US-Verfassung festgelegt. Dort ist beispielsweise der maximale Umfang der sachlichen Zuständigkeit der Bundesgerichte geregelt. Zum anderen spielt der Kongress eine wichtige Rolle bei der Begrenzung der Zuständigkeit der Bundesgerichte. Chemerinsky, Constitutional law, S. 38.

286 Carp, et al., Judicial Process in America, S. 76.

Endentscheidungen der Bundesbezirksgerichte des jeweiligen Bezirks zuständig (28 U.S.C. § 1291 (1982)).

Bundesbezirksgerichte sind Tatsachengerichte. Sie führen Beweisaufnahmen zur Sachverhaltsfeststellung durch und ein Richter oder eine Jury entscheidet, wer schuldig oder nicht schuldig ist – oder wer haftbar oder nicht haftbar ist. Bundesrevisionsgerichte verhandeln die Fälle nicht neu und erheben keine Beweise, sondern überprüfen Verfahren und Entscheidungen der Bundesbezirksgerichte, um sicherzustellen, dass das Verfahren fair war und das Recht korrekt angewendet wurde. Die in einem Verfahren vor einem Bundesbezirksgericht unterlegene Partei kann Revision beim zuständigen Bundesrevisionsgericht einlegen, wenn sie eine Rechtsverletzung im Gerichtsverfahren, durch das angewandte Recht oder durch die Art der Rechtsanwendung geltend macht. In der Regel hat sie aus diesen Gründen das Recht auf eine Überprüfung der Entscheidung durch ein Bundesrevisionsgericht.[287]

Die einzelnen Bundesstaaten haben ihre eigenen mehrstufigen Gerichtssysteme, die aus spezialisierten Gerichten, Tatsachengerichten und mehreren Ebenen von Rechtsmittelgerichten, einschließlich eines obersten bundesstaatlichen Gerichts, bestehen. Vor diesen Gerichten können auch Fragen des Bundesrechts und der Verfassungsmäßigkeit von Bundes- und bundesstaatlichen Gesetzen am Maßstab der US-Verfassung verhandelt werden. Der US Supreme Court kann Entscheidungen der obersten bundesstaatlichen Gerichte überprüfen, die die Verfassungsmäßigkeit von Bundes- und bundesstaatlichen Gesetzen am Maßstab der US-Verfassung oder die Gültigkeit der bundesstaatlichen Gesetze am Maßstab des Bundesrechts betreffen. Rein bundesstaatliche Rechtsfälle werden auf bundesstaatlicher Ebene verhandelt; eine Überprüfung durch den US Supreme Court findet nicht statt. Die Überprüfung von Entscheidungen der obersten bundesstaatlichen Gerichte durch den US Supreme Court fällt seit einer Rechtsreform im Jahr 1988 in den Anwendungsbereich des Certiorari-Verfahrens.[288]

II. Zuständigkeit und Identität des US Supreme Court

Der US Supreme Court ist das oberste Bundesgericht der Vereinigten Staaten und zugleich das einzige Gericht, das unmittelbar durch die Verfassung eingesetzt wurde. Art. 3. Sec. 1 der US-Verfassung regelt im Hinblick auf die rechtsprechende Gewalt Folgendes: „Die richterliche Gewalt der Vereinigten Staaten liegt bei einem obersten

287 Carp, et al., Judicial Process in America, S. 36–40, 75–79.

288 Die gesetzliche Befugnis des US Supreme Court zur Überprüfung von Entscheidungen staatlicher Gerichte findet sich in 28 U.S.C. 1257. Chemerinsky, Federal Jurisdiction, S. 676.

Bundesgericht und bei solchen unteren Gerichten, deren Errichtung der Kongress von Fall zu Fall anordnen wird."[289] Im Anschluss daran werden die einzelnen Fallgruppen aufgelistet, für die der US Supreme Court zuständig ist (Art. 3 Sec. 2 der US-Verfassung).

Zu unterscheiden sind die erstinstanzliche Zuständigkeit (original jurisdiction) des US Supreme Court und seine Zuständigkeit als Rechtsmittelgericht (appellate jurisdiction). Die erstinstanzliche Zuständigkeit betrifft nur wenige Fallgruppen, für die kein Instanzenzug vorgesehen ist. Der klare Schwerpunkt seiner Tätigkeit liegt im Bereich von Rechtsmittelverfahren. Diese Zuständigkeit umfasst die Befugnis des Gerichts, Entscheidungen nachgeordneter Gerichte zu überprüfen, zu ändern und aufzuheben. Durch diese Zuständigkeit steht der US Supreme Court als höchstes Gericht der Vereinigten Staaten an der Spitze des Instanzenzugs und ist nicht auf eine verfassungsrechtliche Prüfung beschränkt.[290]

In den Gesetzen, die die Rechtsmittelzuständigkeit des US Supreme Court festlegen, wird zwischen Revision (appeal) und Certiorari unterschieden. Sieht das Gesetz die Revision zum US Supreme Court vor und wird diese eingelegt, so ist das Gericht verpflichtet, den Fall mündlich zu verhandeln, in der Sache zu prüfen und über ihn zu entscheiden. Die praktische Bedeutung der Revision zum US Supreme Court ist stark zurückgegangen, seit der Gesetzgeber im letzten Jahrhundert ein neues Verfahren einführte, das sogenannte Writ of Certiorari-Verfahren. Sieht das Gesetz für einen Rechtsstreit das Writ of Certiorari-Verfahren vor, so liegt es im Ermessen des US Supreme Court, ob er den Fall annimmt oder nicht.[291] Durch mehrere Gesetzesänderungen wurde der Anwendungsbereich dieses Verfahrens erheblich erweitert, sodass heute in den allermeisten Fällen, für die der US Supreme Court zuständig ist, ein Writ of Certiorari zu beantragen ist.[292]

---

289 Der Originaltext lautet: The judicial Power of the United States shall be vested in one supreme Court, and in such inferior Courts as the Congress may from time to time ordain and establish. – Die deutsche Übersetzung orientiert sich an: Lerch, „Supreme Court", in: Enzyklopädie der Neuzeit Online, http://dx.doi.org/10.1163/2352-0248_edn_SIM_361664 (Abruf am 03.11.2021).

290 Hingegen gehört das BVerfG – obwohl es im Verfassungsbeschwerdeverfahren Entscheidungen anderer Gerichte überprüft – nicht zum Instanzenzug. Es überprüft nicht, ob die Fachgerichte das Fachrecht richtig angewendet haben, sondern nur, ob die letztinstanzliche Entscheidung in Einklang mit dem Grundgesetz steht.

291 Chemerinsky, Federal Jurisdiction, S. 672.

292 In den allermeisten Fällen wird der Certiorari-Antrag zurückgewiesen, sodass keine Überprüfung in der Sache stattfindet. Chemerinsky, Federal Jurisdiction, S. 672–673.

Der Tätigkeitsschwerpunkt und mithin auch die Identität des US Supreme Court haben sich in den letzten hundert Jahren stark verändert. Als Prüfungsgegenstand im Rahmen von Certiorari-Verfahren haben Verfassungs- und speziell Grundrechtsfragen stark an Bedeutung gewonnen. Der US Supreme Court betrachtet diese Bereiche als sein wichtigstes Betätigungsfeld, sodass entsprechende Fälle die größte Chance haben, zur Sachentscheidung angenommen zu werden. Obwohl die Verfassung der Vereinigten Staaten eine Verfassungsgerichtsbarkeit nicht explizit vorsieht, hat der US Supreme Court diese Funktion inne und widmet den größten Teil seiner Arbeitskapazität der Überprüfung staatlicher Maßnahmen, einschließlich der Gesetze des US-Kongresses, auf ihre Verfassungsmäßigkeit.[293] Faktisch hat er sich zu einer Art Verfassungsgericht entwickelt, das sich darüber hinaus noch mit einigen anderen, sehr wichtigen einfachgesetzlichen Fragen beschäftigt. Diese Veränderung, die nicht weniger als die Identität des Gerichts betrifft, geht auf die Einführung des Certiorari-Verfahrens zurück.[294]

B. Das Writ of Certiorari-Verfahren

I. Einleitung

Der ehemalige Richter am US Supreme Court John Marshall Harlan (Amtszeit von 1955 bis 1971), erklärte einmal, das Certiorari-System sei der Eckpfeiler der Arbeit des US Supreme Court, da es dem Gericht die Kontrolle über den Umfang und die Art seiner Tätigkeit ermögliche.[295]

Bei dem am US Supreme Court praktizierten Certiorari-Verfahren handelt es sich um ein ermessensbasiertes, frei ausgestaltetes Annahmeverfahren. Das Gericht wählt im Rahmen dieses Verfahrens die Fälle aus, die es zur Sachentscheidung annimmt. Im Unterschied zur Sachentscheidung liegt das Hauptaugenmerk der Certiorari-Überprüfung auf der Wichtigkeit des Falls oder der Frage des Falls. Die Ermessensbefugnis der Certiorari-Gerichtsbarkeit ist

---

293 In Marbury v. Madison, 5 U.S. 1 Cranch 137. (1803) hat der US Supreme Court ein Bundesgesetz für verfassungswidrig erklärt. Diese Entscheidung war maßgeblich für die Etablierung seiner Zuständigkeit für verfassungsrechtliche Fragen.

294 Richterin O'Connor hat die Themen der Fälle, in denen Certiorari gewährt wurde, analysiert und die Änderung der Tagesordnung des US Supreme Court untersucht. Justice O'Connor, The Majesty of the Law, S. 9–16.

295 Harlan, A Glimpse of the Supreme Court at work, Univ. Chicago Law School Record, 1963, S. 3, 4.

kein traditionelles Merkmal des US Supreme Court oder der amerikanischen Gerichtsbarkeit insgesamt.[296] Daher musste der Supreme Court vor der Einführung des Certiorari-Verfahrens Fälle, die entweder in seine erstinstanzliche Zuständigkeit oder in die vom Kongress vorgesehene Revisionszuständigkeit fallen, vollständig und umfassend prüfen.[297]

Der Ablauf des Certiorari-Verfahrens lässt sich wie folgt zusammenfassen: Eine unterlegene Prozesspartei kann als letzte Rechtsschutzmöglichkeit einen Writ of Certiorari-Antrag (Petition for Writ of Certiorari, hiernach Certiorari-Antrag) beim US Supreme Court stellen. Ein Certiorari-Antrag kann mit dem Ziel der Überprüfung der folgenden Entscheidungen eingereicht werden (28 U.S.C. §§ 1254, 1257):

- Entscheidungen von Bundesrevisionsgerichten
- Entscheidungen von höchsten bundesstaatlichen Gerichten, in denen die Gültigkeit eines Vertrages oder Gesetzes der Vereinigten Staaten in Frage gestellt wird, weil ein Widerspruch zur Verfassung, zu Verträgen oder zum Recht der Vereinigten Staaten besteht.[298]

---

296 Einige Rechtswissenschaftler in Deutschland argumentieren, dass das Annahmeverfahren nach Ermessen auf der amerikanischen und angelsächsischen Rechtstradition beruht. Dieses Argument wird verwendet, um sich gegen die Einführung dieses Verfahrens auszusprechen. So argumentiert Vitzthum, dass das „Writ of Certiorari" auf dem besonderen Rahmen des US Supreme Court beruhe, der Kultur der angelsächsischen Rechtstradition, der Geschichte des Kampfes um die Unabhängigkeit des Staates und der Überlebensstrategie des US Supreme Court. Zudem hat der US Supreme Court als Gericht der höchsten Instanz einen anderen Status als das BVerfG. Vitzthum, Annahme nach Ermessen bei Verfassungsbeschwerden?, S. 319, 333–337. Gegen diese Argumente kann man jedoch einwenden. Die folgenden Ausführungen zur Geschichte der Einführung des Writ of Certiorari-Verfahrens zeigen, dass, obwohl die Terminologie des Writ of Certiorari aus der angelsächsischen Rechtstradition stammt, das System des Writ of Certiorari-Verfahren selbst in der US-amerikanischen Rechtstradition eine ungewöhnliche und fremde Verfahrensart darstellt. Die Richter und Gesetzgeber haben sich für seine Einführung entschieden und seinen Anwendungsbereich sogar noch ausgeweitet, weil sie glaubten, dass das System dem Supreme Court die einzige Möglichkeit bietet, seine Rolle als Hüter der Verfassung zu erfüllen.t, da sie der Meinung waren, dass das System dem Supreme Court die einzige Möglichkeit bieten würde, seine Rolle als Hüter der Verfassung zu erfüllen.

297 Chemerinsky, Federal Jurisdiction, S. 672–673.

298 Nach der Rechtsreform von 1988 sind nur noch wenige Gesetze verblieben, die eine Revisionszuständigkeit vorsehen und den US Supreme Court zu einer Sachprüfung verpflichten. Shapiro, et al., The Supreme Court Practice, S. 76.

Der US Supreme Court, der sich aus einem obersten Richter (Chief Justice) und acht beisitzenden Richtern (Associate Justices) zusammensetzt, bildet in seiner Gesamtheit der neun Richtern (Full bench, Plenum) den Spruchkörper für das Certiorari-Verfahren.[299] Mindestens vier Richter müssen zustimmen, damit ein Fall zur Sachentscheidung angenommen wird. Der Antragsteller des Writ of Certiorari (petitioner, hiernach Antragsteller) kann zwar einen Certiorari-Antrag einreichen, er hat aber keinen Anspruch darauf, dass der US Supreme Court den Fall in der Sache überprüft.

Das Certiorari-System funktioniert nur deshalb, weil der US Supreme Court es nicht als seine Aufgabe ansieht, die Fehler der vorinstanzlichen Gerichte zu korrigieren. Im Jahr 1972 setzte der damalige Chief Justice Burger eine Expertengruppe ein, die sich mit der Arbeitsbelastung des Gerichts beschäftigen sollte. Die Gruppe, die sich aus Richtern, Anwälten, Sachverständigen sowie bekannten Wissenschaftlern wie Paul A. Freund als Vorsitzendem und Alexander Bickel zusammensetzte, legte einen Bericht zur Reform des Zugangs zum US Supreme Court vor. Darin definierte sie die Rolle des Gerichts wie folgt:

> *Wir akzeptieren und unterstreichen die traditionelle Ansicht, dass der US Supreme Court nicht einfach ein weiteres Gericht zur Korrektur von Irrtümern und für Revisionen ist. Seine Rolle ist eine besondere und wesentliche in unserer Rechts- und Verfassungsordnung: die von der Verfassung garantierten Rechte zu definieren und zu verteidigen, die Einheitlichkeit des Bundesrechts zu gewährleisten und die verfassungsmäßige Verteilung der Befugnisse in unserer föderalen Union zu erhalten.*[300]

Die Aufgabe des US Supreme Court besteht demnach nicht darin, unrichtige Entscheidungen untergeordneter Gerichte zu korrigieren; vielmehr hat er sich darauf zu konzentrieren, die Verfassung und wichtige Bundesgesetze auszulegen und dabei Antworten auf bedeutende rechtliche Fragen zu finden. Seit der Einführung des Certiorari-Verfahrens kann der US Supreme Court über die vorliegenden Anträge beraten und prüfen, welche Fälle und Rechtsfragen eine solche

---

299 Das BVerfG besteht aus zwei Senaten, denen jeweils acht Richterinnen und Richter angehören; vielfach treffen dreiköpfige Kammern die Entscheidungen des BVerfG. Hingegen verhandeln und beraten die neun Richterinnen und Richter des US Supreme Court stets gemeinsam (plenum, full bench). Dieser Unterschied kommt insbesondere im jeweiligen Vorprüfungsverfahren zum Tragen: Im Certiorari-Verfahren des US Supreme Court sind es neun Personen, die darüber entscheiden, welche Verfahren zur Sachprüfung angenommen werden und mit welchen Themen sich das Gericht befasst, im Annahmeverfahren des BVerfG sind es in aller Regel drei.

300 Bickel, The Caseload of the Supreme Court, American Enterprise Institute for Public Policy Research, S. 8.

Bedeutung haben, dass sie von ihm entschieden werden sollten. Das Gericht bestimmt seine Agenda mithin selbst.

Im folgenden Abschnitt werden die Einführung, die Entwicklung und die Funktion des Writ of Certiorari-Systems erörtert. Die Einführung des Writ of Certiorari-Verfahrens führte nicht nur zu einer Entlastung des US Supreme Court, sondern gestaltete den Charakter des Gerichts grundlegend um. Das Certiorari-Verfahren ermöglicht es außerdem, dass wichtige Rechtsfragen nicht nur unter den Richtern, sondern auch in gesellschaftlichen Institutionen und in der breiten Öffentlichkeit diskutiert werden.

II. Die Entstehung des Writ of Certiorari-Verfahrens

1. Chronologischer Überblick

Bis 1925 war der US Supreme Court verpflichtet, über die meisten bei ihm anhängigen Rechtssachen zu verhandeln und in der Sache zu entscheiden. Das Gericht erhielt seine Ermessensbefugnis erst mit Einführung des Writ of Certiorari-Systems.[301]

Das Certiorari-Verfahren wurde erstmals durch ein Gesetz des Kongresses aus dem Jahr 1891 eingeführt, das bestimmte Arten von Entscheidungen der unteren Instanzen nur nach Erlass eines Writs überprüfbar machte.[302] Zwischen Mitte der 1890er- und Ende der 1920er-Jahre ergingen etwa 16 Prozent der Entscheidungen des US Supreme Court auf diesem Weg. Die überwiegende Mehrheit der Fälle fiel in den Bereich der obligatorischen Zuständigkeit.[303] Aufgrund der steigenden Anzahl von Rechtsstreitigkeiten, die sich aus der industriellen Revolution und der zunehmenden staatlichen Regulierung um die Jahrhundertwende ergaben, konnte der US Supreme Court mit dem Verfahrenseingang nicht mehr Schritt halten.

Mit der Verabschiedung des Judiciary Act von 1925 (43 Stat. 936) entschärfte der Kongress das Problem der Arbeitsüberlastung des US Supreme Court, indem er die obligatorischen Revisionsrechte durch Anträge auf Certiorari ersetzte.[304] In der Folge erweiterte der Kongress die Ermessensbefugnis des US Supreme Court, indem er weitere obligatorische Rechtsmittel abschaffte und stattdessen

301 Chemerinsky, Federal Jurisdiction, S. 672–673.

302 Judiciary Act of 1891, 26 Stat. 826; mit diesem Gesetz wurde auch das neue System der US Courts of Appeals, der Circuit Courts of Appeals, eingeführt.

303 Epstein, et al., The Supreme Court Compendium, 2015, S. 63.

304 Supreme Court Practice, S. 235; Chemerinsky, Federal Jurisdiction, S. 672–673.

das Certiorari-System einführte. Seit einer erneuten Gesetzesänderung im Jahr 1988 findet das Writ of Certiorari-Verfahren auf fast alle Verfahren vor dem US Supreme Court Anwendung. Der Kongress erließ das „Gesetz zur Verbesserung der Justizverwaltung", mit dem praktisch die gesamte nicht ermessensabhängige Zuständigkeit des US Supreme Court abgeschafft wurde.[305] Nur ein winziger Bruchteil dieser Zuständigkeiten ist verblieben, der sich aus einigen wenigen Gesetzen ergibt, bei denen der Kongress es weiterhin für angemessen hält, zur Lösung wichtiger und komplexer gesetzlicher Probleme Bezirksgerichte mit drei Richtern einzusetzen.[306]

2. *Die Debatte im Kongress anlässlich der Einführung des Writ of Certiorari-Verfahrens*

Der Judiciary Act des Jahres 1925 wird auch „Judges' Bill" genannt, da die Initiative für die Reform maßgeblich von den Richtern des US Supreme Court ausging, insbesondere von dessen Chief Justice William Howard Taft.[307] Direkt nach seinem Amtsantritt berief er eine Kommission am US Supreme Court ein, die Reformvorschläge für das Annahmeverfahren ausarbeiten sollte. Drei Richter des US Supreme Court (Day, Van Devanter, McReynolds) wurden zu Mitgliedern der Kommission ernannt. Taft selbst und seine Kollegen verfassten den Gesetzentwurf für die Verfahrensreform und setzten sich aktiv für die Novellierung ein.[308]

Das United States House Committee on the Judiciary (House Judiciary Committee) veranlasste eine Reihe von Anhörungen, in denen der Gesetzentwurf des US Supreme Court zur Diskussion gestellt wurde. Chief Justice Taft und die weiteren Richter, die an der Vorbereitung mitgewirkt hatten, nahmen an diesen Anhörungen teil und erläuterten die wesentlichen Inhalte des Entwurfs.[309]

---

305 Act to Improve the Administration of Justice (1988), 102 Stat. 4642. Mit diesem Gesetz wurden praktisch alle nicht im Ermessen liegenden Zuständigkeiten des Gerichts abgeschafft, mit Ausnahme von Revisionen in Reapportionment-Fällen (Neuverteilung von Wahlkreisen und Abgeordnetensitzen) und Klagen nach dem Civil Rights Act, dem Voting Rights Act, den Kartellgesetzen und dem Presidential Election Campain Act. Epstein, et al., The Supreme Court Compendium, 2015, S. 37.

306 Shapiro, et al., The Supreme Court Practice, S. 76.

307 Taft wurde 1921 zum Obersten Richter des US Supreme Court ernannt. Er war sowohl Jurist als auch Politiker und als solcher von 1909 bis 1913 Präsident der Vereinigten Staaten. Hartnett, Questioning Certiorari, in: Columbia Law Review, S. 1643, 1661.

308 Hartnett, Questioning Certiorari, Columbia Law Review, 2000, S. 1643, 1663–1664.

309 Hartnett, Questioning Certiorari, Columbia Law Review, 2000, S. 1643, 1665.

Im März 1922 äußerte sich Chief Justice Taft in einer Anhörung vor dem House Judiciary Committee wie folgt zur Aufgabe des US Supreme Court und zum Hauptziel der Verfahrensreform:

> *Keine Prozesspartei hat einen Anspruch auf mehr als zwei Instanzen, namentlich das erstinstanzliche Verfahren und das Rechtsmittelverfahren, für das die Rechtsmittelgerichte vorgesehen sind. Wenn ein Verfahren über das Rechtsmittelverfahren hinausgeht, so geht es nicht in erster Linie darum, die Rechte der Prozessparteien zu wahren. Die Aufgabe des Supreme Court besteht darin, die Rechtsgrundsätze zum Wohle der Bevölkerung des Landes zu erläutern und zu stabilisieren und verfassungsrechtliche Fragen und andere wichtige Rechtsfragen zum Wohle der Allgemeinheit zu klären. Er hat die Aufgabe, die Einheit der Rechtsprechung der Bundesrevisionsgerichte zu wahren.*[310]

Zentrale Diskussionspunkte in den Ausschussanhörungen waren, ob gesetzliche Annahmekriterien – etwa das Kriterium des Vorliegens einer Verfassungsfrage – vorgesehen werden sollten und ob ein Kammersystem erlaubt sein sollte.

(1) Diskussion über die gesetzliche Normierung von Annahmekriterien

Zur Diskussion stand zunächst die Frage, ob der Gesetzgeber Certiorari-Kriterien vorgeben solle, gemäß derer die Annahme zur Entscheidung verpflichtend ist. Chief Justice Taft lehnte dieses Vorhaben ab und beschrieb die Problematik wie folgt: „Es ist sehr schwierig, alle wichtigen Fälle einzubeziehen, und es ist sehr schwierig, die unwichtigen Fälle auszuschließen, indem man die Kriterien im Voraus festlegt.“[311]

Auch Richter McReynolds äußerte sich ablehnend zu gesetzlich normierten Certiorari-Kriterien:

> *Jemand muss festlegen, welche Fälle an unser Gericht gelangen dürfen. Wenn Sie diese Aufgabe übernehmen und in einem besonderen Gesetz spezifizieren, welche Fälle Zugang erhalten dürfen und welche nicht, werden Sie feststellen, dass eine enorme Schwierigkeit auftritt. Es ist fast unmöglich, sie mit ausreichender Genauigkeit und Bestimmtheit zu definieren, und es sollte eine gewisse Flexibilität geben, und diese Flexibilität wird durch das Certiorari-System gewonnen.*[312]

Die Richter argumentierten, gesetzlich vorgegebene Maßstäbe und Kriterien kämen an ihre Grenzen, wenn es darum geht, die Wichtigkeit im Einzelfall

---

310 Hartnett, Questioning Certiorari, Columbia Law Review, 2000, S. 1643, 1665.

311 Hartnett, Questioning Certiorari, 2000, S. 1643, 1665; Jurisdiction of Circuit Courts of Appeals and United States Supreme Court: Hearing Before the House Comm. on the Judiciary, 67th Cong. 30 (1922) (Erklärung von James M. Beck, Solicitor General) 3–4.

312 Hartnett, Questioning Certiorari, Columbia Law Review, 2000, S. 1643, 1687.

abstrakt zu definieren. Deshalb müsse das Gericht bei der Beurteilung der Wichtigkeit eines Falls über einen Ermessenspielraum verfügen.

(2) Diskussion über das Vorliegen einer verfassungsrechtlichen Frage als Annahmekriterium

Bei der Anhörung vor dem House Judiciary Committee im Jahr 1922 wurde auch darüber diskutiert, ob das Vorliegen einer verfassungsrechtlichen Frage ein geeignetes Kriterium für eine Annahmepflicht sei.[313]

Der Generalanwalt der Vereinigten Staaten (United States Solicitor General) James Beck nahm als Sachverständiger an der Anhörung teil. Er lehnte die Normierung einer Annahmepflicht bei Vorliegen einer verfassungsrechtlichen Frage unter anderem wegen des „tödlichen Erfindungsreichtums von Anwälten" ab.[314]

Chief Justice Taft und die anderen Richter räumten ein, dass der verfassungsrechtliche Bezug ein Indikator für die Wichtigkeit der Frage sein könne, wiesen aber gleichzeitig darauf hin, dass die Festschreibung dieses Kriteriums dem Ziel der Reform nicht förderlich sei. Chief Justice Taft argumentierte damit, dass auch das Vorliegen einer verfassungsrechtlichen Frage nicht zwingend deren Wichtigkeit impliziere:

> *Es ist ein Irrtum anzunehmen, dass die bloße Benennung einer Verfassungsfrage etwas ist, das die Annahme zur Entscheidung erforderlich machen sollte. Das Gericht sollte in der Lage sein, festzustellen, ob das Vorbringen nach anerkannten verfassungsrechtlichen Grundsätzen wirklich Substanz hat. Man kann sich auf den vierzehnten Zusatzartikel und den fünften Zusatzartikel (14th and 5th Amendment of the US Constitution) berufen, und man kann eine Menge Nebel erzeugen. Das ist das Tagesgeschäft des Gerichts, weshalb es die Möglichkeit haben sollte, den Nebel zu beseitigen, indem es sagt: Obwohl dieser Fall vorgibt, eine Verfassungsfrage zu beinhalten, ist das in Wirklichkeit nicht so und wir verwerfen ihn.*[315]

(3) Diskussion über die Einführung von Kammern für das Certiorari-Verfahren

Letztlich wurde auch die geeignete Größe des Spruchkörpers thematisiert. Die Abgeordneten erkundigten sich, ob geplant sei, den US Supreme Court in

313 Der deutsche Gesetzgeber hat 1993 das Kriterium der grundsätzlichen verfassungsrechtlichen Bedeutung eingeführt (§ 93a Abs. 2 BVerfGG), bei dessen Vorliegen eine Verfassungsbeschwerde zur Entscheidung anzunehmen ist.

314 Hartnett, Questioning Certiorari, Columbia Law Review, 2000, S. 1643, 1670.

315 Hartnett, Questioning Certiorari, Columbia Law Review, 2000, S. 1643, 1690.

mehrere Kammern aufzuteilen und das Certiorari-Verfahren diesen Kammern zuzuweisen.[316]

Richter Van Devanter erläuterte daraufhin, dass der US Supreme Court seit 1891 bei einer begrenzten Anzahl von Fällen von der Certiorari-Gerichtsbarkeit Gebrauch gemacht habe. Er beschrieb ausführlich das Verfahren, das der US Supreme Court für die ermessensbasierte Erledigung dieser Fälle in der Zeit vor 1925 eingeführt hat, und er sicherte zu, dass das Gericht bei der Wahrnehmung der erweiterten Certiorari-Gerichtsbarkeit dasselbe Verfahren anwenden wird.[317] Richter Van Devanter betonte, dass jedes Mitglied des Gerichts Certiorari-Anträge und -Schriftsätze selbst prüfe. Auch das Abstimmungsverfahren im Writ of Certiorari-Verfahren entspreche dem Abstimmungsverfahren in anderen Verfahrensarten. Die traditionelle Praxis setze voraus, dass das Plenum für das Certiorari-Verfahren zuständig ist.[318]

Den Richtern des US Supreme Court stand es frei, interne Verfahren zu entwickeln. Sie gestalteten das Certiorari-Verfahren so, dass die Arbeitslast möglichst zügig und effektiv bewältigt werden kann. Das Verfahren ist dennoch in vielerlei Hinsicht über die Jahre hinweg konstant geblieben. Eines der auffälligsten Merkmale, das unverändert bleibt, ist die Zuständigkeit des Plenums für das Certiorari-Verfahren.[319]

III. Die Entscheidungsfindung im Writ of Certiorari-Verfahren

Es gibt keine gesetzlichen Vorschriften, die das interne Verfahren, die Beratungen der Richter und die Standards der Annahme zur Entscheidung regeln. Der US Supreme Court hat das Verfahren in seiner Praxis entwickelt und später seine eigenen Verfahrensregeln geschaffen, darunter die „Rules of the Supreme Court of the United States“ (hiernach Supreme Court Rules).[320] In diesem Abschnitt

---

316 Hartnett, Questioning Certiorari, Columbia Law Review, 2000, S. 1643, 1665.

317 Stevens, The Life Span of a Judge-Made Rule, 58 N.Y.U. Law Rev. 1, 10–13 (1983); Shapiro, et al., The Supreme Court Practice, S. 315.

318 Hartnett, Questioning Certiorari, Columbia Law Review, S. 1643, 1677.

319 Shapiro, et al., The Supreme Court Practice, S. 316.

320 Obwohl der US Supreme Court als Bundesgericht den vom Kongress erlassenen gesetzlichen Regelungen untersteht, hat er ein bemerkenswertes Maß an Unabhängigkeit erreicht. Eine der wichtigsten Errungenschaften ist die Befugnis des Gerichts, seine Verfahrensordnung selbst zu erlassen. Shapiro, et al., The Supreme Court Practice, S. 11.

werden die Vorschriften der am 18. April 2019 angenommenen und am 1. Juli 2019 in Kraft getretenen Supreme Court Rules zitiert.[321]

1. *Beratung im Plenum (full bench conference)*

Das wichtigste interne Verfahren des US Supreme Court, das sich mit Certiorari-Fällen befasst, ist die Beratung der Richter, in der darüber diskutiert und entschieden wird, ob der Antrag auf Certiorari angenommen wird.[322] Beim US Supreme Court wird ein Antrag auf Certiorari von allen neun Richtern geprüft.[323] Daher werden der Certiorari-Antrag und der gegnerische Schriftsatz an alle neun Richter verteilt. Diese Praxis bedeutet eine immense Arbeitsbelastung für den US Supreme Court, der mit einer wachsenden Anzahl von Certiorari-Anträgen konfrontiert ist. Daher hat das Gericht einige Instrumente eingeführt, mit denen es seine Funktion aufrechterhalten kann, ohne die Praxis der Plenarberatung aufzugeben.[324] Hierauf wird später noch eingegangen.

Die Beratung findet normalerweise jeden Freitag statt. Alle Richter des US Supreme Court beraten die Certiorari-Fälle, die auf der Diskussionsliste des Beratungstermins stehen. Am Ende der Beratung eines jeden Falles entscheiden die Richter durch Abstimmung, ob der Antrag auf Certiorari angenommen oder abgelehnt wird.[325]

Der ehemalige Chief Justice Rehnquist beschreibt, dass der Chief Justice den anderen Richtern in der Beratung eine Einführung in den Inhalt und die vorgelegten Fragen des Certiorari-Antrags gibt:

> *Bei jeder Beratung erläutert der Chief Justice kurz den Sachverhalt und die Fragen in jedem der besprochenen Certiorari-Fälle und gibt seine Empfehlung zur Entscheidung ab. Die anderen Richter können dann ihre Stellungnahme in der Reihenfolge ihres Dienstalters abgeben, woraufhin eine Abstimmung erfolgt.*[326]

---

321 https://www.supremecourt.gov/filingandrules/rules_guidance.aspx

322 Linzer, The meaning of Certiorari denials, Columbia Law Review, 1979, S. 1227, 1249.

323 Einer der wichtigsten Unterschiede zwischen dem Annahmeverfahren des BVerfG und dem Certiorari-Verfahren des US Supreme Court ist der zuständige Spruchkörper. Das BVerfG hat ein System mit dreiköpfigen Kammern eingeführt. Diese führen in aller Regel das Annahmeverfahren für Verfassungsbeschwerden durch.

324 So sind beispielsweise die Question Presented, der Certiorari-Pool und die Discuss List wirksame Instrumente, die der US Supreme Court einsetzt. Auf sie wird im Folgenden näher eingegangen.

325 Shapiro, et al., The Supreme Court Practice, S. 324.

326 Rehnquist, The Supreme Court, S. 254.

Es bedarf nur der Stimmen von vier Richtern, um Certiorari zu gewähren. Wenn ein Fall keine vier Stimmen erhält, wird der Antrag abgelehnt. Die Ablehnung eines Certiorari-Antrags ist keine Entscheidung in der Sache selbst, sie bewirkt aber, dass die Entscheidung der unteren Instanz rechtskräftig wird.[327]

2. *Notwendigkeit eines Ermessensspielraums des Gerichts*

Die Certiorari-Gerichtsbarkeit des US Supreme Court stellt die Annahme des Falls per Gesetz in das Ermessen des Gerichts.[328] Es gibt keine gesetzlich vorgeschriebenen Kriterien für die Gewährung des Writ of Certiorari. Der US Supreme Court kann anhand der Bedeutung der Rechtsfragen in einem bestimmten Fall über die Gewährung des Writ of Certiorari entscheiden.

Es gibt drei praktische Gründe, die den Ermessensspielraum des Certiorari-Systems rechtfertigen.

Erstens sind viele Rechtssachen nicht wichtig genug oder ungeeignet für eine Prüfung und Sachentscheidung durch den US Supreme Court. Der ehemalige Chief Justice des US Supreme Court Charles Evans Hughes (Amtszeit von 1930 bis 1941) stellte fest:

> *Ich denke, man kann mit Sicherheit sagen, dass fast 60 Prozent der Anträge auf Certiorari völlig unbegründet sind und niemals hätten gestellt werden dürfen. Darüber hinaus gibt es wahrscheinlich etwa 20 Prozent, die ein gewisses Maß an Plausibilität aufweisen, aber einer kritischen Prüfung nicht standhalten. Der Rest, der meines Erachtens weniger als 20 Prozent ausmacht, ist stichhaltig begründet und wird zugelassen.*[329]

Zweitens gibt es bei der Beratung der Richter unterschiedliche Sichtweisen bezüglich der Wichtigkeit eines Falles. Sie kann nicht mit einer Liste spezifischer Kategorien durch das Gesetz definiert werden; vielmehr muss das Gericht im Einzelfall darüber diskutieren und entscheiden. Der ehemalige Richter John M. Harlan erläuterte das Wesen des Certiorari-Systems, das zu Beratungen anregt, wie folgt: „Das Certiorari-System bietet dem Supreme Court die Möglichkeit,

---

327 Shapiro, et al., The Supreme Court Practice, S. 335.

328 Im Gesetz wird zwischen Revisionen und Anträgen auf Certiorari unterschieden. 28 U.S.C. § 1254 (1982).

329 Brief an Senator Burton Wheeler, abgedruckt in: US Congress, Senate, Committee on the Judiciary, Hearings on the Reorganization of the Federal Judiciary, S. Rept. No. 711, 75th Congress, 1st Session, S. 40 (Government Printing Office, 1937), zitiert nach: O'Brien, Judges on Judging, S. 49.

bei der Entscheidung von Rechtssachen reifere Überlegungen anzustellen, als es sonst möglich wäre.“[330]

Drittens zieht der US Supreme Court weitere Faktoren und Bedingungen zur Rechtsfindung heran. Auch bei dieser Bewertung ist ein Ermessensspielraum notwendig. Hinsichtlich der Entscheidung über die Gewährung von Certiorari vertritt der US Supreme Court die Ansicht, dass er bestimmte Bedingungen benötigt, wie z. B. genügend Konflikte und Debatten zwischen verschiedenen Gerichten, um selbst eine bessere Entscheidung treffen zu können. Das Gericht kann seine Ablehnung der Überprüfung damit begründen, dass der Fall vor dem falschen Gericht oder zum falschen Zeitpunkt vorgelegt wurde.[331]

Bei der Certiorari-Entscheidung braucht der US Supreme Court unbedingt einen Ermessensspielraum. Würde der Gesetzgeber detaillierte Kriterien vorgeben, so würde das Verfahren nicht funktionieren. David Schapiro weist darauf hin, dass es anmaßend und nicht zielführend wäre, einen erschöpfenden Katalog von Ablehnungskriterien aufzustellen. Er würde sich schnell als unvollständig erweisen.[332] Shapiro dennoch verweist darauf, dass Ermessen keine unkontrollierte oder willkürliche Befugnis beinhalte, gleichartige Fälle unterschiedlich zu entscheiden, sondern eine Befugnis, die eine Verpflichtung zu begründeten und artikulierten Entscheidungen mit sich bringe und daher in einem Rechtssystem fortbestehen könne.[333] Man könnte jedoch argumentieren, dass der Ermessensspielraum gefährlich sei, weil er es dem Gericht ermögliche, den Schutz der Bürger zu umgehen, wenn ihre Rechte verletzt werden.

Der US Supreme Court hat freies Ermessen. Gleichwohl bedeutet dies nicht, dass das Gericht nach Belieben oder gar willkürlich entscheiden könnte. Definitive Kriterien sind kein geeignetes Mittel, um willkürliche Entscheidungen zu verhindern. Dies wird vielmehr durch die Diskussion der verschiedenen Perspektiven der Richter im Plenum und die Vier-Stimmen-Regel erreicht.

---

330 Harlan, Some aspects of the Judicial Process in the Supreme Court of the United States, Australian Law Journal, 1959, S. 108 ff., zitiert nach: O'Brien, Judges on Judging, S. 49.

331 Shapiro, Jurisdiction and discretion, N.Y.U. Law Rev. 1985, S. 543, 547.

332 Shapiro, Jurisdiction and discretion, N.Y.U. Law Rev. 1985, S. 543, 578.

333 Shapiro, Jurisdiction and discretion, N.Y.U. Law Rev. 1985, S. 543, 578.

3. *Vorgaben für die Certiorari-Entscheidung*

(1) Supreme Court Rule 10

1949 erläuterte der damalige Chief Justice des US Supreme Court Frederick M. Vinson (Amtszeit von 1946 bis 1953) den Zweck der Certiorari-Überprüfung und die Standards für die Gewährung von Certiorari wie folgt:

> *Der US Supreme Court ist nicht in erster Linie mit der Korrektur von Fehlern in Entscheidungen der unteren Instanzen befasst und war es auch nie. In fast allen Fällen, die in die Zuständigkeit des Supreme Court fallen, hat der Antragsteller bereits eine Revisionsprüfung seines Falls erhalten. […] Wenn wir jeden Fall annehmen würden, in dem eine interessante Rechtsfrage aufgeworfen wird oder in dem wir den ersten Eindruck haben, dass die Entscheidung der unteren Instanz fehlerhaft ist, könnten wir die verfassungsmäßigen und gesetzlichen Aufgaben, die dem Gericht übertragen wurden, nicht erfüllen. Um leistungsfähig zu bleiben, muss der US Supreme Court auch weiterhin nur solche Fälle entscheiden, die Fragen aufwerfen, deren Lösung eine unmittelbare Bedeutung weit über den einzelnen Sachverhalt und die beteiligten Parteien hinaus hat.*[334]

Der US Supreme Court hat auf der Grundlage seiner langjährigen Praxis Standards für die Gewährung von Certiorari entwickelt und einige dieser Standards auch in seine selbst geschaffenen Regeln, die Supreme Court Rules, aufgenommen, insbesondere in Supreme Court Rule 10.

Bei den Supreme Court Rules handelt es sich nicht um ein Gesetz, das vom Parlament erlassen wird. Dennoch spielen sie eine wichtige Rolle, die im Hinblick auf die Rechtsstaatlichkeit mit der eines Gesetzes vergleichbar ist. Die in der Supreme Court Rule 10 vorgesehenen Kategorien erhöhen die Vorhersehbarkeit der Entscheidung aus der Sicht der Parteien und der Bürger. Sie verringern auch die Gefahr einer willkürlichen Entscheidung durch den US Supreme Court. Die Richter können in der Certiorari-Rechtsprechung ihre abweichende Meinung bekanntgeben und ihre Argumente mit Hilfe der Kategorien in Supreme Court Rule 10 untermauern. Da es keine höhere Instanz gibt, die die Entscheidungen des US Supreme Court kontrollieren könnte, ist die einzig wirksame Kontrolle gegen willkürliche Entscheidungen die Selbstkontrolle durch die Richter des US Supreme Court. Wenn sich die Richter in ihrer Diskussion und bei abweichenden Meinungen auf die Supreme Court Rules berufen können, haben diese fast die gleiche Kraft wie die Bestimmungen eines Gesetzes.

---

334 Chief Justice Vinson, Work of the Federal Courts, Speech before the American Bar Association (7. September 1949), zitiert nach: Shapiro, et al., The Supreme Court Practice, S. 236.

Die derzeitige Bestimmung in Supreme Court Rule 10, die 1995 geändert wurde, ist der jüngste Versuch, die seit Langem für die Gewährung von Certiorari geltenden Faktoren neu zu ordnen, zu aktualisieren und zu vereinfachen.[335] Obwohl die neu gefassten Erwägungsgründe etwas präziser formuliert und besser geordnet sind, bieten sie immer noch keine klaren Vorgaben, wann Certiorari zu gewähren ist.[336]

Supreme Court Rule 10 stellt gleich zu Beginn klar, dass die Überprüfung eines Certiorari-Antrags eine Frage des richterlichen Ermessens ist, dass kein Rechtsanspruch darauf besteht und dass Certiorari „nur aus zwingenden Gründen" gewährt wird. Die in Supreme Court Rule 10 vorgesehenen Gründe stehen unter dem Vorbehalt, das richterliche Ermessen „weder binden noch voll umschreiben zu wollen". Vielmehr geben sie lediglich „das Wesen der Gründe" an, die vom Gericht berücksichtigt werden.

Bei der Novellierung von 1995 wurde Supreme Court Rule 10 um einen wichtigen Hinweis ergänzt, der sich an diejenigen richtet, die einen Certiorari-Antrag stellen wollen: Einem Certiorari-Antrag wird nur selten stattgegeben, wenn der geltend gemachte Fehler in einer fehlerhaften Tatsachenfeststellung oder in der falschen Anwendung einer ordnungsgemäß erlassenen Rechtsnorm besteht.

---

335 Der vollständige Wortlaut von Supreme Court Rule 10 lautet wie folgt:

> Rule 10: Review on Writ of Certiorari is not a matter of right, but of judicial discretion. A petition for a Writ of Certiorari will be granted only for compelling reasons. The following, although neither controlling nor fully measuring the Court's discretion, indicate the character of the reasons the Court considers:

(a) a United States court of appeals has entered a decision in conflict with the decision of another United States court of appeals on the same important matter; has decided an important federal question in a way that conflicts with a decision by a state court of last resort; or has so far departed from the accepted and usual course of judicial proceedings, or sanctioned such a departure by a lower court, as to call for an exercise of this Court's supervisory power;
(b) a state court of last resort has decided an important federal question in a way that conflicts with the decision of another state court of last resort or of a United States court of appeals;
(c) a state court or a United States court of appeals has decided an important question of federal law that has not been, but should be, settled by this Court, or has decided an important federal question in a way that conflicts with relevant decisions of this Court.
A petition for a Writ of Certiorari is rarely granted when the asserted error consists of erroneous factual finding or the misapplication of a properly stated rule of law.

336 Shapiro, et al., The Supreme Court Practice, S. 238.

Damit macht der US Supreme Court deutlich, dass er seine Arbeitskraft nur für solche Fälle verwenden wird, die Fragen von nationaler Bedeutung aufwerfen, bei denen es also einen „zwingenden" Grund gibt, den US Supreme Court anzurufen.

(2) Erwägungen, die für die Gewährung des Writ of Certiorari sprechen

1) Gruppen von Erwägungen

In Supreme Court Rule 10 werden die Erwägungen für die Gewährung eines Writ of Certiorari wie folgt in drei grundlegende Gruppen eingeteilt.

(a) Entscheidungen von Bundesrevisionsgerichten

Für die Gewährung von Certiorari spricht es, wenn ein Bundesrevisionsgericht

- eine Entscheidung getroffen hat, die mit der Entscheidung eines anderen Bundesrevisionsgerichts in derselben wichtigen Angelegenheit kollidiert;
- eine wichtige Bundesfrage in einer Weise entschieden hat, die mit der Entscheidung eines letztinstanzlichen Gerichts eines Bundesstaates kollidiert;
- so weit von dem akzeptierten und üblichen Ablauf eines Gerichtsverfahrens abgewichen ist oder eine solche Abweichung durch ein untergeordnetes Gericht gebilligt hat, dass die Ausübung der Aufsichtsbefugnis des Supreme Court erforderlich ist.

(b) Entscheidungen letztinstanzlicher Gerichte eines Bundesstaates

Für die Gewährung von Certiorari spricht es, wenn ein letztinstanzliches Gericht eines Bundesstaates eine wichtige Bundesfrage in einer Weise entschieden hat, die mit der Entscheidung eines anderen letztinstanzlichen Gerichts eines Bundesstaates oder eines Bundesrevisionsgerichts in Widerspruch steht.

(c) Entscheidungen von bundesstaatlichen Gerichten oder Bundesrevisionsgerichten

Für die Gewährung von Certiorari spricht es, wenn ein bundesstaatliches Gericht oder ein Bundesrevisionsgericht

- eine wichtige Frage des Bundesrechts entschieden hat, die vom US Supreme Court noch nicht geklärt wurde, aber geklärt werden sollte;
- eine wichtige Bundesfrage in einer Weise entschieden hat, die im Widerspruch zu einschlägigen Entscheidungen des US Supreme Court steht.

Innerhalb jeder einzelnen Gruppe gibt es verschiedene Erwägungen, die für die Gewährung von Certiorari relevant sind. Im Folgenden werden die Rechtsprechung und die Praxis des US Supreme Court in Bezug auf wichtige, in Supreme Court Rule 10 genannte Erwägungen erläutert.

2) Widerspruch zwischen den Entscheidungen verschiedener Bundesrevisionsgerichte

Der US Supreme Court gewährt häufig, aber nicht immer, Certiorari, wenn die Entscheidung eines Bundesrevisionsgerichts, deren Überprüfung beantragt wird, in direktem Widerspruch zu einer Entscheidung eines anderen Bundesrevisionsgerichts in derselben Frage des Bundesrechts oder in derselben Frage des allgemeinen Rechts steht, über die Bundesgerichte unabhängig urteilen können.[337]

Einer der Hauptzwecke der Certiorari-Gerichtsbarkeit besteht darin, die Einheitlichkeit der Entscheidungen in diesen Angelegenheiten unter den Bundesrevisionsgerichten zu gewährleisten.[338] Daher sollte ein eindeutiger und unüberbrückbarer Widerspruch dieser Art normalerweise ausreichen, um eine Überprüfung herbeizuführen, vorausgesetzt, dass die zugrunde liegende Frage von erheblicher praktischer Bedeutung ist.[339]

1995 wurde der in Supreme Court Rule 10 enthaltene Verweis auf Widersprüche, die die Gewährung von Certiorari rechtfertigen, um das Kriterium der Wichtigkeit ergänzt. Dies bestätigt, dass der US Supreme Court Fälle mit unwichtigen Widersprüchen oder Konflikten nicht als annahmewürdig ansieht. Mit der Änderung wurde die langjährige Praxis des Gerichts kodifiziert, Certiorari zu verweigern, wenn der geltend gemachte Konflikt als unwichtig angesehen wurde.[340]

Die Praxis des US Supreme Court zeigt, dass ein hohes Maß an Wichtigkeit auch dann erforderlich sein kann, wenn ein Widerspruch in der Auslegung eines Gesetzes in den unteren Instanzen besteht. Manchmal ziehen es die Richter vor, weitere Rechtsstreitigkeiten abzuwarten, die zu einem Konsens oder einer

337 Shapiro, et al., The Supreme Court Practice, S. 243. Die vorinstanzliche Entscheidung muss nicht zu einem Konflikt führen. Es reicht aus, wenn sich der Konflikt „nachträglich entwickelt“, wenn der Fall den US Supreme Court erreicht. 409 U.S. 151, 153 (1972).

338 516 U.S. 99 106 (1995).

339 131 S. Ct. 1101 (2010).

340 Shapiro, et al., The Supreme Court Practice, S. 244.

zufriedenstellenden Mehrheitsmeinung über die Auslegung unter den unteren Gerichten führen könnten.[341]

3) Widerspruch zwischen Entscheidungen eines Bundesrevisionsgerichts und des US Supreme Court

Ein direkter Widerspruch zwischen der Entscheidung eines Bundesrevisionsgerichts (oder der Entscheidung eines letztinstanzlichen bundesstaatlichen Gerichts), deren Überprüfung beantragt wird, und einer Entscheidung des US Supreme Court ist einer der stärksten möglichen Gründe für die Gewährung von Certiorari. Ein solcher Widerspruch muss sowohl unmittelbar als auch offensichtlich sein.[342]

Supreme Court Rule 10 bezieht sich auf den Fall, dass ein Bundesrevisionsgericht eine wichtige bundesrechtliche Frage in einer Weise entschieden hat, die im Widerspruch zu den einschlägigen Entscheidungen des US Supreme Court steht. Anwälte neigen jedoch dazu, jede Entscheidung in einem Rechtsstreit, den sie in einer unteren Instanz verloren haben, als Widerspruch zu einer Entscheidung oder Doktrin des US Supreme Court zu betrachten. Ein Certiorari-Antrag, der sich auf eine derart konstruierte Sichtweise stützt, entspricht jedoch nicht dem Verständnis des US Supreme Court davon, was einen unmittelbaren Widerspruch ausmacht.[343] Um die Gewährung von Certiorari zu rechtfertigen, muss der Widerspruch tatsächlich direkt sein und aus der Entscheidung oder der Begründung des unteren Gerichts ohne Weiteres ersichtlich sein.[344]

Wenn eindeutig ist, dass ein Bundesrevisionsgericht aufgrund eines Fehlers oder eines Versehens frühere Entscheidungen des US Supreme Court nicht angewendet hat, so gewährt der US Supreme Court in der Regel Writ of Certiorari.[345] Gleiches gilt für den Fall, dass sich ein Bundesrevisionsgericht absichtlich weigert, den geltenden Entscheidungen des US Supreme Court zu folgen, weil es glaubt, dass diese Entscheidungen aufgehoben werden könnten oder dass die

---

341 Shapiro, et al., The Supreme Court Practice, S. 245.

342 Shapiro, et al., The Supreme Court Practice, S. 251.

343 Shapiro, et al., The Supreme Court Practice, S. 251.

344 536 U.S. 862, 864 (2002); 520 U.S. 292, 293 (1997).

345 540 U.S. 519 (2004); 377 U.S. 201 (1964). Oftmals hebt das Gericht unter solchen Umständen das Urteil ohne mündliche Erörterung oder Begründetheitsprüfung auf, typischerweise durch eine kurze Per-curiam-Entscheidung. 132 S. Ct. 2490 (2012); 532 U.S. 17 (2001).

derzeitige Besetzung des US Supreme Court die Tendenz der Entscheidungen ändern könnte.[346]

4) Wichtigkeit der streitgegenständlichen Themen

Die Wichtigkeit der Fragen, um die es in der Rechtssache geht, deren Überprüfung beantragt wird, ist für die Entscheidung über die Gewährung eines Writ of Certiorari von großer Bedeutung. Der US Supreme Court muss sich, um seine Funktionsfähigkeit zu erhalten, zwangsläufig auf die Fälle beschränken, die wichtige rechtliche Probleme aufwerfen.[347]

Die Wichtigkeit ist ein relativer Faktor, der von der Art der betreffenden Frage, der Art und Weise, wie sie in der Vorinstanz entschieden wurde, dem Stand der Rechtsprechung zu dieser Frage, der Richtigkeit der Entscheidung in der Vorinstanz sowie von den Eigenschaften der betroffenen Personen und ihrer Anzahl abhängt. Das Vorliegen eines einzelnen Faktors reicht für sich allein nicht aus, um den US Supreme Court von der Wichtigkeit der von der Vorinstanz entschiedenen Frage zu überzeugen. Gewährt der US Supreme Court Certiorari, so liegt dieser Entscheidung in der Regel eine Kombination mehrerer Faktoren zugrunde.[348]

Der Begriff der Wichtigkeit bezieht sich auf die Bedeutung der Fragen für die Öffentlichkeit, nicht auf ihre Bedeutung für die einzelnen Beteiligten.[349] Deshalb ist eine Frage, die das Gericht nur für die unmittelbar an dem Fall beteiligten Parteien als relevant erachtet, zumeist nicht geeignet, um die Gewährung eines Writ of Certiorari herbeizuführen. Eine Ausnahme besteht dann, wenn ein Staat oder eine öffentliche Einrichtung Verfahrensbeteiligter ist und die Bedeutung des von ihm vertretenen öffentlichen Interesses nachweisen kann.[350]

Wird ein Bundesgesetz in einer unteren Instanz für verfassungswidrig erklärt oder wird ein Bundesgesetz in ungerechtfertigter Weise ausgelegt, um seine Verfassungsmäßigkeit zu erreichen, wird wegen der besonderen Bedeutung des Falles in der Regel Certiorari gewährt.[351] Wird in der Entscheidung

346 490 U.S. 477 (1989). Im Gegensatz dazu wird in einigen Fällen – was in den letzten Jahren häufiger vorkam – das Urteil des Revisionsgerichts überprüft, weil es auf einer Entscheidung des US Supreme Court beruht, die einer erneuten Überprüfung und möglicherweise der Aufhebung oder Einschränkung bedarf. 130 S. Ct. 3020 (2010); 536 U.S. 545 (2002).

347 Shapiro, et al., The Supreme Court Practice, S. 263.

348 Shapiro, et al., The Supreme Court Practice, S. 263.

349 261 U.S. 387, 393 (1923); 349 U.S. 70, 79 (1955).

350 422 U.S. 659, 663 (1975).

351 Vgl. 132 S. Ct. 2566 (2012) und 543 U.S. 220, 226 (2005).

die Gültigkeit eines Bundesgesetzes bestätigt, kann die Gewährung von Certiorari davon abhängen, wie der US Supreme Court die Richtigkeit der Entscheidung der unteren Instanz im Lichte der zuvor von ihm aufgestellten Grundsätze beurteilt, sowie von der Wichtigkeit der Frage. Hat der US Supreme Court nur geringe oder gar keine Zweifel an der Verfassungsmäßigkeit des Gesetzes, wird er den Certiorari-Antrag meist ablehnen. Wenn ein einzelstaatliches Gesetz am Maßstab der Bundesverfassung für gültig oder ungültig erklärt wurde, hängt die Gewährung von Certiorari häufig davon ab, wie der US Supreme Court die Richtigkeit der Entscheidung des untergeordneten Gerichts einschätzt, wie neu die aufgeworfenen Fragen sind oder welche Auswirkungen die Entscheidung des untergeordneten Gerichts auf die Gültigkeit ähnlicher Gesetze in anderen Bundesstaaten hat.[352]

Es gibt Fälle, in denen der US Supreme Court einen Certiorari-Antrag ablehnt, obwohl die darin enthaltenen verfassungsrechtlichen Fragen sehr wichtig sind. Der ehemalige Richter am US Supreme Court Felix Frankfurter (Amtszeit von 1939 bis 1962) erläuterte den Grund hierfür in einem Sondervotum:

> *(…) denn obwohl ernsthafte verfassungsrechtliche Fragen aufgeworfen wurden, waren mindestens sechs Mitglieder des Gerichts der Ansicht, dass die Angelegenheit entweder noch nicht entscheidungsreif oder bereits überholt sei; dass die langfristige Entwicklung abgewartet werden sollte, dass sich die Frage durch Zeitablauf erledigen würde oder dass es aus einem anderen Grund wünschenswert sei, abzuwarten; oder dass die verfassungsrechtliche Frage mit nicht verfassungsrechtlichen Fragen verknüpft war, die Zweifel aufkommen ließen, ob die verfassungsrechtliche Frage sinnvoll isoliert werden kann; oder dass die Entscheidung aus verschiedenen anderen Gründen, die nicht mit der Begründetheit zusammenhängen, unterbleiben solle.*[353]

In vielen Fällen, die dem US Supreme Court zur Entscheidung vorgelegt werden, geht es um die Auslegung und Anwendung von Gesetzen des Kongresses oder von Bundesverwaltungsvorschriften. Oftmals geht es um divergierende Entscheidungen, etwa sich widersprechende Entscheidungen unterer Gerichte oder Entscheidungen, die mit der Rechtsprechung des US Supreme Court nicht in Einklang stehen. Anderen Fällen liegt keine uneinheitliche Entscheidungspraxis zugrunde; hier ist das maßgebliche Kriterium für die Gewährung von Certiorari die Bedeutung der aufgeworfenen Frage.[354] Zu den verschiedenen Faktoren, die einer Entscheidung im Zusammenhang mit der Auslegung von Gesetzen

352 458 U.S. 747, 749 (1982); 359 U.S. 1, 3 (1959).
353 339 U.S. 200, 227 (1950).
354 Shapiro, et al., The Supreme Court Practice, S. 268.

Wichtigkeit verleihen können, gehören die Relevanz der Frage für die behördliche Rechtsanwendung und die wesentliche Behinderung der wirksamen Rechtsanwendung durch die Entscheidung der unteren Instanz.[355] In vielen derartigen Fällen wird der US Supreme Court jedoch abwarten, bis es zu einem Entscheidungskonflikt zwischen verschiedenen Gerichten kommt, der die maßgeblichen Fragen offenlegt.[356]

Der US Supreme Court lehnt die Gewährung von Certiorari in der Regel ab, wenn die angestrebte Überprüfung sich ausschließlich auf einen bestimmten Sachverhalt oder auf die Auslegung bestimmter Verträge oder schriftlicher Urkunden bezieht.[357] So stellte der US Supreme Court in einer seiner Entscheidungen fest: „Wir gewähren kein Writ of Certiorari zur Überprüfung von Beweisen und zur Erörterung spezifischer Fakten."[358] Nur wenn dem Fall aus einem anderen Grund Wichtigkeit zukommt, wird der US Supreme Court den Fall annehmen und den Sachverhalt erneut prüfen.[359] Häufig äußert sich der US Supreme Court auch wie folgt: „Ein Gericht der Rechtsfrage, wie es dieses Gericht ist, und nicht ein Gericht zur Korrektur von Fehlern bei der Tatsachenfeststellung, kann nicht die Aufgabe haben, parallele Tatsachenfeststellungen zweier untergeordneter Gerichte zu überprüfen, wenn keine sehr offensichtlichen und außergewöhnlichen Fehler vorliegen."[360]

4. *Die Entscheidung des US Supreme Court über Certiorari-Anträge*

Die Statistik zeigt, dass der US Supreme Court derzeit in etwa einem Prozent der eingereichten Fälle Writ of Certiorari gewährt. Die folgenden Zahlen vermitteln einen Überblick, wie sich das Aufkommen an Certiorari-Anträgen und die Anzahl der angenommenen Fälle in den letzten fünfzig Jahren entwickelt haben: Im Jahr 1980 wurden 5.120 Fälle im Verfahrensregister eingetragen, von

355 329 U.S. 287 (1946); 329 U.S. 296 (1946). Eine Frage kann Wichtigkeit erlangen, wenn die Entscheidung der unteren Instanz im Widerspruch zur gefestigten Auslegung des Gesetzes durch die mit seiner Durchsetzung beauftragte Verwaltungsbehörde steht. 527 U.S. 555, 561–562. Eine Frage kann auch deshalb wichtig sein, weil sie die Gültigkeit von Verordnungen der Behörde gemäß den Gesetzen betrifft, auf deren Grundlage sie erlassen wurden. 535 U.S. 81, 84 (2002).

356 Shapiro, et al., The Supreme Court Practice, S. 269.

357 Shapiro, et al., The Supreme Court Practice, S. 272.

358 268 U.S. 220, 227 (1925).

359 Regel 10 sieht vor, dass Certiorari nur selten gewährt wird, wenn in dem Antrag „fehlerhafte Tatsachenfeststellungen" geltend gemacht werden.

360 336 U.S. 271, 275 (1949); 517 U.S. 830, 840–841 (1996).

denen 184 angenommen wurden. Im Jahr 1990 waren es 6.312 Fälle, von denen 141 angenommen wurden. Im Jahr 2000 waren es 8.956 Fälle, von denen 99 angenommen wurden. Im Jahr 2010 waren es 9.062 Fälle, von denen 90 angenommen wurden.[361] Im Jahr 2020 waren es 5.669 Fälle, von denen 73 angenommen wurden.[362]

In der Regel erlässt der US Supreme Court einen einfachen Beschluss, mit dem er den Writ of Certiorari gewährt oder versagt; dieser Beschluss enthält keine Begründung. In sehr seltenen Fällen ist im Ablehnungsbeschluss der Grund für die Ablehnung angegeben.[363]

(1) Gewährung von Writ of Certiorari

Für die Gewährung von Certiorari sind die Stimmen von nur vier Richtern erforderlich. Schon seit Langem ist dies die maßgebliche Stimmenanzahl.[364]

Der Ermessensspielraum, der für die Certiorari-Gerichtsbarkeit kennzeichnend ist, gilt nicht nur für die Auswahl der zu prüfenden Fälle, sondern auch für die Auswahl der einzelnen Fragen, über die entschieden wird.[365] Infolgedessen beschränkt der US Supreme Court die Annahme eines Certiorari-Antrags manchmal auf bestimmte Vorlagefragen (Questions Presented). Der US Supreme Court nutzt diese Methode, um die Aufmerksamkeit auf die wichtigste Frage des Falls zu lenken.[366]

Durch die Gewährung eines Writ of Certiorari nimmt der US Supreme Court einen Fall zur Sachentscheidung an. Die Überprüfung in der Sache beschränkt sich auf bestimmte Fragen, die sich aus dem Certiorari-Antrag oder aus einer Festlegung des US Supreme Court im Certiorari-Beschluss ergeben. Diese Beschränkung der Fragen ist für die Parteien verbindlich. Das heißt, diese Frage ist Gegenstand der Prüfung in der Stufe der Sachentscheidung. In der Regel können die Parteien und ihre Vertreter in der Stufe der Begründetheit keine neuen

361 Lee Epstein, Jeffrey A. Segal, et al., The Supreme Court Compendium, 2015, S. 82–83.

362 The Supreme Court, The statistics, 134 Harv. L. Rev. 610, 619.

363 Shapiro, et al., The Supreme Court Practice, S. 339.

364 Richter Van Devanter nannte die Vierer-Regel (Rule of Four) bei der Beschreibung der „einheitlichen Art und Weise, in der Anträge auf Certiorari geprüft werden", als er in der Anhörung vor dem Kongress zum Judiciary Act von 1925 sprach. Hearings Before Senate Committee on the Judiciary, 68th Cong., 1st Sess. 29 (1924); Shapiro, et al., The Supreme Court Practice, S. 325.

365 Shapiro, et al., The Supreme Court Practice, S. 340.

366 558 U.S. 290 (2009).

Fragen oder Themen vorbringen, die nicht in den Anwendungsbereich des Prüfungsgegenstandes fallen.[367]

Für die Richter selbst hingegen ist die Beschränkung nicht bindend. Das Gericht nimmt für sich Flexibilität in Anspruch, wenn es darum geht, den Prüfungsgegenstand festzulegen. Obwohl sich die Sachprüfung und die Entscheidung in aller Regel in den Grenzen des Certiorari-Beschlusses bewegen, kann das Gericht auch darüber hinausgehen, wenn es dies für erforderlich hält.[368]

(2) Ablehnung des Certiorari-Antrags ohne Begründung

Ein Beschluss, mit dem ein Certiorari-Antrag abgelehnt wird, beinhaltet lediglich die Ermessensentscheidung, die vorinstanzliche Entscheidung nicht zu überprüfen. Er bedeutet nichts anderes als dass „der Supreme Court [...] es abgelehnt [hat], sich mit der Rechtssache zu befassen" oder „weniger als vier Mitglieder des Supreme Court [...] es für wünschenswert [hielten], eine Entscheidung der unteren Instanz zu überprüfen."[369]

Diese Praxis, bei der in den Beschlüssen der Ablehnung keine Gründe für die Ablehnung angegeben werden, spiegelt den hohen Ermessensspielraum wider, den der US Supreme Court bei der Gewährung von Certiorari hat. Jedem einzelnen Richter steht es frei, aus den unterschiedlichsten Gründen ein ablehnendes Votum abzugeben.

Da die Entscheidungen über die Gewährung oder Ablehnung von Certiorari manchmal widersprüchlich und uneinheitlich erscheinen, könnte man vertreten, dass es gerechter wäre, wenn der US Supreme Court Entscheidungsgründe angeben würde. Dem stehen Erwägungen zur Funktionstüchtigkeit des Gerichts entgegen. Um den US Supreme Court in die Lage zu versetzen, seine Kernaufgaben zu erfüllen, hat der Kongress die Kontrolle über die Erledigung des Geschäftsanfalls faktisch in das gerichtliche Ermessen gestellt.[370] Daher muss der US Supreme Court keinen Konsens darüber erzielen, warum ein bestimmter Certiorari-Antrag abgelehnt wird.[371]

---

367 549 U.S. 183, 194 (2007).

368 454 U.S. 235, 247; 293 U.S. 67, 71 (1934).

369 Shapiro, et al., The Supreme Court Practice, S. 335.

370 338 U.S. 912, 917–918.

371 464 U.S. 867, 869 (1983). In seinem Sondervotum zur Verweigerung von Certiorari gab Richter Marshall zu erkennen, dass einige seiner Kollegen mit ihm darin übereinstimmten, dass der Fall wichtige verfassungsrechtliche Fragen aufwirft, aber dennoch für die Verweigerung von Certiorari stimmten. Der Grund für die Ablehnung des Certiorari-Antrags war, dass der US Supreme Court die Prüfung der Frage aufschieben

Auch Überlegungen zur Verfahrenspraxis des US Supreme Court sprechen für einen Verzicht auf die Begründung ablehnender Beschlüsse. Da laufend die ganz überwiegende Mehrheit der Anträge abgelehnt wird und für die Richter viele verschiedene, möglicherweise auch untereinander strittige Ablehnungsgründe relevant sind, würde es in aller Regel nicht gelingen, einen bestimmten Ablehnungsgrund anzugeben.[372] Wenn die neun Richter sich auf einen einzigen Ablehnungsgrund einigen und diesen in einer offiziellen Entscheidungsbegründung veröffentlichen müssten, würde das Certiorari-Verfahren seinen Zweck nicht erfüllen. Der Verzicht auf eine Begründung ist daher ein Kernbestandteil des Certiorari-Systems.

(3) Sondervoten zu ablehnenden Entscheidungen

Wie soeben dargelegt nennt der US Supreme Court in seinen Ablehnungsbeschlüssen keine Gründe, sondern gibt lediglich das Entscheidungsergebnis – die Ablehnung des Certiorari-Antrags – bekannt. In diesem Zusammenhang ist die Praxis der Sondervoten von Bedeutung. Wenn ein Certiorari-Antrag mit mehr als vier Stimmen abgelehnt wird, kann ein Richter, aus dessen Sicht Certiorari hätte gewährt werden sollen, seine abweichende Meinung in einem Sondervotum veröffentlichen. Diese Praxis führt teilweise zu der etwas eigenartigen Situation, dass ein ablehnender Beschluss verkündet wird, der keine Gründe für die Ablehnung beinhaltet, jedoch ein Sondervotum, in dem für die Gewährung von Certiorari argumentiert wird.

Das Sondervotum im Certiorari-Verfahren dient als Instrument, um wichtige Diskussionspunkte aus der richterlichen Beratung offenzulegen, die ansonsten aufgrund des Verzichts auf eine Begründung nicht bekannt werden würden. Daher stärkt die Möglichkeit des Sondervotums die Position der Richter, die für die Gewährung von Certiorari sind. Stellt ein Richter ein Sondervotum in Aussicht, so kann dies die anschließende Certiorari-Entscheidung des US Supreme Court, von Ablehnung zu Gewährung des Certiorai, ändern. Dies ist ein Grund dafür, dass viele geplante Sondervotum nicht angekündigt werden.

Die Praxis des Sondervotums ist ein Instrument des Certiorari-Systems, das eine intensive Diskussion der Richter ermöglicht. Wenn die Entscheidung des Gerichts nicht mit den vom Gericht selbst entwickelten Standards und Leitlinien

---

wollte, bis sich mehr einzelstaatliche Obergerichte und Bundesbezirksgerichte mit materiell- und verfahrensrechtlichen Lösungsoptionen auseinandergesetzt haben.

372 Shapiro, et al., The Supreme Court Practice, S. 319.

übereinstimmt, können überstimmte Richter dies im Rahmen des Sondervotums beanstanden.

Sondervoten werden nur ausnahmsweise veröffentlicht, wenn die Überzeugungen der Richter im jeweiligen Fall stark genug sind.[373] In den meisten Fällen geben die Richter ihre abweichende Meinung nicht bekannt, auch wenn sie mit der Ablehnung des Certiorari-Antrags nicht einverstanden sind und für die Gewährung von Certiorari gestimmt haben. Daher bedeutet das Fehlen eines Sondervotums nicht zwingend, dass alle Mitglieder des US Supreme Court für die Ablehnung des Certiorari-Antrags gestimmt haben. Es gibt verschiedene Gründe, die einen Richter dazu veranlassen können, ein Sondervotum zu veröffentlichen, in dem er sich gegen die Ablehnung eines Certiorari-Antrags ausspricht. Manche Verfasser von Sondervoten befassen sich mit der Begründetheit des Falls und bewerten die Fragen als so wichtig oder die Entscheidung der Vorinstanz als so falsch, dass die Gewährung von Certiorari und die Aufhebung des vorinstanzlichen Urteils erforderlich ist.[374] In den letzten 50 Jahren hat die Anzahl der Sondervoten zu ablehnenden Entscheidungen erheblich zugenommen. In unterschiedlichem Maße haben die meisten Richter des US Supreme Court in der jüngeren Vergangenheit gelegentlich Sondervoten veröffentlicht.[375]

Der ehemalige Richter des US Supreme Court John Paul Stevens (Amtszeit von 1975 bis 2010) stellt infrage, dass Sondervoten wichtigen Zielen dienen und zur Stärkung der Institution beitragen. Er kritisiert, dass die Veröffentlichung abweichender Meinungen unproduktiven Zeitaufwand verursache. Darüber

---

373 Shapiro, et al., The Supreme Court Practice, S. 331–332.

374 Vgl. 559 U.S. 1025 (2010). Andere Sondervoten sind Signale an die Anwaltschaft, dass die Richter des US Supreme Court in Zukunft auf neuartige Ansprüche reagieren könnten, z. B. 540 U.S. 1027 (2003).

375 Shapiro et al., Supreme Court Practice, S. 333; Sondervoten zu Ablehnungsbeschlüssen, in denen sich der Verfasser für die Gewährung von Certiorari ausspricht, waren bis in die späten 1940er-Jahre unbekannt. In den Jahren 1949 bis 1952 stieg die durchschnittliche jährliche Anzahl an Sondervoten auf mehr als 56 an. In den 1960er-Jahren stieg die Anzahl der Sondervoten auf über 200 pro Jahr. Die Anzahl der veröffentlichten Sondervoten ist in den letzten Jahren zurückgegangen. Im Jahr 2010 gab es mehr als 7.800 Certiorari-Anträge und nur 20 Sondervoten. Shapiro, et al., The Supreme Court Practice, S. 332–333. Statistiken allein können die tatsächliche Anzahl, die Effizienz und die Kraft der abweichenden Meinungen in der Certiorari-Rechtsprechung nicht hinreichend erklären. Vermutlich liegt darin das Bestreben eines Richters, seine Kollegen davon zu überzeugen, für die Gewährung von Certiorari zu stimmen. Viele Entwürfe von Sondervoten werden nie veröffentlicht, weil sie so überzeugend sind, dass sie ihr Ziel erreicht haben, d. h. dass der Writ of Certiorari gewährt wurde.

hinaus sei das Sondervotum potenziell irreführend, da es lediglich Argumente für die abweichende Meinung enthält, während die Darlegung der legitimen Gründe der ablehnenden Entscheidung des US Supreme Court fehlen. Die Praxis des Sondervotums erwecke den Eindruck, dass das Gericht seiner Verantwortung nicht gerecht geworden sei.[376]

In den späten 1970er-Jahren hat Peter Linzer die Praxis der Sondervoten analysiert. Er konzentrierte sich auf die beiden wichtigsten Arten von Gründen für die Bekanntgabe eines Sondervotums zu einer Certiorari-Entscheidung.

Erstens gibt es Sondervoten, in denen keine Gründe für die Begründetheit offengelegt werden. Ein Richter kann eine abweichende Meinung zur Ablehnung eines Certiorari-Antrags mitteilen, ohne seinen Standpunkt in der Sache darzulegen. Derartige Sondervoten erscheinen regelmäßig, aber nicht in großer Anzahl.[377]

Zweitens gibt es Sondervoten, die eine Stellungnahme zur Entscheidung in der Sache enthalten. In ihnen wird dargelegt, dass die Entscheidung der Vorinstanz nach Ansicht des Verfassers des Sondervotums falsch war und dass das Urteil aufgehoben werden sollte, weil es sich um eine wichtige Angelegenheit handelt. Es ist klar, dass die Argumente die übrigen Richter nicht überzeugen konnten. Laut Linzer zeigt die zunehmende Anzahl von Sondervoten zu ablehnenden Entscheidungen, dass die Stellungnahme in der Sache eine Rolle bei der Entscheidung über die Gewährung von Certiorari spielt. Die meisten Sondervoten implizierten die Begründetheit und die Notwendigkeit, die Entscheidung der unteren Instanz zu korrigieren.[378]

Der Ermessensspielraum des US Supreme Court im Rahmen der Certiorari-Gerichtsbarkeit birgt die Gefahr der Willkür bei der Ablehnung von Certiorari-Anträgen. Begründete Sondervoten sind das wirksamste Mittel zur Kontrolle des Ermessens des US Supreme Court, da die Ankündigung der Veröffentlichung eines Sondervotums bereits in der Beratungsphase einen wirksamen Schutz gegen unvernünftige oder inkonsistente Certiorari-Ablehnung des Gerichts bietet. Sie hat großen Einfluss auf die im Certiorari-Verfahren praktizierte Ermessensausübung, was angesichts des Verzichts auf das Erfordernis der Begründung ablehnender Entscheidungen umso bedeutsamer ist.

---

376 Justice Stevens, Cheers! A Tribute to Justice Byron R. White, Brigham Young Univ. Law Rev. 1994, S. 209, 217.

377 Linzer, The Meaning of Certiorari Denials, Columbia Law Rev. 1979, S. 1227, 1264.

378 Linzer, The Meaning of Certiorari Denials, Colum. L. Rev. 1979, S. 1227, 1269.

(4) Fazit

Es ist die Aufgabe der Justiz, geltend gemachte Rechtsverletzungen zu korrigieren und zu beheben, wenn eine Klage zulässig und begründet ist. Die Richter des US Supreme Court sehen es jedoch nicht als ihre Pflicht an, jede behauptete Rechtsverletzung zu überprüfen und jede fehlerhafte Entscheidung untergeordneter Gerichte zu korrigieren. Vielmehr begreifen sie es als ihre Aufgabe, die Verfassung auszulegen und die Integrität der Auslegung des Bundesrechts zu wahren. Der US Supreme Court hat die Certiorari-Gerichtsbarkeit unter diesem Gesichtspunkt eingeführt und etabliert.

Im Rahmen der Certiorari-Gerichtsbarkeit liegt es im Ermessen des US Supreme Court, einen Antrag auf Certiorari nicht in der Sache zu prüfen. Wenn der US Supreme Court einen Certiorari-Antrag ablehnt, bedeutet das nicht immer, dass der Fall oder die enthaltenen Rechtsfragen nicht wichtig wären. Die Gründe der Ablehnung des Certiorari-Antrags könnte man wie folgt formulieren: Der US Supreme Court kann nicht jeden Fall in der Sache prüfen, da er seiner Aufgabe als der Interpret der Verfassung nachkommen muss.[379]

Der US Supreme Court hat Leitlinien aufgestellt, die den Richtern bei der Ausübung ihres Ermessens helfen sollen. In Supreme Court Rule 10 sind die wichtigen Faktoren, die Einfluss auf die Entscheidung haben, benannt.

Der US Supreme Court verkündet den Certiorari-Beschluss ohne Begründung. Die Richter können ihre abweichende Meinung im Rahmen eines Sondervotums bekanntgeben. Der Verzicht auf eine Begründung ist ein Instrument, das die Effizienz der Certiorari-Gerichtsbarkeit gewährleistet. Die Möglichkeit, ein Sondervotum anzukündigen, bietet wirksamen Schutz gegen die willkürliche und inkonsequente Ablehnung eines Certiorari-Antrags. Beide Elemente ermöglichen es dem US Supreme Court, ein Gleichgewicht zwischen Effizienz und Arbeitsentlastung einerseits und sorgfältiger Entscheidungsfindung auf der Grundlage intensiver Überlegungen andererseits zu finden.

---

379 Chemerinsky hat die Funktionen des US Supreme Court zusammengefasst. Erstens ist er die maßgebliche Instanz für die Auslegung der Verfassung der Vereinigten Staaten. Zweitens sichert er die Vorrangstellung des Bundesrechts. Drittens löst der US Supreme Court widersprüchliche Auslegungen des Bundesrechts durch die verschiedenen bundesstaatlichen Gerichte und Bundesgerichte. Viertens ist der US Supreme Court die maßgebliche Instanz für die Auslegung von Bundesgesetzen. Chemerinsky, Federal Jurisdiction, S. 655–656.

IV. Wichtige Elemente des Writ of Certiorari-Verfahrens

Das Certiorari-System besteht nicht nur aus einem Element, sondern aus mehreren Elementen, die zusammenwirken. Der US Supreme Court hat das Verfahren und seine einzelnen Elemente im Laufe der jahrzehntelangen Anwendungspraxis weiterentwickelt und ausdifferenziert. Oben wurden bereits verschiedene Elemente des Certiorari-Verfahrens angesprochen, etwa das Ermessen des Gerichts, der Verzicht auf eine Begründung und die Möglichkeit von Sondervoten. Im Folgenden werden weitere wichtige Elemente des Certiorari-Verfahrens erörtert, die der US Supreme Court einsetzt, um seine Arbeitsbelastung zu verringern und gleichzeitig durch intensive Diskussionen geeignete Fälle für eine Überprüfung in der Sache auszuwählen.

1. Trennung von Certiorari-Verfahren und Sachprüfungsverfahren

Das Certiorari-Verfahren ist vom Sachprüfungsverfahren klar getrennt. Für das Gericht bedeutet diese Trennung eine erhebliche Arbeitsentlastung, da es im Certiorari-Verfahren keine Begründetheitserwägungen anstellen muss.

Die Anwälte des Antragstellers sollten im Certiorari-Antrag nicht die Begründetheit des Antrags (Argumente für die Begründetheit der Rechtssache) darlegen, sondern nur die Gründe, warum im konkreten Fall Certiorari gewährt werden sollte. Supreme Court Rule 14.1(h) sieht vor, dass ein Certiorari-Antrag „ein direktes und prägnantes Argument enthalten sollte, das die Gründe für die Gewährung von Certiorari erläutert."

Die Anwälte des Antragsgegners sollten beim Verfassen der Antragserwiderung bedenken, dass das Ziel darin besteht, den US Supreme Court zu veranlassen, den Certiorari-Antrag abzulehnen, und nicht darin, den Fall in der Sache zu gewinnen. Der Antragsgegner sollte daher versuchen, das Gericht davon zu überzeugen, dass keine Widersprüche in den Entscheidungen der vorinstanzlichen Gerichte bestehen oder dass die vorgelegten Fragen nicht wichtig sind. Er kann auch darauf hinweisen, dass die angegriffene Gerichtsentscheidung unabhängig von der Frage, die durch den Antrag aufgeworfen wird, richtig ist.[380]

Der Antragsgegner sollte in der Antragserwiderung nicht nur auf die im Certiorari-Antrag enthaltenen Argumente eingehen, sondern auch die in Supreme Court Rule 15.2 enthaltene Regelung beachten.[381] Demnach hat er in der

---

380 Shapiro, et al., The Supreme Court Practice, S. 504.

381 Auszug aus Supreme Court Rule 15.2: (…) In addition to presenting other arguments for denying the petition, the brief in opposition should address any perceived misstatement of fact or law in the petition that bears on what issues properly would be

Antragserwiderung den US Supreme Court auf alle festgestellte tatsächliche oder rechtliche Fehlinformation im Certiorari-Antrag aufmerksam zu machen, die sich auf die Fragen auswirken, mit denen sich das Gericht im Falle der Gewährung von Certiorari befasst würde.[382]

2. *Question Presented*

Das System der Question(s) Presented (hiernach QP) ist eines der wichtigsten Instrumente, mit denen der US Supreme Court ein Gleichgewicht zwischen der hinreichend umfassenden Beratung über jeden Certiorari-Antrag einerseits und der effizienten Aufgabenerledigung sowie der Erhaltung seiner Funktionsfähigkeit andererseits herstellt. Die Entscheidung des US Supreme Court, ob ein Certiorari-Antrag angenommen wird und welche Fragen geprüft werden, beruht in erster Linie auf den im Certiorari-Antrag benannten QP.

(1) Grundlagen

Mit dem Instrument der QP gibt der US Supreme Court einen Standard für Certiorari-Anträge vor, der den Antragsteller zu einer stark konzentrierten Benennung der streitgegenständlichen Rechtsfragen zwingt.

Eine QP ist eine präzise formulierte Frage, die der Antragsteller vom Gericht überprüfen lassen möchte. Gemäß Supreme Court Rule 14.1(a) bildet die QP den elementaren Bestandteil des Certiorari-Antrags. Sie soll den Fall auf verfassungsrechtlich oder gesetzlich relevante Fragen von großer Wichtigkeit reduzieren und die Richter des US Supreme Court davon überzeugen, dass der Fall es wert ist, von ihnen entschieden zu werden.

---

before the Court if Certiorari were granted. Counsel are admonished that they have an obligation to the Court to point out in the brief in opposition, and not later, any perceived misstatement made in the petition. Any objection to consideration of a question presented based on what occurred in the proceedings below, if the objection does not go to jurisdiction, may be deemed waived unless called to the Court's attention in the brief in opposition. (...)

382 Der US Supreme Court hat klargestellt, dass die Verpflichtung des Antragsgegners, in seinem Schriftsatz bestehende Einwände gegen den Certiorari-Antrag zu erheben, nicht dadurch entfällt, dass die Einwände Zulässigkeitsvoraussetzungen betreffen. 520 U.S. 83, 89 (1997). Daher sollte der Antragsgegner darauf achten, in seiner Antragserwiderung alle möglichen Argumente vorzubringen, unabhängig davon, ob sie sich auf die Zulässigkeit beziehen, um nachteilige Folgen zu vermeiden. Shapiro, et al., The Supreme Court Practice, S. 504.

Da die QP ein obligatorischer Bestandteil des Certiorari-Antrags ist, muss der Antragsteller die Entscheidung treffen, was Inhalt der QP sein soll. Außerdem trägt der Antragsteller die Hauptverantwortung für die Formulierung der QP. Der US Supreme Court hat in einer Entscheidung Folgendes festgestellt:

„Ein Antragsteller, der vor diesem Gericht die Überprüfung eines in den Vorinstanzen ordnungsgemäß erhobenen Anspruchs beantragt, hat [...] im Allgemeinen die Möglichkeit, die zu entscheidende Frage so zu formulieren, wie er es wünscht, ohne auf die Art und Weise beschränkt zu sein, in der die Frage in den Vorinstanzen formuliert wurde. [...] Im Großen und Ganzen ist es der Antragsteller selbst, der den Umfang der vorgelegten Frage bestimmt. Der Antragsteller kann die Frage im Allgemeinen so weit oder so eng fassen, wie er es für richtig hält.“[383]

Der US Supreme Court bietet auf seiner Website Zugang zu den QPs der angenommenen Certiorari-Anträge seit 2007.[384] Folgende QP eines Falles aus dem Jahr 2018, der eine verfassungsrechtliche Frage aufwarf, verdeutlicht beispielhaft die typische Formulierung von QP:

> In Hartman v. Moore, 54 7 U.S. 250 (2006), this Court held that probable cause defeats a First Amendment retaliatory-prosecution claim under 42 U.S.C. § 1983 as a matter of law. Does probable cause likewise defeat a First Amendment retaliatory-arrest claim under § 1983?[385]

---

383 503 U.S. 519, 535.

384 https://www.supremecourt.gov/orders/grantednotedlists.aspx

385 Nieves v. Bartlett, No. 17-1174, https://www.supremecourt.gov/qp/17-01174qp.pdf; Manchmal erschwert die Übersetzung das Verständnis des Rechtbegriffs und des Gesetzes noch mehr. Um das Verständnis des Falles zu erleichtern, stelle ich den Sachverhalt in der Originalsprache wie folgt dar:

> Respondent Russell Bartlett was arrested by police officers Luis Nieves and Bryce Weight for disorderly conduct and resisting arrest during “Arctic Man,” a raucous winter sports festival held in a remote part of Alaska. According to Sergeant Nieves, he was speaking with a group of attendees when Bartlett started shouting at them not to talk to the police. When Nieves approached him, Bartlett began yelling at the officer to leave. Rather than escalate the situation, Nieves left. Bartlett disputes that account, claiming that he was not drunk at that time and did not yell at Nieves. Minutes later, Trooper Weight says, Bartlett approached him in an aggressive manner while he was questioning a minor, stood between Weight and the teenager, and yelled with slurred speech. When Bartlett stepped toward Weight, the officer pushed him back. Nieves saw the confrontation and initiated an arrest. When Bartlett was slow to comply, the officers forced him to the ground. After he was handcuffed, Bartlett claims that

(2) Anforderungen an die Gestaltung der Question Presented

Supreme Court Rule 14.1(a) legt die erforderliche Form der QP fest und definiert ihren Umfang sowie die Art und Weise, wie sie abgefasst werden sollten.[386]

Erstens sieht Rule 14.1(a) vor, dass die QP „auf der ersten Seite nach dem Deckblatt zu stellen sind."[387] Ergänzend ist geregelt, dass auf dieser Seite keine weiteren Informationen stehen dürfen. Diese besondere Bestimmung verdeutlicht die wichtige Rolle der QP im Certiorari-Verfahren.

Zweitens ist die Art und Weise, wie die QP formuliert werden sollten, geregelt. Rule 14.1(a) sieht vor, dass die QP „kurz" und „ohne unnötige Details" abzufassen sind.[388]

Drittens ist es empfehlenswert, die Anzahl der QPs zu begrenzen. Nur in seltenen Fällen sollte mehr als eine QP vorgelegt werden. Noch seltener sollten es mehr als drei oder vier Fragen sein.[389] Der US Supreme Court hat sich wie folgt zur angemessenen Anzahl an Fragen geäußert:

> *Die hilfreichsten und überzeugendsten Anträge auf Certiorari an dieses Gericht stellen in der Regel nur eine oder zwei Fragen und verwenden viel Zeit darauf, zu erklären, warum*

Nieves said "bet you wish you would have talked to me now." Bartlett sued under 42 U. S. C. §1983, claiming that the officers violated his First Amendment rights by arresting him in retaliation for his speech—i.e., his initial refusal to speak with Nieves and his intervention in Weight's discussion with the minor. 139 S. Ct. 1715 (2019).

386 Supreme Court Rule 14.1(a) enthält viele wichtige Vorgaben, die die Darlegung der QP und die gerichtliche Befassung damit betreffen. Sie lautet wie folgt:

> Rule 14.1(a): A petition for a Writ of Certiorari shall contain, in the order indicated: (a) The questions presented for review, expressed concisely in relation to the circumstances of the case, without unnecessary detail. The questions should be short and should not be argumentative or repetitive. [...] The questions shall be set out on the first page following the cover, and no other information may appear on that page. The statement of any question presented is deemed to comprise every subsidiary question fairly included therein. Only the questions set out in the petition, or fairly included therein, will be considered by the Court.

387 Wenn die QP auf einer anderen Seite gestellt werden, wird der Antrag von der Geschäftsstelle, die für die Entgegennahme von Anträgen zuständig ist, abgelehnt. Shapiro, et al., The Supreme Court Practice, S. 453.

388 Außerdem sollten die Fragen nicht zu zahlreich sein. Sie sollten alle auf die erste Seite passen, damit sichergestellt ist, dass der Leser alle Fragen mit einem Blick erfassen kann. Shapiro, et al., The Supreme Court Practice, S. 454.

389 Shapiro, et al., The Supreme Court Practice, S. 456.

diese Rechtsfragen von übergreifender Bedeutung sind und bei anderen Gerichten zu divergierenden Entscheidungen und Unklarheiten geführt haben.[390]

Das Erfordernis einer begrenzten Anzahl an QP zwingt die Parteien dazu, sich für die wichtigsten Anliegen zu entscheiden und nur diese dem Gericht vorzulegen. Der US Supreme Court hat diese Vorgehensweise gewählt, um sowohl die Aufmerksamkeit der Parteien als auch den Fokus der gerichtlichen Überprüfung auf die wichtigsten Themen eines Falles zu lenken.[391]

Viertens sieht Rule 14.1(a) vor, dass „bei der Darlegung einer QP davon ausgegangen wird, dass sie jede Nebenfrage umfasst, die darin angemessenerweise enthalten ist." Dies bedeutet, dass es nicht notwendig ist, jede Nebenfrage, die implizit oder notwendigerweise Bestandteil der QP ist, in eine separate Frage umzuwandeln. Ebenso kann das Gericht Nebenfragen prüfen und die Parteien können Fragen aufwerfen, die angemessenerweise in den QPs enthalten sind.[392]

Fünftens heißt es im letzten Satz von Rule 14.1(a): Das Gericht prüft nur die Fragen, die im Certiorari-Antrag genannt oder angemessenerweise davon umfasst sind.

Sechstens kann der Antragsteller grundsätzlich keine Frage als QP vorbringen, die in den vorinstanzlichen Verfahren weder aufgeworfen noch entschieden wurde, da der US Supreme Court solche Fragen nicht berücksichtigt.[393] Wenn in Verfahren vor dem US Supreme Court neue Fragen aufgeworfen würden, so könnte das Gericht nicht mehr von der Klärung und Lösung dieser Fragen durch die Vorinstanzen profitieren.[394] Woran man festmacht, ob eine Frage in der Vorinstanz aufgeworfen und entschieden wurde, kann von den Umständen abhängen.

---

390 526 U.S. 838, 858 (1999). Sevens, J., abweichend.

391 558 U.S. 290 (2009).

392 Eine „angemessenerweise enthaltene Frage" („fairly included question") muss enger mit der QP verbunden sein, als dass sie lediglich mit dieser Frage in Zusammenhang steht oder sie ergänzt. 503 U.S. 519, 537 (1992). Fragen, die nicht ausdrücklich erwähnt werden, die aber für die Analyse der vorinstanzlichen Entscheidungen oder für die korrekte Entscheidung der anderen Fragen wesentlich sind, werden als „Nebenfragen, die von der QP angemessenerweise umfasst sind" angesehen. 434 U.S. 555, 559–560 (1978).

393 Ein ergänzender Grundsatz, der nicht in den Supreme Court Rules verankert ist, lautet: Normalerweise entscheidet der Supreme Court über keine Fragen, die in der Vorinstanz nicht aufgeworfen wurden oder mit denen die Vorinstanz nicht befasst war. 425 U.S. 231, 234 (1976).

394 509 U.S. 601, 622–623.

Es gibt eine Ausnahme von dieser Regel: Auch wenn eine Frage in der Vorinstanz vom Antragsteller nicht aufgeworfen wurde, kann der Antragsteller die Frage dennoch dem US Supreme Court ordnungsgemäß vorlegen, wenn die das vorinstanzliche Gericht die Frage tatsächlich sua sponte behandelt hat.[395]

(3) Die Bedeutung und Rolle der Question Presented im Writ of Certiorari-Verfahren

Die oben genannten Formvorschriften zur QP deuten bereits darauf hin, dass die QP eine zentrale Rolle in den Verfahren vor dem US Supreme Court spielt. Shapiro betont, dass die Bedeutung der QP gar nicht hoch genug eingeschätzt werden kann[396] und dass die erste Seite des Antrags, auf der die QP dargelegt wird, die wichtigste Seite des gesamten Dokuments ist.[397]

Der US Supreme Court erläutert die Rolle der QP wie folgt:

> *Erstens erfährt der Antragsgegner durch die QP, aus welchen Gründen der Antragsteller den Writ of Certiorari beantragt, daher kann er seine Gegenargumente präziser formulieren. Zweitens helfen die QP dem US Supreme Court bei den Certiorari-Entscheidungen. Sie zwingen die Parteien, sich auf die Fragen zu konzentrieren, die das Gericht als besonders wichtig erachtet, und ermöglichen es diesem, seine Ressourcen effizient zu nutzen. Um dieses Ziel zu erreichen, darf der US Supreme Court Certiorari nur in den Fällen gewähren, in denen besonders wichtige Fragen zu klären sind.*[398]

Nicht nur der Inhalt der QP ist ausschlaggebend für den Erfolg des Certiorari-Antrags; auch ihre perfekte Formulierung unter strikter Beachtung der entsprechenden Supreme Court Rule ist von zentraler Bedeutung. Der Antragsteller steht daher vor der Herausforderung, die QP mit größter Sorgfalt auszuwählen und zu formulieren.

Welche Aspekte eines Falls als herausragend wichtig angesehen werden, hängt nicht selten von der subjektiven Perspektive ab. Um bestmöglich passende Fragen als QP zu formulieren und dadurch die Chance auf Gewährung des Writ

---

395 501 U.S. 1083, 1099 n. 8 (1991). Nach Ansicht des US Supreme Court können jedoch Fragen der Zuständigkeit immer berücksichtigt werden, auch sua sponte, unabhängig davon, ob sie im Verfahren angesprochen wurden oder nicht. 524 U.S. 417, 428 (1998).

396 Shapiro, et al., The Supreme Court Practice, S. 452.

397 Shapiro, Certiorari Practice: The Supreme Court's Shrinking Docket, Litigation, 1988, S. 25, 30.

398 Yee v. City of Escondido, 503 U.S. 519, 535–536 (1992).

of Certiorari zu erhöhen, muss überdies die Rechtsprechung des US Supreme Court beachtet werden.[399]

(4) Funktion der Question Presented in Sachprüfungsverfahren

Trotz ihres freien Ermessens wäre es für die Richter schwierig, die hohe Falldichte zu bewältigen, wenn sie bei jedem Certiorari-Antrag alle relevanten Fragen erst herausarbeiten müssten. Daher hat der US Supreme Court mit den QP einen Standard entwickelt, der das Certiorari-Verfahren in quantitativer und qualitativer Hinsicht stark vereinfacht.

Die als QP formulierten Beurteilungsgegenstände liegen nicht nur dem Certiorari-Verfahren zugrunde, sondern auch der Sachentscheidung. So setzen sich die positiven Effekte auch in der folgenden Phase des Verfahrens fort und ermöglichen eine effiziente Durchführung des gesamten Verfahrens. Beide Parteien sind gezwungen, sich in ihren Schriftsätzen und auch Argumente bei der mündlichen Verhandlung auf knappe, präzise Fragestellungen zu fokussieren. Durch diese Beschränkung des Prüfungsgegenstands auf die Kernfragen wird die Arbeitsbelastung der Richter erheblich reduziert. In Kombination mit ihrem freien Ermessen führt dieses Vorgehen zu der angestrebten Entlastung des Gerichts. Letztlich ermöglichen erst die QP, das Plenarprinzip für die Beratung und Entscheidung aller Fälle, auch für die Certiorari-Fälle, aufrechtzuerhalten.

Die angenommenen QP legen den Umfang der gerichtlichen Überprüfung und folglich den Umfang der Entscheidung in der Sache fest, weswegen ihr Inhalt von zentraler Bedeutung ist. Aus diesem Grund nimmt der US Supreme Court im Rahmen der Gewährung des Certiorari manchmal Änderungen an den ursprünglich vom Antragsteller festgelegten QP vor. Der US Supreme Court erlässt in der Regel einen einfachen Beschluss, mit dem er dem Antrag auf Certiorari gewährt oder ihn ablehnt. Ein Certiorari gewährender Beschluss kann Änderungen an den QP beinhalten. Teilweise formuliert der US Supreme Court die QP selbst um, teilweise fordert er die Parteien auf, eine wichtige Rechtsfrage aufzunehmen, die im Certiorari-Antrag nicht angesprochen wurde.[400] Wenn das Gericht mit der Formulierung einer QP nicht zufrieden ist, kann es die Frage in dem Beschluss zur Gewährung von Certiorari selbst neu formulieren.[401]

---

399 Im Allgemeinen hängt die Wichtigkeit der QP davon ab, wie viele andere Personen außer den Prozessparteien von der Klärung der Frage betroffen sein werden. Shapiro, et al., The Supreme Court Practice, S. 480.

400 503 U.S. 519, 534 (1992).

401 543 U.S. 1186 (2005). Manchmal gewährt der US Supreme Court auch eine Überprüfung auf der Grundlage einer Frage, die vom Antragsgegner in seinem Schriftsatz,

Beschränkt der US Supreme Court bei der Überprüfung in der Sache auf bestimmte Fragen aus dem Certiorari-Antrag, so ist diese Beschränkung für die Anwälte bindend und es werden in der Regel keine Argumente zu Fragen berücksichtigt, die nicht von dem Beschluss umfasst sind.[402] Würde das Gericht darüber hinausgehendes Vorbringen zulassen, liefe dies dem Grundgedanken des Certiorari-Verfahrens zuwider, wonach der US Supreme Court selbst entscheidet, welche Fragen von ausreichender nationaler Bedeutung sind, um die Inanspruchnahme seiner begrenzten Prüfungsressourcen zu rechtfertigen.[403]

Regel 24.1(a) sieht vor, dass der Schriftsatz des Antragstellers zur Begründetheit die QP enthalten muss. Es ist vorgesehen, dass die Formulierung der QP an dieser Stelle ~~Fragen~~ nicht mit der Formulierung im Antrag auf Writ of Certiorari übereinstimmen muss, aber der Schriftsatz darf keine zusätzlichen Fragen aufwerfen und sein Inhalt darf die QP nicht ändern. Es ist jedoch zulässig, die Punkte umzuformulieren oder neu zu ordnen, um sie klarer oder genauer zu fassen, oder Punkte wegzulassen oder mehrere in einer einzigen Frage zusammenzufassen. Häufig können die QP im Certiorari-Antrag in den Schriftsatz zur Begründetheit übernommen werden.[404]

Rule 14.1(a) sieht vor, dass der US Supreme Court nur die Frage in der QP prüft. Abweichend davon gilt gemäß Rule 24.1(a) in Bezug auf die Schriftsätze zur Begründetheit, dass das Gericht nach eigenem Ermessen einen offensichtlichen Fehler der untergeordneten Gerichte prüfen kann, der nicht zu den QP gehört, aber aus den Akten ersichtlich ist und anderweitig in seiner Entscheidungszuständigkeit liegt. Diese Bestimmung wird häufig herangezogen, um Rechtssachen aus Gründen zu entscheiden, die weder von den Parteien noch von den untergeordneten Gerichten vorgebracht oder überhaupt zur Kenntnis genommen wurden. Solche „offensichtlichen Fehler" können dem Gericht im Laufe der mündlichen Verhandlung oder bei der Prüfung der ihm vorliegenden vollständigen Akten bekannt werden.[405]

---

527 U.S. 373, 396 (1999), oder vom Antragsteller in einem verbundenen Verfahren vorgelegt wurde. 535 U.S. 1016 (2002).

402 549 U.S. 183, 194 (2007); 537 U.S. 280, 291 (2003).

403 Shapiro, et al., The Supreme Court Practice, S. 464.

404 Shapiro, et al., The Supreme Court Practice, S. 726.

405 330 U.S. 395, 412 (1947); 370 U.S. 717 (1962).

3. *Begrenzung des Umfangs der Schriftsätze und der sonstigen Verfahrensdokumente*

(1) Begrenzung des Umfangs des Certiorari-Antrags und der Schriftsätze

Wäre der Umfang des Certiorari-Antrags und der Schriftsätze nicht begrenzt, so ist davon auszugehen, dass die Anwälte der Antragsteller dazu tendieren würden, die Hintergründe des Falles erschöpfend zu schildern, jedes Detail der rechtlichen Probleme darzulegen und den Fall insgesamt in aller Tiefe und Breite zu erläutern. Um eine für den Antragsteller günstige Entscheidung zu erzielen, könnten Sie sich veranlasst sehen, den Richtern die Argumente zu allen Punkten möglichst umfassend und ausführlich darzulegen.

Für die Richter würde es eine enorme zeitliche Belastung bedeuten, die hoch motivierten, detaillierten und langen Anträge und Schriftsätze zu lesen. Es liegt in der Natur der Sache, dass Anwälte, die unbegrenzt lange Schriftsätze einreichen können, sich nicht in dem Maße genau auf die streitgegenständlichen Fragen konzentrieren, wie sie es im Falle einer Beschränkung der Textlänge tun müssen.

Seit 1980 gibt es feste Obergrenzen für die Länge der verschiedenen Certiorari-Schriftsätze. Bis 2007 war vorgegeben, dass ein Certiorari-Antrag nicht länger als 30 Seiten sein darf. Da viele Anwälte versuchten, die zulässige Textmenge durch die Verwendung einer kleineren Schriftart zu erhöhen, wurde im Jahr 2007 das Seitenlimit durch ein Wortlimit ersetzt.[406] Die gleiche Regelung gilt für die Antragserwiderung.[407] Ein begrenzter Umfang der Antragserwiderung ist aus denselben Gründen wünschenswert, die für den Certiorari-Antrag gelten. Außerdem ist die Argumentation des Antragsgegners aus den vorinstanzlichen Urteilen, die dem Antrag beizufügen sind, ersichtlich.[408]

Hält ein Anwalt die Rechtssache im Einzelfall für so komplex und so wichtig, dass er meint, sie innerhalb der Wortgrenze nicht angemessen darstellen zu können, so kann er beim US Supreme Court oder beim Revisionsgericht

406 Shapiro, et al., The Supreme Court Practice, S. 509.

407 Der Antragsgegner kann in jedem Fall eine Antragserwiderung einreichen (Supreme Court Rule 15.1).

408 Shapiro, et al., The Supreme Court Practice, S. 509. In der Tabelle in Rule 33.1(g) werden folgende Wortgrenzen für Certiorari-Schriftsätze festgelegt: Certiorari-Antrag: 9.000 Wörter, Antragserwiderung: 9.000 Wörter, Antwortschriftsatz 3.000 Wörter, Ergänzungsschriftsatz: 3.000 Wörter, Amicus-Schriftsatz: 6.000 Wörter.

einen Antrag auf Erlaubnis zur Einreichung eines längeren Certiorari-Antrags stellen.[409]

(2) Verzicht auf die Hinzuziehung vorinstanzlicher Verfahrensakten

Jeder der neun Richter erhält ein Exemplar jedes Certiorari-Antrags. Dem Antrag müssen die Entscheidungen der Vorinstanzen beigefügt sein.[410]

Über viele Jahrzehnte verlangte der US Supreme Court, dass zusammen mit dem Certiorari-Antrag die beglaubigten Akten der vorinstanzlichen Gerichtsverfahren eingereicht werden. Mit der Zunahme des Geschäftsvolumens beim US Supreme Court kamen die Richter jedoch zu dem Schluss, dass es quasi unmöglich ist, die immer umfangreicheren vorinstanzlichen Akten durchzusehen und dass es auch unnötig ist, diese zu sichten, um festzustellen, ob ein Fall in der Sache einer Überprüfung durch den US Supreme Court würdig ist.[411]

Mit Inkrafttreten der Verfahrensordnung von 1990 ist die Bestimmung der früheren Verfahrensordnung entfallen, wonach die Parteien den Urkundsbeamten des vorinstanzlichen Gerichts ersuchen können, dem Urkundsbeamten des US Supreme Court alle oder einen Teil der Akten zu übersenden. Die Erfahrung der Richter des US Supreme Court, dass es bei der Entscheidung über die Gewährung von Certiorari nicht notwendig ist, die vorinstanzlichen Verfahrensakten zu überprüfen, wurde mit der Änderung kodifiziert.[412]

Wenn der Writ of Certiorari gewährt wird und dem US Supreme Court die vorinstanzlichen Akten noch nicht in beglaubigter Form vorliegen, so fordert gemäß Rule 16.2 die Geschäftsstelle des US Supreme Court (the Clerk of the US Supreme Court) diese beim vorinstanzlichen Gericht an.[413]

---

409 Rule 33.1(d) regelt einen solchen Antrag, stellt aber klar, dass diese Möglichkeit nur sehr restriktiv eingesetzt werden sollte („application for such leave is not favored.").

410 Gemäß Supreme Court Rule 14.1(i) muss der Antrag auf Certiorari einen Anhang enthalten, in dem die Gutachten, Entscheidungen, Tatsachenfeststellungen und rechtlichen Schlussfolgerungen im Zusammenhang mit dem angefochtenen Urteil aufgeführt sind.

411 Shapiro, et al., The Supreme Court Practice, S. 416.

412 Die Anwälte können die Beglaubigung und Übermittlung von Verfahrensakten weder zum Zeitpunkt der Einreichung des Antrags auf Certiorari noch zu einem späteren Zeitpunkt veranlassen. Wünscht der US Supreme Court oder ein einzelner Richter in diesem Stadium der Rechtssache Einsicht in Verfahrensakten der vorinstanzlichen Gerichte oder in Teile davon – was nur selten vorkommt –, so kann der Urkundsbeamte angewiesen werden, die Akten beim vorinstanzlichen Gericht anzufordern. Rule 12.7.; Shapiro, et al., The Supreme Court Practice, S. 316.

413 Shapiro, et al., The Supreme Court Practice, S. 416.

4. *Certiorari Pool*

(1) Übliche Praxis am US Supreme Court

Der Verfahrensablauf beim US Supreme Court ist in hohem Maße individualistisch geprägt. Zum Beispiel verfügt der US Supreme Court im Gegensatz zum BVerfG nicht über ein System von Berichterstattern. Bei der Überprüfung einer Rechtssache durch den US Supreme Court gibt es also keinen Richter, der für die Vorbereitung der richterlichen Beratungen und der mündlichen Verhandlungen zuständig ist. Es ist nicht die Aufgabe eines einzelnen Richters, einen Fall für die übrigen Richter zusammenzufassen und rechtlich aufzubereiten. Jeder Richter würdigt jeden Fall selbst und bereitet sich eigenständig auf die Beratungen und die mündlichen Verhandlungen vor.

(2) Praxis des Certiorari Pool und Kritik

Die persönliche Prüfung eines jeden Certiorari-Antrags durch jeden einzelnen Richter ist ein grundlegendes Merkmal der Certiorari-Gerichtsbarkeit des US Supreme Court. Es liegt in der Natur der Sache, dass die große Anzahl von Certiorari-Anträgen in Kombination mit der von allen neun Richtern gleichermaßen wahrzunehmenden Prüfungszuständigkeit das Gericht immens belastet.

Zur Unterstützung der richterlichen Arbeit werden am US Supreme Court wissenschaftliche Mitarbeiter (Law Clerks) eingesetzt. Jeder Richter beschäftigt vier wissenschaftliche Mitarbeiter. Der Richter und seine wissenschaftlichen Mitarbeiter bilden ein Dezernat und arbeiten als eine Einheit. Vor einer mündlichen Verhandlung setzen die Richter in der Regel einen ihrer wissenschaftlichen Mitarbeiter dafür ein, einen Fall ausführlich rechtlich zu prüfen und ein Memorandum, das sogenannte Bench Memorandum, zu verfassen.

Das größte Arbeitsaufkommen besteht bei der Bearbeitung der neu eingegangenen Certiorari-Anträge und der Auswahl der Fälle, über deren „certworthiness" die Richter im Plenum beraten. Damit die Richter die zeitaufwendige Vorauswahl bewältigen können, sind ihre wissenschaftlichen Mitarbeiter damit betraut, die über hundert Certiorari-Anträge, die jede Woche eingehen, aufzubereiten.[414]

Allein die Zuarbeit der Law Clerks kann das Problem der Arbeitsüberlastung des US Supreme Court jedoch nicht lösen. Außerdem kommt die Umstellung auf die Prüfung von Certiorari-Anträgen durch ein kleineres Gremium, eine Kammer, für den US Supreme Court nicht in Betracht. Auf der Suche nach einem

414 Shapiro, et al., The Supreme Court Practice, S. 318.

Ausweg hat das Gericht in den 1970er-Jahren ein neues Vorgehen entwickelt, das es seither anwendet.

Im Jahr 1972 legten fünf Mitglieder des US Supreme Court auf Vorschlag von Richter Powell ihre Law Clerks für die vorbereitenden Aufgaben zusammen.[415] Bei dieser als Certiorari Pool bezeichneten Praxis wird jeder Certiorari-Antrag zunächst nur von einem einzigen Law Clerk geprüft, wobei er unter der Aufsicht des Richters steht, dem er zugeordnet ist. Das Ergebnis der Prüfung ist ein vom Law Clerk verfasstes Memorandum, in dem er den Sachverhalt, die Entscheidungen der Vorinstanzen und die Argumente der Parteien zusammenfasst und schließlich eine Empfehlung für die Gewährung oder Verweigerung von Certiorari abgibt. Das Memorandum wird an alle Richter verteilt, die dem Certiorari Pool beigetreten sind.[416]

Der Certiorari Pool kann als modifiziertes Berichterstatter-System bezeichnet werden. Es handelt sich dabei jedoch nicht um eine offizielle Verfahrensweise des US Supreme Court, sondern lediglich um eine von mehreren Richtern tatsächlich geübte Praxis. Nicht jedes Mitglied des US Supreme Court nimmt am Certiorari Pool teil. Es steht den Mitgliedern des Pools jederzeit frei, auszusteigen. Mit Stand 2020 nahmen sieben der neun Richter am Certiorari Pool teil.[417] Wenn sieben Richter dem Certiorari Pool beitreten, dann können die Certiorari-Anträge auf knapp dreißig Law Clerks verteilt werden.

Die nicht poolangehörigen Richter und ihre Law Clerks fungieren gegenüber dem Certiorari Pool als Kontrollorgan.[418] Die nicht teilnehmenden Richter erhalten keinen Zugang zu den Pool Memoranden. Sie beauftragen ihre eigenen Law Clerks, alle eingehenden Certiorari-Anträge selbst zu prüfen und Empfehlungen abzugeben. Hiermit versuchen die nicht teilnehmenden Richter, den traditionellen Grundsatz aufrechtzuerhalten, dass am US Supreme Court jeder Richter die gleiche Verantwortung für jeden Fall trägt. Sie können dem Gericht eine andere Sichtweise auf einen Certiorari-Fall vermitteln als die am Certiorari Pool teilnehmenden Richter sie haben. Die Richter, die dem Pool nicht beigetreten sind, werden nicht als Außenseiter betrachtet, sondern als Diener der

415 Rehnquist, The Supreme Court, S. 232–233.

416 Shapiro, et al., The Supreme Court Practice, S. 319.

417 Justice Alito und Justice Gorsuch haben sich dafür entschieden, nicht am Certiorari Pool teilzunehmen. Black, et al., The conscientious justice, S. 83.

418 Owens/Sieja, Agenda-Setting on the U.S. Supreme Court, in: Epstein, et al., The Oxford handbook of U.S. judicial behavior, S. 169, 172.

anderen Richter und des US Supreme Court, da durch sie die Nachteile des Pool-Verfahrens verringert werden.[419]

Die Tatsache, dass im Certiorari Pool nur ein Memorandum für einen Fall erstellt wird, bedeutet nicht, dass die Certiorari-Unterlagen in jedem Fall nur von einer Person geprüft werden.[420] Chief Justice Rehnquist erläuterte das System des Certiorari Pools und seinen Umgang damit wie folgt:

> *Jeder der rund dreißig Law Clerks des Pools beteiligt sich an der Aufgabe, Memos zu verfassen, die den Sachverhalt und die Argumente für jeden der etwa viertausend Anträge auf Certiorari, die jedes Jahr eingereicht werden, zusammenfassen, und diese Memos werden dann an die Büros der Richter des Pools weitergeleitet. Wenn die Memos des Certiorari-Pools in meinem Büro ankommen, bitte ich meine Law Clerks, sie [...] aufzuteilen, jeweils einen Teil der Memos zu lesen und, falls nötig, auf den Certiorari-Antrag und andere Schriftsätze der Parteien zurückzugreifen, um mir eine Empfehlung zu geben, ob der Certiorari-Antrag bewilligt oder abgelehnt werden sollte. [...] In Fällen, die aus der Sicht des Memos vielleicht ein Votum für die Gewährung von Certiorari zu rechtfertigen scheinen, kann ich meinen Law Clerk bitten, eine der Fragen weiter zu prüfen, und kann die Entscheidung des vorinstanzlichen Gerichts, den Antrag auf Certiorari und die Erwiderungen selbst überprüfen.*[421]

Die Prüfung von Certiorari-Anträgen durch unerfahrene Law Clerks wird teilweise kritisch gesehen. Eines der überzeugendsten Argumente unter vielen Einwänden lautet, dass Law Clerks, die erst seit Kurzem am Gericht arbeiten, risikoscheu seien und zögern würden, die Empfehlung für die Gewährung von Certiorari auszusprechen. Da nur sehr selten Certiorari gewährt wird und die damit verbundenen Konsequenzen sehr weitreichend sind, prüfen die Richter entsprechende Memoranden sehr genau, viel strenger als solche Memoranden, in denen die Ablehnung des Certiorari-Antrags empfohlen wird. Damit steigt auch die Wahrscheinlichkeit, dass Fehler, die dem Law Clerk gegebenenfalls unterlaufen sind, von seinem Richter oder gar von anderen Richtern entdeckt werden. Es ist verständlich, dass Law Clerks diese Situation vermeiden möchten. Noch größere Probleme entstehen, wenn ein schwerwiegender Fehler eines Law Clerks erst auf der Stufe der Sachprüfung festgestellt wird und sich herausstellt, dass ohne diesen Fehler kein Certiorari gewährt worden wäre. Hier zeigt sich besonders deutlich, dass das mit einer unzutreffenden Empfehlung für die

---

419 Die wissenschaftlichen Mitarbeiter eines Richters, der nicht am Certiorari Pool teilnimmt, müssen jede Woche hundert oder mehr Certiorari-Anträge prüfen. O'Brien, Judges on Judging, S. 50.

420 Rehnquist, The Supreme Court, S. 264.

421 Rehnquist, The Supreme Court, S. 233–234.

Gewährung von Certiorari verbundene Risiko viel größer ist, als das Risiko, das mit einer fehlerhaften Ablehnungsempfehlung einhergeht, deren Unrichtigkeit womöglich unbemerkt bleibt. Daher prüfen die Law Clerks die ihnen zur Abfassung des Memorandums zugewiesenen Certiorari-Fälle mit außerordentlich strengem Blick.[422]

Ein weiterer Kritikpunkt an der Mitwirkung der Law Clerks lautet, dass ihr Einfluss auf die Auswahl der Fälle nicht von den Richtern gesteuert werden könne und ihre Tätigkeit den Richtern nicht mehr zurechenbar sei. Kau kritisiert, dass im Certiorari-Verfahren etwa 70 Prozent der Fälle bereits vor der Beratungssitzung ausgeschieden würden, ohne überhaupt von den Richtern zur Kenntnis genommen worden zu sein.[423] Allerdings darf die Verwerfung von Fällen, die im Rahmen des Discuss List-Verfahrens ausscheiden, ohne zuvor Gegenstand der richterlichen Beratung gewesen zu sein, nicht gleichgesetzt werden mit einer Verwerfung ohne Kenntnisnahme durch die Richter. Die Einschätzung von Kau berücksichtigt insbesondere den mehrstufigen, stark ausdifferenzierten Verfahrensablauf nicht hinreichend. Das gesamte Certiorari-Verfahren ist, angefangen von den Questions Presented, über die Discuss List und die Plenarberatung bis hin zur Zulassung von Sondervoten zu Certiorari-Entscheidungen gerade darauf ausgerichtet, dass sich alle Richter mit jedem Certiorari-Antrag persönlich auseinandersetzen. Würde ohnehin nur ein Teil der Fälle von den Richtern selbst geprüft, so könnte auf viele Verfahrensschritte verzichtet werden.

Der Einfluss – und die Verantwortung – des einzelnen Law Clerks werden durch den Certiorari Pool zweifelsohne vergrößert, da innerhalb des Pools für jeden Certiorari-Antrag nur ein einziges Memorandum erstellt wird. In der Praxis teilt das Dezernat des Chief Justice die Prüfungszuständigkeit für einzelne Anträge nach dem Zufallsprinzip den Mitarbeitern eines bestimmten Richters zu. Die fertigen Pool Memoranden werden dem Dezernat des Chief

422 Mauro, The hidden power behind the Supreme Court, USA Today, 13. März 1998, 1A (mit einem Zitat von Richter Stevens); Shapiro, et al., Supreme Court Practice, S. 320; Ward, Law Clerks, in: Epstein et al., The Oxford handbook of U.S. judicial behavior, S. 100, 107.

423 Kau, United States Supreme Court und Bundesverfassungsgericht, S. 447 (ohne Beleg). Es ist davon auszugehen, dass die angegebene Prozentzahl sich auf den Anteil der Fälle bezieht, die nicht auf die Discuss List gesetzt werden, da dieser in der Regel mit etwa 70 Prozent beziffert wird, siehe z. B. Perry, in: Hall, The Oxford companion to the Supreme Court of the United States, S. 154, 155. – Zur Kritik am Einfluss der Law Clerks siehe außerdem: Mauro, The hidden power behind the Supreme Court, USA Today, 13. März 1998, 1A.

Justice übermittelt, das Kopien an alle poolangehörigen Dezernate weiterleitet. Hier prüft ein weiterer Law Clerk das Pool Memorandum und bereitet es speziell für die Bedürfnisse des einzelnen Richters auf.[424] Als Grundlage für die Entscheidung über die Aufnahme eines Falls auf die Discuss List liegen den sieben am Pool teilnehmenden Richtern demnach neben der Verfahrensakte das Pool Memorandum sowie die von einem eigenen Mitarbeiter überarbeitete – und möglicherweise mit einer freimütigeren Stellungnahme versehene – Fassung des Pool Memorandums vor; den übrigen zwei Richtern liegen die Verfahrensakte und das von einem eigenen Mitarbeiter speziell nach ihren Vorgaben erstellte Memorandum vor. Vergegenwärtigt man sich diese komfortable Informationslage und geht man zudem davon aus, dass die Richter des US Supreme Court um die Bedeutung des Agenda-Setting wissen und dass ihnen ein gewisser Gestaltungswille zu eigen ist, so erscheint die Behauptung, ein Großteil der Fälle werde ohne richterliches Zutun aussortiert, wenig plausibel.

Letztlich geht mit arbeitsteiligen Gestaltungen – so auch mit der Vorbereitung von Voten durch die wissenschaftlichen Mitarbeiter am BVerfG[425] und mit der Erstellung von Voten durch die dortigen Berichterstatter[426] – stets eine gewisse Verlagerung von Einflussmöglichkeiten einher. Dessen sind sich aber auch die zur Entscheidung berufenen Richter bewusst, sodass sie durch eine gewissenhafte Arbeitsweise Missbrauchsgefahren minimieren können. Im Hinblick auf die Law Clerks am US Supreme Court ist nicht davon auszugehen, dass sie sich richterliche Entscheidungsbefugnisse anmaßen.[427]

5. *Discuss List*

Der US Supreme Court hat die Anzahl der Certiorari-Fälle, über die in den Beratungen der Richter diskutiert und förmlich abgestimmt wird, mithilfe des Systems der Discuss List (Diskussionsliste), erheblich reduziert. Nach Durchsicht

---

424 Shapiro, et al., The Supreme Court Practice, S. 40, 41; Owens/Sieja, Agenda-Setting on the U.S. Supreme Court, in: Epstein, et al., The Oxford handbook of U.S. judicial behavior, S. 169, 172.

425 Zur Kritik am Einfluss der wissenschaftlichen Mitarbeiter auf die Rechtsprechung des BVerfG und deren Bewertung siehe Volp, in: Barczak (Hrsg.), BVerfGG, 2018, § 1 Rn. 124, 125.

426 Zum Einfluss der Berichterstatter am BVerfG siehe ausführlich Kranenpohl, Hinter dem Schleier des Beratungsgeheimnisses, S. 133–161.

427 Ward, Law Clerks, in: Epstein et al., The Oxford handbook of U.S. judicial behavior, S. 100, 101.

der Certiorari-Anträge, der Schriftsätze der Parteien und der Memos aus dem Certiorari-Pool erstellt der Chief Justice eine Liste, auf der er die Anträge auf Certiorari auflistet, die er für diskussionswürdig hält, und leitet diese Liste an die anderen Richter des US Supreme Court weiter. Die anderen Richter können die Liste um weitere Fälle ergänzen, die sie für diskussionswürdig halten. Fälle, die nicht auf die Liste gesetzt werden, sind automatisch abgelehnt, ohne dass über sie diskutiert wird und ohne dass sie während der Beratung auch nur erwähnt werden.[428] Das System der Discuss List wird von den Richtern anstandslos akzeptiert. Sie argumentieren, dass nach ihrer langjährigen Erfahrung am US Supreme Court die meisten Certiorari-Anträge eindeutig als nicht annahmewürdig anzusehen sind. Viele ehemalige Richter haben den Prozentsatz der Certiorari-Anträge, die sie für unseriös halten, als hoch bezeichnet.[429]

Chief Justice Rehnquist erläuterte wie folgt, warum das System der Discuss List ohne jede Kontroverse akzeptiert wird:

> *In den sechzig Jahren seit dem Erlass des Certiorari Act von 1925 hat es eine erhebliche ideologische Spaltung des Supreme Court gegeben, sodass eine Gruppe von Richtern dazu neigen könnte, eine bestimmte Art von Fällen zu überprüfen, und eine andere Gruppe dazu neigen könnte, eine andere Art von Fällen zu überprüfen. Wenn man sich überlegt, dass jeder der neun Richter, die sich wie üblich untereinander nicht einig sind, welche Fälle wichtig sind und wie sie entschieden werden sollten, darum bitten kann, dass ein Antrag auf Certiorari erörtert wird, ist das Schicksal eines Falles, der auf der Dead List steht, ein wohlverdientes Schicksal. Es bedeutet einfach, dass keiner der neun Richter der Meinung*

---

428 Shapiro, et al., The Supreme Court Practice, S. 321; Chief Justice Rehnquist erläuterte das System der Discuss List wie folgt: „Kurz vor jeder dieser Beratungen verschickt der Chief Justice eine Liste der Anträge, die er diskutiert haben möchte. […] Wenn zu einer bestimmten Beratung einhundert Anträge auf Certiorari auf der Beratungsliste stehen, wird die Anzahl der bei der Beratung diskutierten Anträge bei fünfzehn bis dreißig liegen. Die Anträge auf Certiorari, die nicht für die Beratung vorgesehen werden, sind ohne offizielle Abstimmung abgelehnt." Rehnquist, The Supreme Court, S. 234.

429 In den 1970er-Jahren stellte Richter Brennan fest, dass der US Supreme Court in 70 Prozent aller anhängigen Fälle einstimmig der Ansicht ist, dass die Fragen, die überprüft werden sollen, keine Erörterung in der Konferenz verdienen. Brennan, The National Court of Appeals: another dissent, Univ. Chicago Law Rev. 1973, S. 473, 477. Später schätzte Richterin Ginsburg die Zahl auf nahezu 90 Prozent. Ginsburg, Speech at the Annual Dinner of the American Law Institute, May 19, 1994, online unter: https://awpc.cattcenter.iastate.edu/2017/03/21/speech-at-the-annual-dinner-of-the-american-law-institute-may-19-1994 (Abruf 11.11).

war, der Fall sei es wert, in der Beratung erörtert zu werden, da kein Richter die Gewährung von Certiorari befürwortet […].[430]

Das System der Discuss List kann nur dann als wirksames Instrument funktionieren, wenn der US Supreme Court den Antrag auf Certiorari ohne Begründung ablehnen kann. Selbst bei einem unbedeutenden Fall wäre die Abfassung einer Begründung sehr anspruchsvoll, wenn man bedenkt, dass sich neun Richter mit unterschiedlichen Ansichten auf eine Argumentation einigen müssten.

Dank der Struktur des Writ of Certiorari-Systems, insbesondere der Discuss List und der fehlenden Begründungspflicht für ablehnende Entscheidungen, können die Richter einen nicht annahmewürdigen Certiorari-Antrag relativ schnell erledigen.

V. Writ of Certiorari-Verfahren und Sachprüfungsverfahren

Das Writ of Certiorari-System bietet eine Vielzahl von Vorteilen. Sieht man nur die Verringerung der Arbeitsbelastung des US Supreme Court, so wäre dies eine begrenzte und verengte Perspektive, denn das System bringt auch erhebliche Vorteile für die Sachprüfung mit sich.

Im Folgenden wird kurz darauf eingegangen, wie das Verfahren der Begründetheitsprüfung verläuft, das im Anschluss an die Gewährung von Certiorari stattfindet. Es geht hier nicht darum, dieses Verfahren im Detail darzustellen. Vielmehr soll erörtert werden, auf welche Weise und in welchem Umfang das Certiorari-Verfahren positive Auswirkungen auf die Sachprüfung hat, die ansonsten ausbleiben würden.

1. Einreichung von Schriftsätzen zur Begründetheit

Sobald der US Supreme Court in einem Fall Certiorari gewährt hat, hat jede Partei die Möglichkeit, einen Schriftsatz zur Sache einzureichen. Im Gegensatz zu den Schriftsätzen in der Certiorari-Phase wird dem Gericht in den Schriftsätzen zur Hauptsache dargelegt, warum die jeweilige Partei meint, dass in der Sache zu ihren Gunsten entschieden werden sollte. Der Umstand, dass das Thema, das vorgetragen und erörtert wird, bereits durch die QP eingegrenzt ist, trägt

430 Rehnquist, The Supreme Court, S. 235. Die von Rehnquist erwähnte Dead List bezeichnet die Liste der Verfahren, die von keinem Richter auf die Diskussionsliste gesetzt wurden und die somit schon vor der Beratung abgelehnt sind.

maßgeblich zu einer effektiven und effizienten Kommunikation in den Schriftsätzen und bei der Diskussion in der mündlichen Verhandlung bei.[431]

Ebenso wie für die Anträge und Schriftsätze im Certiorari-Verfahren gibt es auch auf der Stufe des Hauptsacheverfahrens eine in Worten bemessene Obergrenze für die Länge der Schriftsätze. Der US Supreme Court hat die Länge der Schriftsätze erst 1980 begrenzt. In wichtigen verfassungsrechtlichen Fällen war es oft gerechtfertigt und wünschenswert, die Ergebnisse gründlicher historischer und sonstiger Nachforschungen darzulegen. Viele andere komplexe Verfahren, etwa auf dem Gebiet des Kartellrechts, erforderten eine detaillierte Analyse sehr umfangreicher Akten. Schriftsätze von mehr als hundert Seiten waren in solchen Fällen keine Seltenheit und ihr Umfang war oft völlig gerechtfertigt.[432]

Die Zunahme der Arbeitsbelastung des US Supreme Court ab den 1950er-Jahren zwang das Gericht zur Einführung verschiedener Verfahrensvorschriften zum Schutz seiner Funktionsfähigkeit. Über viele Jahre hat der US Supreme Court den Umfang von Schriftsätzen zur Hauptsache auf 50 Seiten und den von Erwiderungsschriftsätzen auf 20 Seiten begrenzt. Mit der Überarbeitung der Regeln im Jahr 2007 wurden die Seitenlimits durch Wortlimits ersetzt.[433] Bei Vorliegen eines wichtigen Grundes kann beim Gericht oder bei einem Richter beantragt werden, einen längeren Schriftsatz einreichen zu dürfen, aber derartige Anträge sind ausdrücklich „unerwünscht“.[434]

2. *Mündliche Verhandlung*

Das Verhältnis zwischen dem US Supreme Court und der öffentlichen Meinung wirft Fragen auf, die für Beobachter des Gerichts von großem Interesse sind. Erstens stellt sich die Frage: Wird der US Supreme Court von der öffentlichen Meinung beeinflusst? Zweitens kann man umgekehrt fragen: Hat der US Supreme Court die Möglichkeit, die öffentliche Meinung durch seine Urteile zu beeinflussen?[435]

---

431 Der Antragsteller reicht seinen Schriftsatz zur Sache innerhalb von 45 Tagen nach Erlass des Beschlusses über die Gewährung von Certiorari ein. Der Antragsgegner reicht seinen Schriftsatz zur Sache innerhalb von 30 Tagen nach Einreichung des Schriftsatzes des Klägers ein (Supreme Court Rules 25.1 und 25.2).

432 Shapiro, et al., The Supreme Court Practice, S. 718.

433 Rule 24.3 und Rule 33.1 regeln die Wortgrenzen: 15.000 Wörter für Hauptschriftsätze in der Sache und 6.000 Wörter für Antwortschriftsätze.

434 Supreme Court Rule 33.1(d): “... application for such leave is not favored.”

435 Epstein, et al., The Supreme Court Compendium, 2015, S. 735.

Die Richter sind unabhängig von der öffentlichen Meinung und nicht den Mehrheitsinteressen verpflichtet. Dennoch kann niemand bestreiten, dass es für den US Supreme Court wichtig ist, mit verschiedenen Personen, Experten, Institutionen und der Öffentlichkeit zu kommunizieren. Das liegt nicht nur daran, dass das Gericht Informationen aus verschiedenen Fachdisziplinen benötigt, um fundiertere Entscheidungen zu treffen, oder daran, dass es den Rückhalt der Öffentlichkeit benötigt, um seine Legitimität zu wahren. Es liegt auch daran, dass der US Supreme Court mit so wichtigen Fragen befasst ist, dass nicht einige wenige Juristen, auch nicht die Richter des höchsten Gerichts, sie allein entscheiden können und dürfen.

(1) Anzahl der mündlichen Verhandlungen pro Jahr

Die mündliche Verhandlung ist ein sehr wichtiger Verfahrensbestandteil für die Kommunikation zwischen den Parteien und den Richtern, zwischen den Richtern untereinander sowie zwischen dem Gericht und der Öffentlichkeit. Mithilfe des Writ of Certiorari-Systems und insbesondere der QP gelingt es dem US Supreme Court, für jede Certiorari gewährte Rechtssache eine mündliche Verhandlung abzuhalten, d. h. für 80 bis 150 Fälle pro Jahr. In der Amtszeit von Chief Justice Burger (1969 bis 1986) stieg die Anzahl der mündlichen Verhandlungen pro Jahr auf etwa 180 Fälle an. Unter Chief Justice Rehnquist (1986 bis 2005) wurde die Anzahl der zugelassenen Fälle und gleichzeitig der mündlichen Verhandlungen auf etwa 80 pro Jahr reduziert. In der aktuellen Amtsperiode führt Chief Justice Roberts (2005 bis heute) diese Praxis fort.[436] 80 Fälle pro Jahr sind eine erstaunliche Anzahl, insbesondere wenn man sie mit den Statistiken des BVerfG vergleicht. Obwohl das BVerfG zwei Senate hat, hält es nur sehr wenige mündliche Verhandlungen ab. Von 1990 bis 2018 hat das BVerfG durchschnittlich etwa sieben mündliche Verhandlungen pro Jahr durchgeführt. 2019 hat das BVerfG vier mündliche Verhandlungen abgehalten.[437]

Am US Supreme Court ist es dank des Certiorari-Systems möglich, eine viel größere Anzahl von Fällen mündlich zu verhandeln. Im Rahmen des Certiorari-Systems werden nur sehr wichtige Fälle angenommen und nur deren wichtigste Fragen, die angenommenen QP, in der mündlichen Verhandlung erörtert. Diese Beschränkung auf eine kleine Anzahl an Fällen und Themen kann in der

436 O'Brien, Judges on Judging, S. 54.

437 BVerfG, Jahresstatistik 2020, S. 16, abrufbar unter: www.BVerfG.de/DE/Verfahren/Jahresstatistiken/jahresstatistiken_node.html (Abruf am 11.11.2021).

mündlichen Verhandlung zu einer effizienten, intensiven und effektiven Diskussion führen.[438]

(2) Kalendarischer Rahmen der mündlichen Verhandlung

Jeder Fall, in dem ein Writ of Certiorari gewährt wurde, wird mündlich verhandelt. Sowohl der Antragsteller als auch der Antragsgegner kann seine Argumente vor dem US Supreme Court mündlich vortragen. Sobald alle Schriftsätze von den Parteien eingereicht sind, wird ein Termin für eine mündliche Verhandlung des Falls angesetzt.

In jedem Jahr setzt der US Supreme Court etwa 14 Wochen für mündliche Verhandlungen an, die am ersten Montag im Oktober beginnen und etwa in der letzten Aprilwoche enden. Üblicherweise werden zwei aufeinanderfolgende Wochen mit mündlichen Verhandlungen vorgesehen, wobei jeweils anschließend mindestens zwei verhandlungsfreie Wochen eingeplant werden. Eine Verhandlungswoche besteht aus öffentlichen Sitzungen am Montag, Dienstag und Mittwoch.[439]

Die mündliche Verhandlung ist dann sehr einflussreich, wenn sie in zeitlicher Nähe zur Beratung und Abstimmung der Richter über den Fall stattfindet. Die Beratungen und Abstimmungen der Richter des US Supreme Court finden in der Verhandlungswoche zwei bis drei Tage nach Abschluss der jeweiligen mündlichen Verhandlung statt. Alle Teilnehmer sind sich darüber im Klaren, dass die mündliche Verhandlung direkten Einfluss auf die Abstimmung der Richter haben wird. Dieser gut durchdachte Zeitplan hebt die Bedeutung der mündlichen Verhandlung hervor und führt dazu, dass sich die Teilnehmer engagiert in die Diskussion in der mündlichen Verhandlung einbringen.

Die Richter haben sich bereits vor der mündlichen Verhandlung auf die anstehende Abstimmung vorbereitet, daher sind sie umfassend über die Fälle und Themen informiert, die Gegenstand der Verhandlung sind, und kennen insbesondere auch die schwierigen Fragen, bei deren Beantwortung sie sich durch

---

438 Mithilfe des QP-Systems und der damit verbundenen Themenbeschränkung kann der US Supreme Court in jedem Fall, in dem er Certiorari gewährt hat, eine mündliche Verhandlung abhalten und deren Ablauf effizient gestalten. In der Amtszeit von Chief Justice Warren (1953 bis 1969) wurde die Zeit pro Prozesspartei von zwei Stunden auf eine Stunde reduziert. Seit 1972 gewährt das Gericht jeder Partei eine halbe Stunde Zeit. O'Brien, Judges on Judging, S. 54.

439 Shapiro, et al., The Supreme Court Practice, S. 13–14. Das Gerichtsjahr des US Supreme Court beginnt am ersten Montag im Oktober und endet am Tag vor dem ersten Montag im Oktober des folgenden Jahres (Supreme Court Rule 3).

das Vorbringen der Parteien unterstützen lassen. Hierzu stellen die Richter den Parteien während der Verhandlung viele komplexe Fragen. Da die Parteien mit diesen Fragen rechnen, kommen sie bestens vorbereitet in die mündliche Verhandlung und wirken hier konzentriert mit. Infolgedessen sind die Fragen der Richter, die Antworten der Parteien und die Diskussion der widerstreitenden Ansichten in dem Verfahren äußerst hilfreich und einflussreich im Hinblick auf den kurz darauf anberaumten richterlichen Beratungstermin, die Abstimmung und die bestmögliche Entscheidungsfindung des US Supreme Court.

(3) Öffentliche Diskussion und mündliche Verhandlung

Für ein Gericht, das die Verfassung interpretiert, ist es besonders wichtig, öffentlich zu kommunizieren und zu diskutieren. Jedoch ist es für normale Bürger schwierig, sich mit den zahlreichen komplizierten Fragen der Fälle zu befassen. Deshalb ist die erste und wichtigste Voraussetzung für die Kommunikation zwischen dem US Supreme Court und der Öffentlichkeit, dass die Bürger die Fragen verstehen, die in den Verfahren diskutiert und entschieden werden.

Die meisten Bürger haben kein ausgeprägtes Interesse an gerichtlichen Entscheidungsprozessen. Außerdem absorbieren private und berufliche Anforderungen bei vielen Menschen zunehmend einen Großteil ihrer Aufmerksamkeit. Trotz all seiner Macht kann der US Supreme Court das Interesse der Bürger an seinen Verfahren und Entscheidungen nicht erzwingen. Der US Supreme Court kann lediglich Informationen bereitstellen und den Zugang zu Argumenten, Diskussionen, und Entscheidungen ermöglichen.

Viele komplizierte Rechtsfragen und ein Labyrinth aus Verfahrensvorschriften und Fachtermini sind ein großes Hindernis für viele Bürger, die gerichtliche Diskussion zu verstehen und Interesse daran zu entwickeln. Deshalb muss offene Diskussion etwas anderes bedeuten, als öffentlicher Zugang zu Gerichtsverhandlungen und zu Informationen darüber. Gerichtsöffentlichkeit und Gerichtsberichterstattung allein führen in der modernen Gesellschaft nicht zu wirklicher Partizipation. Die Justiz sollte die Verantwortung dafür übernehmen, Themen von übergreifender Wichtigkeit in möglichst unkomplizierter Form zur Debatte zu stellen, wenn sie die Bevölkerung zur Teilnahme an der Diskussion einladen will.

Durch das Writ of Certiorari-System einschließlich des QP-Systems kann sich der US Supreme Court auf die wichtigsten verfassungsrechtlichen und für die breite Öffentlichkeit relevanten Fragen konzentrieren. Der Verfahrensgestaltung kommt demnach eine Schlüsselrolle zu, wenn es darum geht, das öffentliche Interesse an den Fällen vor dem US Supreme Court zu steigern. Obwohl die

Bürger natürlich keine Möglichkeit haben, unmittelbar bei Gericht ihre Meinung zu äußern oder die Entscheidungen direkt zu beeinflussen, legt das auf Transparenz und Komplexitätsreduktion ausgerichtete Verfahren die Grundlage für eine offene Diskussion über die zu entscheidenden Rechtsfragen. Die Gewährung von Certiorari und die mündliche Verhandlung zu einer bestimmten Frage bedeuten eine Einladung an die Bevölkerung, die Kommunikation im Diskussionsforum des US Supreme Court mitzuverfolgen. Die Bürger werden die betreffenden Fragen in vielen verschiedenen Bereichen außerhalb des Gerichts diskutieren, weil sie wissen, dass es sich um ein für die Gesellschaft sehr wichtiges Thema handelt und weil sie die rechtlichen Fragen in ihren wesentlichen Grundzügen verstehen. Dies funktioniert vor allem deshalb, weil sich die Einladung nicht auf hoch komplizierte Rechtsfälle bezieht, die allenfalls für Fachkreise durchschaubar sind, sondern auf einige sehr wichtige, klar formulierte Fragen der Gesellschaft, zu denen sich jeder eine eigene Meinung bilden kann.

Im Writ of Certiorari-Verfahren finden die mündliche Verhandlung, bei der alle für die Sachentscheidung wesentlichen Aspekte vorgetragen und erörtert werden, die anschließende richterliche Plenarberatung einschließlich der Abstimmung in derselben Woche statt, was sich auf das öffentliche Interesse und die öffentliche Diskussion sehr vorteilhaft auswirkt. Der deliberative Charakter dieses Verfahrens beim US Supreme Court verwirklicht bestmöglich den Anspruch, die Gesellschaft in die Diskussion einzubeziehen.

3. *Beratung der Richter*

Nach der mündlichen Verhandlung ist der Fall reif für eine Entscheidung durch den US Supreme Court. Die Beratung der Richter (full-bench conference) findet einige Tage nach Abschluss der mündlichen Verhandlung statt. Bei der Beratung sind nur die Richter selbst anwesend. Daher muss jeder Richter die zu erörternden Fragen und die Argumente kennen, die er vorbringen möchte.[440] Chief Justice Rehnquist erläuterte die Praxis des US Supreme Court wie folgt:

> *Es muss ein Zeitpunkt kommen, zu dem das Nachdenken über die eigene Meinung beendet ist und die Beratung mit den Kollegen und die Abstimmung beginnt. Dieser Zeitpunkt ist jeden Mittwochnachmittag, und die Abstimmung muss für die Fälle beginnen, die am Montag verhandelt wurden, und am Freitag für die Fälle, die am Dienstag und Mittwoch verhandelt wurden.*[441]

---

440 Rehnquist, The Supreme Court, S. 253.

441 Rehnquist, The Supreme Court, S. 252.

Bei der Beratung beginnt der Chief Justice mit der Erörterung der Rechtssache. Der ehemalige Chief Justice Burger (Amtszeit von 1969 bis 1986) beschrieb das von Chief Justice Rehnquist und Chief Justice Roberts angewandte Verfahren wie folgt: „Der Chief Justice gibt eine kurze Zusammenfassung der Rechtsfragen, um die es seiner Ansicht nach geht, und erläutert in einigen Fällen gegebenenfalls auch seine Sicht der Dinge."[442]

In der Beratung des US Supreme Court geben die Richter nach der Diskussion ihr Votum ab, um eine Entscheidung in der besprochenen Sache zu treffen. 28 U.S.C. § 1 besagt, dass „sechs Richter beschlussfähig sind." Dies wird in Supreme Court Rule 4.2 wiederholt.[443] Aber weder das Gesetz noch Rule 4.2 legen fest, wie viele Mitglieder des Quorums für die Begründetheit der Klage stimmen müssen, damit die vorinstanzliche Entscheidung aufgehoben wird. Wenn alle neun Richter an der Abstimmung teilnehmen, sind für die Aufhebung des vorinstanzlichen Urteils mindestens fünf Stimmen hierfür erforderlich. Wenn nicht alle Richter anwesend sind, aber das Quorum erfüllt ist, stellt sich die schwierige Frage, wie viele Stimmen für die Aufhebung der vorinstanzlichen Entscheidung erforderlich sind. Die Entscheidungspraxis der letzten 80 Jahre hat gezeigt, dass der US Supreme Court hier die Mehrheitsregel anwendet.[444]

4. *Abfassung der Urteilsgründe und der Sondervoten*

Der ehemalige Chief Justice Rehnquist hat einmal beschrieben, wie wenig leidenschaftlich die Stimmung bei der Beratung ist:

> *Als ich zum ersten Mal an den Supreme Court kam, war ich sowohl überrascht als auch enttäuscht, wie wenig Interaktion es zwischen den verschiedenen Richtern während der Beratung eines Falles gab. Jeder trug seine Ansichten vor, und ein jüngerer Richter konnte seine Zustimmung oder Ablehnung zu den Ansichten ausdrücken, die ein älterer Richter in der Diskussion geäußert hatte, aber umgekehrt fand das nicht statt; die Ansichten eines jüngeren Richters wurden selten kommentiert, weil die Stimmen [der älteren Richter] entsprechend der Reihenfolge bereits abgegeben worden waren. [...] Jedes Mitglied des Supreme Court hatte die von ihm für notwendig erachtete Arbeit geleistet, um zu seinen eigenen Ansichten zu gelangen, bevor es in die Beratung kam; es handelt sich nicht um eine*

442 Burger, "Supreme Court Film", S. 12, zitiert nach: David M. O'Brien, Judges on Judging, S. 63.

443 Shapiro, et al., The Supreme Court Practice, S. 6.

444 322 U.S. 533 (1944); 353 U.S. 587 (1957); 407 U.S. 67 (1972). Es ist eine traditionelle Regel des Common Law, dass in Ermangelung einer gegenteiligen gesetzlichen Bestimmung bei einem Kollektivorgan die Mehrheit eines Quorums befugt ist, für das Organ zu handeln. Shapiro, et al., The Supreme Court Practice, S. 6.

> *bull session (angeregte Unterhaltung), in der spontane Reaktionen ausgetauscht werden, sondern um eine Diskussion, in der durchdachte Ansichten dargelegt werden.*[445]

Eine inoffizielle, aber kaum weniger wichtige und oftmals kontroversere Diskussion der Richter findet nach der Beratung statt, wenn die Richter die Urteilsentwürfe verfassen und erörtern. In diesen Besprechungen wird über das Vorgehen beim Verfassen der Urteilsgründe und der abweichenden Meinungen einzelner Richter diskutiert. Der Bekanntgabe der Urteilsentwürfe gegenüber den anderen Richtern ermöglicht die Verfeinerung von Ideen und fördert Erörterungen und Überlegungen, bevor die endgültige Entscheidung in einer Rechtssache getroffen wird. Das Ausarbeiten und Verfassen der Urteilsgründe und der abweichenden Meinungen ist daher von zentraler Bedeutung für den heute üblichen Beratungsprozess des US Supreme Court.[446]

Es entspricht der Praxis des US Supreme Court, dass alle Abstimmungen in den Beratungen vorläufig sind. Richter John M. Harlan betonte:

> *Die Abstimmung ist nicht abgeschlossen, bis die Entscheidung tatsächlich gefällt ist. Bis dahin steht es jedem Mitglied des Supreme Court völlig frei, sein Votum zu ändern, und es ist nicht ungewöhnlich, dass eine überzeugende Mindermeinung zur herrschenden Meinung wird.*[447]

Nach der Abstimmung über eine bestimmte Entscheidung in der Beratung beginnen die Richter mit der Ausarbeitung der Urteilsbegründung und gegebenenfalls der Sondervoten. Da es keinen Berichterstatter gibt, muss der US Supreme Court jedes Mal entscheiden, welcher Richter den Urteilsentwurf verfassen soll.

Der US Supreme Court hat eine Praxis entwickelt, wie der Richter bestimmt wird, der für die Erarbeitung des Urteilsentwurfs zuständig ist: Stimmt der Chief Justice mit der Mehrheit, so ist es sein Vorrecht, einem Richter die Aufgabe der Erstellung des Urteilsentwurfs zu übertragen. Der vorläufige Charakter der Abstimmungen in der Beratung unterstreicht die wichtige Rolle dieses Vorrechts des Chief Justice. Er kann einen Richter auswählen, der für die Mehrheitsmeinung gestimmt hat und dessen Ansichten den größtmöglichen Konsens erwarten lassen.[448]

---

445 Rehnquist, The Supreme Court, S. 254–255.

446 O'Brien, Judges on Judging, S. 59.

447 Harlan, A Glimpse of the Supreme Court at work, Univ. Chicago Law School Record, 1963, S. 7.

448 O'Brien, Judges on Judging, S. 58.

Chief Justice Rehnquist erläuterte die Bedeutung der Zuweisung dieser Aufgabe und die mit ihr verbundene Verantwortung wie folgt:

> *Ich weiß aus meiner Zeit als Associate Justice, wie wichtig die Zuweisung der Aufgabe, einen Urteilsentwurf zu verfassen, für jedes Mitglied des Supreme Court ist. Die unterzeichneten Urteilsbegründungen und abweichenden Meinungen sind quasi der einzige sichtbare Beleg für die Arbeit eines Richters am Supreme Court, und das Amt bietet keine größere Belohnung als die Möglichkeit, ein Urteil des Supreme Court zu einem wichtigen Punkt des Verfassungsrechts zu verfassen. Als Associate Justice habe ich mich auf diese Aufgabe gefreut, und ich glaube, meine Law Clerks haben sich noch mehr darauf gefreut als ich. […] Als Chief Justice trage ich in Fällen, in denen ich mit der Mehrheit gestimmt habe, natürlich die Verantwortung für die Bestimmung des Richters, der die Entscheidung des Supreme Court verfassen wird. Dies ist eine bedeutende Verantwortung, und es ist wünschenswert, dass sie sorgfältig und fair wahrgenommen wird.*[449]

Die Ausarbeitung des Urteils erfolgt im Dezernat des Richters, der mit der Abfassung des Entwurfs beauftragt wurde. Es wird erwartet, dass seine Law Clerks Wochen, wenn nicht Monate, zusammen mit dem Richter an dieser Aufgabe arbeiten.[450] Nach der Ausarbeitung des Urteilsentwurfs leitet der zuständige Richter diesen zur Überprüfung und Stellungnahme an die anderen Richter, die mit der Mehrheit gestimmt haben, weiter. Die dissentierenden Richter beginnen mit der Ausarbeitung ihres Sondervotums. Es kann vorkommen, dass die ersten Entwürfe mehrfach überarbeitet werden, da die Richter über den Wortlaut ihrer Texte verhandeln und die Argumente der Mehrheitsmeinung oder der abweichenden Meinung berücksichtigen. Da alle Abstimmungen bis zur endgültigen Entscheidung vorläufig sind, ist das Verfassen eines Urteilsentwurfs eine anspruchsvolle Aufgabe. Die Richter, die mit der Mehrheit gestimmt haben, können sich der abweichenden Meinung anschließen oder ein eigenes Sondervotum verfassen, wenn sie mit dem Entscheidungsentwurf der Mehrheit nicht einverstanden sind. Selbst wenn der Chief Justice den Richter ausgewählt hat, der den Urteilsentwurf ausarbeiten soll, gibt es keine Garantie dafür, dass dieser tatsächlich das endgültige Urteil verfasst. Die Richter, die mit der Abfassung von Entwürfen betraut sind, tun ihr Bestes dafür, dass ihr Text von der Mehrheit unterstützt wird und somit das Urteil ergehen kann.

Das Bemühen der Richter, ihre Begründung als Meinung des Gerichts durchzusetzen, und ihre Interaktion mit anderen Richtern sind wichtige Dimensionen im Beratungsprozess des Gerichts. Jeder Richter des US Supreme Court hat

---

449 Rehnquist, The Supreme Court, S. 260.
450 O'Brien, Judges on Judging, S. 58.

durch die Begründungen der Urteile und Sondervoten, die unter seinem Namen veröffentlicht wurden, seine eigene Position etabliert. Die Richter achten auf Übereinstimmung mit ihren bisherigen Positionen, wenn sie eine Begründung entwerfen oder sich einer Entscheidung oder einer abweichenden Meinung anschließen. Das führt zu intensiven Gesprächen unter den Richtern. Die Kompromissbereitschaft des Verfassers eines Urteilsentwurfs hängt entscheidend von der Anzahl der Stimmen ab, die das Mehrheitsergebnis der Beratung unterstützen. Wenn die Mehrheit nicht stabil sondern knapp ist, steht der Verfasser des Entwurfs unter erheblichem Druck, etwas auszuarbeiten, das auch Kritiker zufriedenstellt, um fünf Stimmen für den Entwurf zu erhalten.[451]

Der ehemalige Richter William J. Brennan Jr. beschrieb seine Erfahrungen wie folgt:

> *Ich habe mehr als eine vorgeschlagene Mehrheitsmeinung zu einem Sondervotum abgeändert, bevor die endgültige Entscheidung verkündet wurde. Ich habe jedoch auch die befriedigendere Erfahrung gemacht, eine abweichende Meinung in eine Mehrheitsmeinung des Supreme Court umzuschreiben. Bevor sich jeder endgültig entschieden hat, findet ein ständiger Austausch zwischen uns statt: per Memoranden, per Telefon, am Mittagstisch, während wir die endgültige Form der Begründung ausarbeiten. Ich hatte einen Fall […], in dem ich zehn gedruckte Entwürfe in Umlauf gebracht habe, bevor einer als Begründung des Gerichts genehmigt wurde.*[452]

Das Verfassen von Urteilen ist sehr wichtig für die Weiterentwicklung der Rechtsprechung und die Interpretation der Verfassung. Es ist viel wahrscheinlicher, dass es zu einer sachkundigen Diskussion und einem Meinungsaustausch zwischen den Richtern kommt, wenn sie sich nur mit den wichtigsten Themen befassen müssen, die zudem klar abgegrenzt sind. Durch das Certiorari-Verfahren kann der US Supreme Court überprüfungswürdige Fälle auswählen, und kann, was noch wichtiger ist, einzelne Fragen des ausgewählten Falls herausgreifen, die er in der Sache prüfen möchte.

Um seinen Entwurf von anderen Richtern genehmigen zu lassen, muss sich der Verfasser intensiv mit den Ansichten der anderen Richter, der bisherigen Rechtsprechung des Supreme Court und auch den bisher veröffentlichten Sondervoten auseinandersetzen. Diese vertiefte Befassung mit der Sache und der intensive Meinungsaustausch zwischen den Richtern sind möglich, weil der Prüfungsgegenstand in dem Beschluss, mit dem Certiorari gewährt wurde, durch

451 Rehnquist, The Supreme Court, S. 264.

452 Brennan, State Court Decisions, S. 405, zitiert nach David M. O'Brien, Judges on Judging, S. 58.

die klar umrissene Formulierung der QP begrenzt wurde. Das Gericht hat diese Beschränkung weder veranlasst, noch allein über sie entschieden. Sondern hat der Antragsteller in seinem Certiorari-Antrag diese QP selbst beschlossen und formuliert. Überdies hat der Antragsteller, um die Wahrscheinlichkeit der Annahme zu erhöhen, sich auf die wichtigsten und dringendsten Fragen konzentriert. Das Certiorari-Verfahren ist also nicht nur ein Auswahlverfahren, sondern auch ein Verfahren zur Vorbereitung einer intensiven und zielgerichteten Diskussion in der Phase der Sachprüfung.

C. Der Vorschlag zur Reform des Annahmeverfahrens beim Bundesverfassungsgericht aus dem Jahr 1997

I. Die Entlastungs-Kommission und ihr Vorschlag

1. Einberufung der Kommission im Jahr 1996

Seit Jahrzehnten leidet das BVerfG unter der großen Anzahl an Verfassungsbeschwerden. Der Gesetzgeber hat verschiedentlich versucht, durch Reformen des BVerfGG Abhilfe zu schaffen, indes vergeblich. Die Anzahl der Eingänge beim BVerfG war insbesondere in den Jahren 1990 und 1995 sprunghaft gestiegen. Gleichzeitig hatten sich die Rückstände nach Anzahl und Dauer wesentlich vergrößert.[453]

Im Jahr 1996 warnte Ernst-Wolfgang Böckenförde beim Ausscheiden aus seinem Amt als Verfassungsrichter davor, dass ein Fortbestehen der gegenwärtigen Arbeitsbelastung zum Kollaps und zum Zerfall des Gerichts von innen führen würde. Er sprach sich klar für die Einführung eines Annahmeverfahrens nach dem Vorbild des US Supreme Court aus, dessen Annahmeentscheidungen dem richterlichen Ermessen unterliegen. Für das BVerfG solle geregelt werden, dass der Senat eine Verfassungsbeschwerde dann zur Entscheidung anzunehmen hat, wenn mindestens drei Richter dafür stimmen.[454]

Auf Anregung des BVerfG berief der Bundesjustizminister am 15. Juli 1996 eine elfköpfige Kommission ein, die Reformvorschläge zur Entlastung des BVerfG erarbeiten sollte.[455] Die Kommission setzte sich mit der gesamten

---

453 Bundesministerium der Justiz (Hrsg.), Entlastung des Bundesverfassungsgerichts, Bericht der Kommission), S. 13, 15.

454 Böckenförde, FAZ v. 24.05.1996, S. 8; ders., ZRP 1996, S. 281.

455 Die Kommission bestand aus 11 Mitgliedern, darunter Prof. Dr. Ernst Benda (Präsident des BVerfG a.D., Vorsitzender der Kommission), Dr. Wolfgang Heyde (Ministerialdirektor im Bundesministerium der Justiz), Dr. Karin Graßhof (Richterin des BVerfG), Prof. Dr. Dieter Grimm (Richter des BVerfG), Dr. Gustav Lichtenberger

Fülle von Vorschlägen auseinander, die seit Jahrzehnten im wissenschaftlichen und politischen Raum und in der Öffentlichkeit diskutiert worden waren. Sie gelangte zu einem einzigen Vorschlag: der Einführung eines Annahmeverfahrens für Verfassungsbeschwerden, das eine Ermessensentscheidung vorsieht.[456]

Der Vorschlag der Kommission wurde nicht umgesetzt, sodass die 1993 eingeführten Regelungen zum Annahmeverfahren bis heute fortgelten. Der Präsident des BVerfG Voßkuhle hat 2015 einen offenen Brief auf der Internetseite des BVerfG veröffentlicht. Darin weist er nachdrücklich darauf hin, dass das Gericht dringend einen neuen Plan benötige, um der steigenden Anzahl von eingehenden Verfahren Herr zu werden.[457]

2. Belastungssituation im Jahr 1996

Die Neueingänge beim BVerfG erreichten im Jahr 1995 mit 5.911 Verfahren einen neuen Höchststand. Mit einem Anteil von 97 bis 98 Prozent stellten Verfassungsbeschwerden die bei Weitem häufigste Verfahrensart dar. 40 bis 60 Prozent der Verfassungsbeschwerden bezogen sich dabei auf die Verletzung von Verfahrensgrundrechten, insbesondere des rechtlichen Gehörs.[458]

Auch wenn die ständig steigende Arbeitsbelastung nicht zur vollständigen Aufhebung der Funktionsfähigkeit des BVerfG führte, so hatte sie doch erkennbar negative Auswirkungen auf die Arbeit des Gerichts. Einer der bedenklichsten Nebeneffekte ist der deutliche Rückgang der Anzahl der Senatsberatungen. In den letzten zehn Jahren vor 1995 ist die Anzahl der Entscheidungen beider Senate um mehr als die Hälfte zurückgegangen: Waren es bis Mitte der

---

(Vorsitzender Richter am Oberlandesgericht). Bundesministerium der Justiz (Hrsg.), Entlastung des Bundesverfassungsgerichts, Bericht der Kommission), S. 13.

456 Bundesministerium der Justiz (Hrsg.), Entlastung des Bundesverfassungsgerichts, Bericht der Kommission), S. 15.

457 BVerfG, Jahresstatistik 2014, Geleitwort des Präsidenten („Der Ruf nach Entlastung des BVerfG – eine unendliche Geschichte?"), abrufbar unter: www.BVerfG.de/DE/Verfahren/Jahresstatistiken/jahresstatistiken_node.html (Abruf am 11.11.2021).

458 Laut der Statistik ist die Anzahl der Neueingänge 2017 und 2018 ist etwa ähnlich. 2017 wurden 5.982 Neueingänge verzeichnet, darunter 5.784 Verfassungsbeschwerden; 2018 waren es 5.959, davon 5.678 Verfassungsbeschwerden. BVerfG, Jahresstatistik 2020, S. 14, abrufbar unter: www.BVerfG.de/DE/Verfahren/Jahresstatistiken/jahress tatistiken_node.html (Abruf am 11.11.2021).

1980er-Jahre durchschnittlich rund 70 Senatsentscheidungen pro Jahr, lag die Anzahl Mitte der 1990er-Jahre nur noch bei rund 30.[459]

Eine weitere unübersehbare Auswirkung besteht in der Zunahme der Anzahl der Verfassungsbeschwerden, denen von einer Kammer stattgegeben wird. Im Jahr 1987 lag die Anzahl stattgebender Kammerentscheidungen bei 64, im Jahr 1993 waren es bereits 259.[460] Die Bewertung dieser Tendenz ist uneinheitlich. Die einen mögen sie für gut befinden und darin eine Verbesserung des Grundrechtsschutzes durch das BVerfG erkennen. Andere mögen sie für besorgniserregend halten, weil die Tendenz darauf hindeutet, dass die Senatsberatungen marginalisiert werden und die Rolle der Senate des BVerfG geschwächt wird.

Wie in Kapitel 3 dargestellt wurde, wird der allergrößte Teil der Verfassungsbeschwerden durch die Kammern entschieden. Ob man diesen Umstand als zweckmäßig erachtet, hängt stark davon ab, worin man die eigentliche Funktion des BVerfG sieht.

Die Kommission äußerte die Auffassung, dass der Schwerpunkt der Funktion des BVerfG in der Interpretation des Grundgesetzes liege, nicht in der Korrektur von Fehlentscheidungen der Fachgerichte. Die Voraussetzungen für die Erfüllung dieser Funktion waren der Kommission zufolge angesichts der hohen Anzahl an Verfassungsbeschwerden nicht mehr gegeben.[461] Die Arbeitsbelastung und der Bedeutungsgewinn der Kammern gefährden demnach die Funktion und die Identität des Gerichts.

3. *Empfehlung der Kommission für ein Annahmeverfahren für Verfassungsbeschwerden*

Die Kommission hat sich 1997 klar für eine grundlegende Reform ausgesprochen. Mit zehn Stimmen zu einer Stimme empfahl sie eine Reform des

459 Zum Beispiel lag im Jahr 1987 die Anzahl der Senatsentscheidungen bei 61 (davon 46 Entscheidungen über Verfassungsbeschwerden) und 1993 nur noch bei 33 (davon 22 Entscheidungen über Verfassungsbeschwerden). Die Kommission hat diesen Rückgang als Funktionsverlust des BVerfG interpretiert. Bundesministerium der Justiz (Hrsg.), Entlastung des Bundesverfassungsgerichts, Bericht der Kommission), S. 15, 28. In jüngerer Zeit wurden pro Jahr 39 (2017) bzw. 33 (2018) Senatsentscheidungen gefällt.

460 Bundesministerium der Justiz (Hrsg.), Entlastung des Bundesverfassungsgerichts, Bericht der Kommission), S. 28.

461 Bundesministerium der Justiz (Hrsg.), Entlastung des Bundesverfassungsgerichts, Bericht der Kommission), S. 15; 30–31.

Annahmeverfahrens der Verfassungsbeschwerde. Nach den Vorstellungen der Kommission soll das Annahmeverfahren beim BVerfG stets im Senat durchgeführt werden, der die Annahmeentscheidung nach Ermessen trifft und sich hierbei an der Bedeutung der verfassungsrechtlichen Frage orientiert.

(1) Annahmeverfahren im Senat

Ein wesentliches Element des von der Kommission empfohlenen Modells ist die Rückkehr zu einer zentralen Rolle des Senats im Verfassungsbeschwerdeverfahren. Das Annahmeverfahren soll nach Auffassung der Kommission allein beim Senat durchgeführt werden. Damit gewinnt der Senat im Verfassungsbeschwerdeverfahren seine maßgebliche Stellung zurück, während die Zuständigkeiten der Kammern entfallen.[462] Die Empfehlung der Kommission für die ausschließliche Zuständigkeit des Senats beruht auf zwei Erwägungen:

Zum einen sei es verfassungspolitisch geboten, dass der Senat über die verfassungsrechtlichen Fragen, die er beantworten soll, selbst entscheidet. Zum anderen sei allein der Senat als Ganzes in der Lage, eine sachgerechte Annahmeentscheidung nach Ermessen zu treffen, denn nur der Senat habe den Überblick über das gesamte Spektrum der aufgeworfenen Problemkreise.[463]

(2) Effiziente Gestaltung des Annahmeverfahrens

In der Literatur und der Fachöffentlichkeit wurden Bedenken geäußert, dass der Verzicht auf ~~die~~ Kammern zu einer zusätzlichen Belastung der Richter führe. Die Kommission vertrat indes die Auffassung, dass dem Problem der Mehrbelastung durch eine besondere Ausgestaltung des Senatsverfahrens begegnet werden könne.[464] Das Annahmeverfahren des Senats müsse sich auf die Frage konzentrieren, warum bestimmte Beschwerden angenommen werden sollen, und nicht darauf, warum die übrigen nicht anzunehmen sind. Die Empfehlungen der Kommission sehen vor, dass die Verfassungsbeschwerde zur Entscheidung angenommen ist, wenn sich drei Senatsmitglieder dafür aussprechen.[465]

---

462 Bundesministerium der Justiz (Hrsg.), Entlastung des Bundesverfassungsgerichts, Bericht der Kommission), S. 47.

463 Bundesministerium der Justiz (Hrsg.), Entlastung des Bundesverfassungsgerichts, Bericht der Kommission), S. 47–48.

464 Bundesministerium der Justiz (Hrsg.), Entlastung des Bundesverfassungsgerichts, Bericht der Kommission), S. 47.

465 Bundesministerium der Justiz (Hrsg.), Entlastung des Bundesverfassungsgerichts, Bericht der Kommission), S. 49.

Um das Annahmeverfahren möglichst effizient zu gestalten, hat die Kommission vorgeschlagen, Verfassungsbeschwerden, die für eine Annahme zur Entscheidung nicht in Betracht kommen, in einem vereinfachten Verfahren wie folgt herauszufiltern: Kommt der Berichterstatter zu dem Schluss, dass eine Verfassungsbeschwerde nicht anzunehmen ist, so vermerkt er dies in seinem Votum. Schließt sich der Mitberichterstatter seiner Meinung an, so fügt er seine Einschätzung dem Votum des Berichterstatters hinzu. Das Votum wird dann an die anderen Mitglieder des Senats weitergeleitet. Wird innerhalb einer bestimmten Frist kein Einspruch erhoben, wird die Verfassungsbeschwerde endgültig nicht angenommen.[466]

Das empfohlene Modell geht davon aus, dass die übrigen Senatsmitglieder nicht jedes einzelne dieser die Annahmewürdigkeit verneinenden Kurzvoten umfassend prüfen müssen. Sie können sich auf eine Plausibilitätskontrolle des Entscheidungsvorschlags anhand der Kurzvoten beschränken. Die Verantwortung für die Beurteilung, ob die Verfassungsbeschwerde für eine Annahme zur Entscheidung in Betracht kommt, liegt in erster Linie beim Berichterstatter und beim Mitberichterstatter. Die Zugriffsmöglichkeit der anderen Richter ist eine Maßnahme zur Verhinderung willkürlicher Entscheidungen des Berichterstatters und des Mitberichterstatters.[467]

(3) *Annahmeverfahren nach Ermessen*

Die entscheidende Voraussetzung für eine wirksame Entlastung ist nach Auffassung der Kommission, dass dem BVerfG ein umfassender Entscheidungsspielraum bei Annahmeentscheidungen zusteht. Dazu seien die Annahmeentscheidungen aus der Bindung an gesetzliche Voraussetzungen zu lösen und die Entwicklung der Annahmemaßstäbe dem BVerfG zu übertragen. Dies sei unabdingbar, damit ein Entscheidungsspielraum besteht, innerhalb dessen das Gericht seine verfassungsrechtliche Agenda frei bestimmen kann. Das vorgeschlagene Verfahren versetze das Gericht in die Lage, seine Funktion selbst zu entwickeln und auszugestalten. Nur so sei sichergestellt, dass das Gericht seine Kapazitäten auf wichtige verfassungsrechtliche Fragen konzentriert.[468] Nach Ansicht der Kommission darf das Ermessen nicht

466 Bundesministerium der Justiz (Hrsg.), Entlastung des Bundesverfassungsgerichts, Bericht der Kommission), S. 49–50.

467 Bundesministerium der Justiz (Hrsg.), Entlastung des Bundesverfassungsgerichts, Bericht der Kommission), S. 50.

468 Bundesministerium der Justiz (Hrsg.), Entlastung des Bundesverfassungsgerichts, Bericht der Kommission), S. 42.

dahingehend missverstanden werden, dass das BVerfG völlig frei oder gar willkürlich entscheiden kann. Die Ermessensentscheidung des BVerfG müsse sich an seiner Funktion und an der Aufgabe der Verfassungsbeschwerde orientieren.[469]

Durch den Ermessensspielraum richtet sich der Anspruch des Beschwerdeführers auf die Prüfung der Annahmewürdigkeit durch den Senat, nicht auf eine Entscheidung in der Sache selbst. Nach Ansicht der Kommission verlangt ihr Modell nicht, den Schutz der individuellen Rechte ganz aufzugeben, sondern verlagert vielmehr den Schwerpunkt auf die Funktion der Verfassungsinterpretation. Deshalb seien die für die Annahmeentscheidung bedeutsamen Erwägungen keineswegs auf solche des objektiven Verfassungsrechts beschränkt. Das BVerfG könne vielmehr bei seinen Annahmeentscheidungen auch weiterhin Gesichtspunkte individuellen Rechtschutzes berücksichtigen.[470]

Die Kommission hält eine Abkehr von der bestehenden Rechtslage, die den subjektiven Rechtsschutz betont, für vertretbar. Zum einen würden sich die tatsächlichen Auswirkungen des vorgeschlagenen Modells in engen Grenzen halten, da derzeit nur etwa 1 bis 2 Prozent der Verfassungsbeschwerden erfolgreich sind. Zum anderen würde die Reform den Freiraum schaffen, der für die gründliche Erwägung wichtiger verfassungsrechtlicher Fragen dringend benötigt wird. Nach Auffassung der Kommission ist bei der Ausgestaltung des Annahmeverfahrens zu berücksichtigen, dass die Verfassungsbeschwerde den Charakter eines außerordentlichen Rechtsbehelfs hat. Es sei bereits die Aufgabe der Fachgerichte, die Grundrechte zu beachten und eine Maßnahme der öffentlichen Gewalt auf ihre Verfassungsmäßigkeit hin zu überprüfen. Das BVerfG solle sich auf seine Aufgabe, die Interpretation des Grundgesetzes und insbesondere der Grundrechte, konzentrieren.[471]

---

469 Bundesministerium der Justiz (Hrsg.), Entlastung des Bundesverfassungsgerichts, Bericht der Kommission), S. 43.

470 Bundesministerium der Justiz (Hrsg.), Entlastung des Bundesverfassungsgerichts, Bericht der Kommission), S. 43, 45.

471 Bundesministerium der Justiz (Hrsg.), Entlastung des Bundesverfassungsgerichts, Bericht der Kommission), S. 45.

(4) Grenzen der verfassungsgerichtlichen Kontrollbefugnis und der Weg zu ihrer Festlegung

Eine der wichtigsten Fragen, mit denen sich die Kommission zu befassen hatte, war, ob das BVerfG die Grenze der verfassungsgerichtlichen Kontrollbefugnis bestimmen kann und wenn ja, wie dies praktisch umgesetzt werden kann.

Bereits vor der Veröffentlichung des Kommissionsberichts wiesen renommierte Rechtswissenschaftler darauf hin, dass der Umfang der verfassungsgerichtlichen Kontrolle, insbesondere im Hinblick auf die Urteilsverfassungsbeschwerde, begrenzt werden müsse.[472] Auch schon viel früher war vorgeschlagen worden, die Folgen des Elfes- und des Lüth-Urteils durch eine enge Grundrechtssicht und die Ausgestaltung der Urteilsverfassungsbeschwerde als Quasi-Normenkontrolle einzuschränken.[473]

Die Kommission hat in ihrem Bericht ihre Zuständigkeit zur Erörterung dieser Frage ausdrücklich verneint. Sie erkennt die Notwendigkeit einer ständigen kritischen Selbstprüfung des Gerichts hinsichtlich der Kontrolldichte an, jedoch könne es nicht die Aufgabe der Kommission sein, zu Umfang und Grenzen der verfassungsgerichtlichen Kontrolldichte Stellung zu nehmen oder die Vorschläge zur Selbstkorrektur des Gerichts zu bewerten. Aufgabe der Kommission sei es ausschließlich, zu prüfen, ob der Vorschlag zur Einschränkung des Prüfungsumfangs ein geeigneter Vorschlag für den Gesetzgeber ist. Vor diesem Hintergrund entschied die Kommission einstimmig, dass eine gesetzliche Einschränkung des Umfangs der materiellen Prüfung nicht als Entlastungsinstrument in Frage kommt.[474]

Die Kommission hat ihre Schlussfolgerung wie folgt formuliert:

> *Die Bestimmung des materiellen Prüfungsumfangs ergibt sich aus dem […] Grundrechts- und Verfassungsverständnis. Das Bundesverfassungsgericht entnimmt der Verfassung, welche Anforderungen die Grundrechte an die verschiedenen Staatsorgane richten, und im Umfang dieser Anforderungen prüft es deren Entscheidungen nach. Interpretation und Durchsetzung der Grundrechte […] ist aber gerade die verfassungsrechtliche Aufgabe des Bundesverfassungsgerichts; als Wahrer des Verfassungsvorrangs hat es für die Grundrechte*

---

472 Zuck, Die Entlastung des Bundesverfassungsgerichts, ZRP 1997, S. 95, 97; Hesse, Verfassungsrechtsprechung im geschichtlichen Wandel, JZ 1995, S. 265, 266; Schneider, SOS aus Karlsruhe: das Bundesverfassungsgericht vor dem Untergang?, NJW 1996, S. 2630, 2631.

473 Schumann, Verfassungs- und Menschenrechtsbeschwerde gegen richterliche Entscheidungen, 1963.

474 Bundesministerium der Justiz (Hrsg.), Entlastung des Bundesverfassungsgerichts, Bericht der Kommission), S. 137.

> *den Interpretationsprimat. Es ist dem einfachen Gesetzgeber verwehrt, […] dem Gericht eine Reduzierung der Kontrolldichte zu verordnen.*[475]

Es ist unabweisbar, dass das BVerfG als Hüter der Verfassung die primäre Befugnis zur Interpretation der Grundrechte hat. Daraus ergibt sich zwingend, dass Umfang und Grenzen der verfassungsgerichtlichen Kontrollbefugnis nicht von anderen Staatsorganen bestimmt werden dürfen. Es stellt sich insofern die Frage, ob ein prozedurales System eingeführt werden soll, in dem die Grenze der verfassungsgerichtlichen Kontrollbefugnis vom BVerfG selbst gezogen werden kann. Dieses Verfahren kann das Erfordernis der institutionellen Geeignetheit erfüllen, da es das BVerfG selbst ist, das in diesem Verfahren die verfassungsrechtliche Interpretation der Grundrechte vornimmt.

Die verbleibende Aufgabe lautet, ein geeignetes Verfahren zu entwerfen, das die gefundene Möglichkeit zur Abgrenzung der verfassungsgerichtlichen Kontrollbefugnis rechtfertigen kann. Aus diesem Blickwinkel betrachtet kann man überlegen, ob das Annahmeverfahren als ein Verfahren zur Bestimmung von Umfang und Grenzen der verfassungsgerichtlichen Kontrollbefugnis anerkannt werden sollte. Diese Aufgabenstellung birgt die vielversprechende Möglichkeit, das Modell des Annahmeverfahrens weiterzuentwickeln und zu rechtfertigen.

II. Bewertung des Vorschlags der Kommission

1. Resonanz auf den Vorschlag der Kommission

Der Kommissionsvorschlag stieß in der deutschen Rechtswissenschaft auf unterschiedliche Resonanz. Ein wesentlicher Kritikpunkt betraf den Wegfall des subjektiven Anspruchs auf die Entscheidung über jede zulässige Verfassungsbeschwerde. Vitzthum lehnte das vorgeschlagene System des Annahmeverfahrens ab, da es die Verfassungsbeschwerde ihres bisherigen Charakters als subjektives Recht des Einzelnen auf eine Entscheidung des BVerfG berauben würde. Er hat das von der Kommission vorgeschlagene Annahmeverfahren wie folgt zusammengefasst:

> *Kernstück dieses Vorschlags ist das Element des Ermessens. Der individuelle Rechtsanspruch auf Entscheidung einer Verfassungsbeschwerde (Art. 93 Abs. 1 Nr. 4a GG) wird zugunsten einer richterlichen Ermessensentscheidung aufgegeben. Zwar bleiben die Leitlinien der vom Gericht zu treffenden Entscheidung den bisherigen Annahmekriterien vergleichbar („besondere objektive oder subjektive Bedeutung"); sie sind nun aber bei einer*

---

475 Bundesministerium der Justiz (Hrsg.), Entlastung des Bundesverfassungsgerichts, Bericht der Kommission), S. 137.

bloßen Ermessensausübung zu berücksichtigen. Auch bei etwaigem Vorliegen der Annahmekriterien kann das Bundesverfassungsgericht also, das ist die Pointe, die Annahme verweigern – ohne Rechtsverstoß. Gewiss, es handelt sich nicht um ein gänzlich freies, gar der Willkür geöffnetes Verfahren. Das Gericht erhält aber einen gewollt weiten Annahmespielraum. Bei dessen Ausfüllung hat es sich in erster Linie an seiner Funktion und Aufgabe im Verfassungsbeschwerdeverfahren zu orientieren. Das bisherige subjektive Recht auf Entscheidung mutiert zu einem Anspruch auf fehlerfreie Ermessensausübung. Bei ihr werden natürlich auch individualschützende Aspekte berücksichtigt. Die Reformkommission nimmt aber die Relativierung der individualrechtlichen Funktion des Rechtsbehelfs ausdrücklich in Kauf, ja sie erhofft sich gerade von diesem Schritt die entscheidende Entlastung, die Ermessensrendite.[476]

Seine Kritik am Vorschlag der Kommission bezieht sich auf den Wegfall des Rechtsanspruchs auf eine Entscheidung über Verfassungsbeschwerden, und auf die Unvereinbarkeit des Vorschlags mit dem Charakter des BVerfG als Bürgergericht.[477]

Albers kritisierte das Modell der Kommission unter demselben Aspekt:

Der Vorschlag, die Annahmepflicht auf Verfassungsbeschwerden mit grundsätzlicher Bedeutung zu beschränken, ist rechtlich eindeutig. Den Grundrechtsträgern wird auch in Fällen einer existentiellen Betroffenheit durch eine verfassungswidrige Entscheidung ihr bislang bestehender Rechtsanspruch genommen, daß das BVerfG über ihre Verfassungsbeschwerde in der Sache entscheidet. Die Funktion der Verfassungsbeschwerde, Grundrechte als subjektive Rechte der einzelnen Bürger und Bürgerinnen durchzusetzen, wird vollständig aufgegeben.[478]

Die Befürworter eines Annahmeverfahrens nach Ermessen argumentieren dagegen, dass das Modell der Kommission in mehrfacher Hinsicht besser als das

---

476 Vitzthum, Annahme nach Ermessen bei Verfassungsbeschwerden?, Jahrbuch des öffentlichen Rechts der Gegenwart 2005, S. 319, 328–329.

477 Vitzthum erläutert: „Dieses prozessuale Jedermann-Recht verlöre bei der avisierten Reform, erstens, seinen freilich bereits geschwächten Charakter eines subjektiven Rechts auf Entscheidung eines individuellen Begehrens. Die traditionell vor allem individualrechtsschützende Funktion der Verfassungsbeschwerde wiche, zweitens, einer primär objektiv-rechtlichen Ausrichtung; der Rechtsbehelf diente künftig, noch stärker als bereits derzeit, vor allem der Weiterentwicklung der grundgesetzlichen Ordnung. Den Ehrentitel ‚Bürgergericht' empfände mancher solcherart instrumentalisierte Betroffene dann fast als Etikettenschwindel." Vitzthum, Annahme nach Ermessen bei Verfassungsbeschwerden?, Jahrbuch des öffentlichen Rechts der Gegenwart 2005, S. 319, 329.

478 Albers, Freieres Annahmeverfahren für das BVerfG?, ZRP 1997, S. 198, 201.

derzeitige Annahmeverfahren geeignet sei, die Funktion des BVerfG und der Verfassungsbeschwerde zu gewährleisten.

Erstens sind sie skeptisch, was die Rolle des BVerfG als Bürgergericht betrifft. Aus ihrer Sicht sind auch unter der aktuellen Rechtslage der individuelle verfassungsgerichtliche Rechtsschutz durch die Verfassungsbeschwerde und die Stellung des BVerfG als Bürgergericht faktisch nicht umfassend verwirklicht. Das Gericht nutze die Zulässigkeitsanforderungen als Mittel zur Steuerung seiner Arbeitsbelastung. Tatsächlich gewähre die derzeitige Praxis der Verfassungsbeschwerde kaum eine Chance, das Recht auf eine Entscheidung des BVerfG zu erhalten. Die Annahmepflicht des BVerfG sei zunehmend zu einem bloßen Versprechen geworden, das in der Rechtswirklichkeit nicht eingelöst werden kann.[479]

Zweitens gehen die Befürworter des Annahmeverfahrens nach Ermessen davon aus, dass dieses Modell das ursprünglich intendierte Konzept des möglichst freien und offenen Zugangs zum BVerfG wiederherstellen kann.[480] Auch wenn das BVerfG bei diesem Modell nicht alle Fälle vollständig prüfen könne, so würden dennoch alle Mitglieder eines Senats über die verfassungsrechtliche Bedeutung jeder einzelnen Verfassungsbeschwerde befinden. Die oben skizzierte Praxis des BVerfG zeige, dass sich das Gericht trotz des Kammersystems nur in wenigen Fällen mit dem eigentlichen Thema des Beschwerdeführers befasst. Das Modell des Annahmeverfahrens nach Ermessen könne eine bessere Alternative im Hinblick auf den Zugang der Bürger zu verfassungsgerichtlichem Rechtsschutz sein, da bei diesem Modell den hilfesuchenden Bürgern mehr Respekt entgegengebracht werde und ihre Kernanliegen von allen Richtern eines Senats des BVerfG gehört würden.

Drittens argumentieren die Befürworter damit, dass erst durch das Annahmeverfahren nach Ermessen eine sinnvolle Arbeitsteilung zwischen Fachgerichten und dem BVerfG verwirklicht werde. Das Annahmeverfahren nach Ermessen biete dem BVerfG ein Verfahren, in dem die Richter diskutieren, abwägen und entscheiden können, welche Verfassungsbeschwerden zur Durchsetzung der Grundrechte angenommen werden sollen.

Viertens halten es die Befürworter für sinnvoll, dass die Kontrolle des Zugangs zum BVerfG auf diesem Weg an die Senate zurückgegeben wird, die diese in Verfassungsbeschwerdeverfahren vor Langem an die Kammern abgetreten haben.[481]

479 Wahl/Wieland, Verfassungsrechtsprechung als knappes Gut, JZ 1996, S. 1137, 1142.
480 Wahl/Wieland, Verfassungsrechtsprechung als knappes Gut, JZ 1996, S. 1137, 1145.
481 Wieland, Die Annahme von Verfassungsbeschwerden, in: Urteilsverfassungsbeschwerde zum BVerfG, S. 47, 53.

Der Hauptkritikpunkt an der Empfehlung der Kommission ist, dass ihr Modell zu einer Veränderung des individualschützenden Charakters der Verfassungsbeschwerde führt. Wieland argumentiert, dass die Erfahrungen des US Supreme Court bewiesen hätten, dass das Annahmeverfahren nach Ermessen einen Weg bietet, der Arbeitsüberlastung des BVerfG entgegenzuwirken, ohne dass der Individualrechtsschutz zu kurz kommt. Er verweist darauf, dass das Writ of Certiorari-Verfahren nicht allein von objektiv-rechtlichen Maßstäben geprägt sei, sondern der Notwendigkeit des individuellen Rechtsschutzes eine herausragende Bedeutung zumesse.[482]

2. Vergleich zwischen dem Modell der Kommission und dem Writ of Certiorari-Verfahren

Bei der Gestaltung ihres Modells hat die Kommission die Idee und die Struktur des Writ of Certiorari-Verfahrens übernommen, sodass beide Verfahren viele Ähnlichkeiten aufweisen. Jedoch fallen auch klare Unterschiede auf.

Erstens sieht das Modell der Kommission kein QP-System vor. Wie oben gezeigt wurde, ist im Writ of Certiorari-Verfahren das QP-System ein wesentlicher Faktor zur drastischen Reduzierung des gerichtlichen Arbeitsaufwands. Dank dieses Systems können sich die Richter und die Parteien des US Supreme Court auf die Diskussion und Erörterung der wichtigsten Fragen der Fälle konzentrieren. In ihrem Bericht führte die Kommission in das Certiorari-Verfahren ein, allerdings werden die QP an keiner Stelle erwähnt.[483]

Zweitens gibt es im Modell der Kommission, anders als im Certiorari-Verfahren, einen Richter, der die Funktion des Berichterstatters übernimmt. Die Kommission wollte das traditionelle Verfahrenselement des Berichterstatters beibehalten und hat es sogar noch durch einen Mitberichterstatter erweitert. Die Aufgabe des Berichterstatters ist es, einen begründeten Entscheidungsvorschlag auszuarbeiten, der den übrigen Senatsmitgliedern zur Verfügung gestellt wird. Infolgedessen verteilt sich die Verantwortung für einen Fall nicht gleichmäßig auf alle Richter. Vielmehr trägt der Berichterstatter eine deutlich größere

482 Wieland, Die Annahme von Verfassungsbeschwerden, in: Urteilsverfassungsbeschwerde zum BVerfG, S. 47, 49.

483 Vgl. Bundesministerium der Justiz (Hrsg.), Entlastung des Bundesverfassungsgerichts, Bericht der Kommission), S. 37–40. Soweit ersichtlich war das QP-System in der akademischen Diskussion in Deutschland bislang kein Thema. Der Verfasser dieser Arbeit hat keinen in Deutschland veröffentlichten Text gefunden, der das QP-System im Writ of Certiorari-Verfahren zum Gegenstand hat.

Verantwortung und hat auch mehr Einfluss.[484] Daher ist im vorgeschlagenen Modell ein gesteigerter Einfluss der berichterstattenden Richter zu erwarten und gleichzeitig ein unzureichender Meinungsaustausch in den Beratungen der Richter zu befürchten.

Es ist bedenklich, dass im aktuell praktizierten Annahmeverfahren so viele Fälle durch einen einstimmigen Beschluss entschieden werden. Das Berichterstatter-System ist einer der wichtigsten Gründe hierfür. Das Modell der Kommission bietet insofern die gleichen Rahmenbedingungen wie das derzeit angewandte Modell, das in etwa 99 Prozent der Fälle zu einstimmigen Entscheidungen führt.

Der Einfluss des Berichterstatters wäre in dem von der Kommission vorgeschlagenen Modell noch größer als im aktuell praktizierten Annahmeverfahren in der Kammer. Da das Modell das Kammersystem abschafft und die Senate alle Fälle beraten und entscheiden, muss jeder Richter viel mehr Fälle bearbeiten. Daher fehlt dem einzelnen Richter die Zeit, sich eingehender mit solchen Fällen zu befassen, für die er nicht als Berichterstatter oder Mitberichterstatter zuständig ist.

Drittens sieht das Modell der Kommission, anders als das Certiorari-Verfahren, keine klare Trennung von Annahmeprüfung und Sachprüfung vor. Im Certiorari-Verfahren bietet ebendiese Trennung die Grundlage dafür, dass das Annahmeverfahren erheblich beschleunigt wird, da sich das Gericht nicht mit der Begründetheit befassen muss.

Ist eine Trennung von Annahme- und Sachprüfung vorgesehen, so hat der Beschwerdeführer seine Argumentation der jeweiligen Verfahrensstufe anzupassen. In der ersten Phase, der Phase der Annahmeprüfung, hat er nur die Annahmegründe darzulegen. Diese können vom Gesetzgeber oder vom BVerfG selbst festgelegt worden sein. Werden die Annahmegründe in Anlehnung an die Certiorari-Gründe geregelt, so hat der Beschwerdeführer darzulegen, dass die Verfassungsbeschwerde wegen grundsätzlicher Bedeutung der zu entscheidenden Frage anzunehmen ist. Das BVerfG hat dann zu prüfen, ob die Bedeutung der Frage oder die Erforderlichkeit des Grundrechtsschutzes eine Annahme der Verfassungsbeschwerde rechtfertigen.

Zusammenfassend ist festzustellen, dass die Kommission bei dem von ihr vorgeschlagenen Modell für ein Annahmeverfahren wichtige Schlüsselelemente des Certiorari-Verfahrens des US Supreme Court übersehen hat. Daher

484 Kommers/Miller, The Constitutional Jurisprudence of the Federal Republic of Germany, S. 28.

verwirklicht das Modell der Kommission trotz seiner strukturellen Ähnlichkeit mit dem Certiorari-Verfahren dessen Vorteile nicht hinreichend.

Der US Supreme Court hat das Problem der Arbeitsüberlastung mithilfe des QP-Systems, durch die klare Trennung der Prüfungsphasen und ohne ein Berichterstatter-System gelöst. Das QP-System könnte geeignet sein, das Dilemma des BVerfG, das Erfordernis von Senatsberatungen trotz eines immens hohen Geschäftsaufkommens, zu lösen. Die Kommission hat sich jedoch weder mit den Potenzialen des QP-Systems noch mit den Nachteilen des Berichterstatter-Systems auseinandergesetzt, die in dem Modell der Kommission folgenschwerer als im aktuell praktizierten Verfahren sein könnten.

3. *Gibt es die Möglichkeit einer einvernehmlichen Lösung?*

Das Lamentieren über die Arbeitsüberlastung des BVerfG durch die Flut von Verfassungsbeschwerden hat mittlerweile Tradition.[485] Allerdings spricht vieles dafür, dass das eigentliche Problem darin besteht, dass die knappen und kostbaren Ressourcen des BVerfG nicht sinnvoll genutzt werden. Der 2020 ausgeschiedene Richter des BVerfG Masing kritisiert die Arbeitspraxis am Gericht mit deutlichen Worten:

> *Im Ergebnis hat sich stattdessen eine wenig überzeugende Praxis herausgebildet, die die Annahme von einer vorläufigen verfassungsrechtlichen Prüfung abhängig macht. Unter erheblichem Einsatz der Energie vor allem zunächst der Mitarbeiter, dann aber auch der Richter werden alle Verfahren intern ausführlich votiert und verfassungsrechtlich geprüft. […] Es wird so viel Energie in das Aufrechterhalten eines substanzlosen und nur im Innenbereich wahrnehmbaren Richterethos gesteckt, die für große Senatsverfahren besser investiert wäre.*[486]

Die Belastungssituation ist das Ergebnis der Auffassung vieler Richter, dass jedermann das Recht hat, eine Verfassungsbeschwerde zum Schutz seiner Grundrechte einzulegen, und dass das Gericht über alle zulässigen Verfassungsbeschwerden zu entscheiden hat. Gleichwohl kann den statistischen Zahlen zu den eingelegten und den zur Entscheidung angenommenen Verfassungsbeschwerden kein Beleg dafür entnommen werden, dass das BVerfG seine Rolle als Bürgergericht erfüllt.

---

485 Barczak, Das Bundesverfassungsgericht an der Belastungsgrenze, Zu Entlastungsmöglichkeiten in Vergangenheit, Gegenwart und Zukunft, Recht und Politik, Beiheft 9 (2021), S. 86, 98.

486 Masing, in: Herdegen u. a. (Hrsg.), Handbuch des Verfassungsrechts, § 15 Rn. 92.

In seinem Aufsatz zum 70. Jahrestag der Gründung des BVerfG äußerte sich Barczak kritisch zu dem Modell der Kommission. Der Übergang zu einem Annahmeverfahren mit Ermessensspielraum hätte seiner Ansicht nach zwangsläufig zu einer Veränderung des individualschützenden Charakters der Verfassungsbeschwerde geführt: „Aus einem subjektiven Anspruch des Bürgers wären ein allgemeiner Auftrag und eine institutionelle Aufgabe des BVerfG geworden.“[487]

Dennoch räumt Barczak die Notwendigkeit ein, die Praxis des BVerfG zu ändern, um das Problem der Arbeitsüberlastung zu lösen.[488] Er rekurriert auf den bereits vor 25 Jahren geäußerten Befund, wonach ein Großteil der hohen Belastung auf der nach außen getragenen Selbstdarstellung des Gerichts als einer Institution, die sich um alles kümmert, beruht,[489] und analysiert die Gründe des Problems wie folgt:

> *Auch diese Selbstwahrnehmung hat mit der Diktion des Elfes-Urteils, nach dem jedermann im Wege der Verfassungsbeschwerde geltend machen kann, eine seine Handlungsfreiheit beschränkende Rechtsnorm gehöre nicht zur verfassungsmäßigen Ordnung, weil sie […] gegen einzelne Verfassungsbestimmungen oder allgemeine Verfassungsgrundsätze verstoße, eine lange Tradition. Die Tendenzen der Subjektivierung objektiven Rechts und der Überindividualisierung des Rechtsschutzes wurden jedoch in jüngerer Zeit auf die Spitze getrieben […] Wenn jedermann Rechtsschutz in weitem Umfang in Anspruch nehmen kann, bedeutet dies […] spiegelbildlich, dass die Rechtsschutzgewähr nicht bloß theoretischer, sondern praktischer Natur sein muss, will man das Verfassungsversprechen nicht uneingelöst lassen. Die Belastung ist damit zu einem wesentlichen Teil hausgemacht.*[490]

Barczak kommt zu der Schlussfolgerung, dass keine großen institutionellen, strukturellen oder personellen Reformen angestrebt werden sollten, um die

---

487 Barczak, Das Bundesverfassungsgericht an der Belastungsgrenze, Zu Entlastungsmöglichkeiten in Vergangenheit, Gegenwart und Zukunft, Recht und Politik, Beiheft 9 (2021), S. 86, 94.

488 Das Problem des BVerfG benennt er als „Dilemma des Bürgergerichts“: Einerseits soll sich jedermann ohne Rechtsanwalt und Gerichtskosten mit seinem Begehren an die Verfassungsgerichtbarkeit wenden können, andererseits bringt die schiere Verfahrensflut das Gericht an die Grenzen seiner Leistungsfähigkeit. Barczak, Das Bundesverfassungsgericht an der Belastungsgrenze, Zu Entlastungsmöglichkeiten in Vergangenheit, Gegenwart und Zukunft, Recht und Politik, Beiheft 9 (2021), S. 86.

489 Albers, Freieres Annahmeverfahren für das BVerfG?, ZRP 1997, 198, 202.

490 Barczak, Das Bundesverfassungsgericht an der Belastungsgrenze, Zu Entlastungsmöglichkeiten in Vergangenheit, Gegenwart und Zukunft, Recht und Politik, Beiheft 9 (2021), S. 86, 98–99.

Funktionsfähigkeit des BVerfG zu erhalten, sondern dass eine kritische Selbstreflexion des Gerichts notwendig sei.[491]

Ein Befürworter des Annahmeverfahrens nach Ermessen, Wieland, analysierte bereits 1999 die tief wurzelnden Gründe für die Arbeitsüberlastung des BVerfG und formulierte die aus seiner Sicht erforderlichen Ausgangsbedingungen einer Lösung wie folgt:

> *Eine durchgreifende Entlastung des Bundesverfassungsgerichts kann [...] nur gelingen, wenn die Mitglieder des Bundesverfassungsgerichts sich dazu verstehen, zu einem anderen Konzept des Individualrechtsschutzes überzugehen.*[492]

Obwohl sie sich in ihren Vorschlägen zum konkreten Vorgehen unterscheiden, ist beiden Auffassungen gemeinsam, dass von den Richtern erwartet wird, über die Funktion der Verfassungsbeschwerde und den Auftrag des BVerfG nachzudenken, weil dies ein erster Schritt hin zu einer Problemlösung sein könnte. Insofern besteht Einigkeit darin, dass es die Richter des BVerfG selbst sind, die durch eine Änderung ihrer Arbeitspraxis Abhilfe schaffen können. Dazu müssen sie sich über die eigentliche Funktion der Verfassungsbeschwerde und ~~die~~ des BVerfG Gedanken machen.

Diese Reflexion der Richter sollte ihren Ausdruck in Nichtannahme-Entscheidungen in konkreten Fällen finden. Das Annahmeverfahren soll demnach als Forum für die Reflexion über die Funktion der Verfassungsbeschwerde und des BVerfG dienen. Die Entscheidung hierüber ist eine essenziell wichtige Entscheidung, die stets im Senat getroffen werden muss. Ansonsten würde im ungünstigsten Fall jede Kammer ein anderes Bild der Verfassungsbeschwerde und des BVerfG zeichnen.

Das Problem ist, dass alle Richterinnen und Richter unterschiedliche Ansichten haben dürften, was die Aufgabe des BVerfG und die Funktion der Verfassungsbeschwerde ist. Nicht selten wird der Begriff des Ermessens die einzige Möglichkeit sein, die Entscheidung des Kollegialgerichts zu erklären, die auf den unterschiedlichen Reflexionen der Richter, aus denen sich der Senat zusammensetzt, beruht.

Der Begriff des Ermessensspielraums kann zu negativen Assoziationen führen, wenn er für die Entscheidungspraxis eines Gerichts verwendet wird, das die

---

491 Barczak, Das Bundesverfassungsgericht an der Belastungsgrenze, Zu Entlastungsmöglichkeiten in Vergangenheit, Gegenwart und Zukunft, Recht und Politik, Beiheft 9 (2021), S. 86, 98.

492 Wieland, Die Annahme von Verfassungsbeschwerden, in: Urteilsverfassungsbeschwerde zum BVerfG, S. 47, 50.

Grundrechte der Bürger schützen soll. Gleichwohl bedeutet er nicht, dass die einzelne Richterin eine beliebige Entscheidung nach Gefühl trifft. Ermessen ist unerlässlich, wenn die Richter unterschiedliche Überzeugungen haben und das Gericht keine andere Wahl hat, als eine Entscheidung zu treffen.

In einem Annahmeverfahren nach Ermessen spielt auch der Schutz der individuellen Grundrechte eine wichtige Rolle. Bei dieser Verfahrensgestaltung geht es zum einen weder um ~~den~~ hundertprozentigen Rechtsschutz im Einzelfall noch um die Korrektur von Fehlentscheidungen der Fachgerichte. Zum anderen legt das Gericht im Annahmeverfahren nach Ermessen großen Wert auf die quantitative Dimension der möglichen Grundrechtsverletzung. Bei wichtigen Grundrechtsfragen, die große Bevölkerungsgruppen oder besonders vulnerable Minderheiten betreffen, kann das BVerfG wesentlich effektiveren Grundrechtsschutz gewährleisten, als dies bei der Befassung mit Beeinträchtigungen möglich ist, die allein dem Beschwerdeführer widerfahren sind. Außerdem wirkt das BVerfG als Hebel, der die Fachgerichte zu einem umfassenden Grundrechtsschutz veranlasst und damit die Grundrechte großer Teile der Bevölkerung schützt.

Im Annahmeverfahren sollten die Richter die Angelegenheit erörtern und versuchen, eine Lösung zu finden, die die widerstreitenden Meinungen zum Ausgleich bringt und eine Richtung für die künftige Entwicklung der Grundrechte aufzeigt. In diesem Verfahren treffen die Mitglieder des Senats eine Ermessensentscheidung über die Annahme einer Verfassungsbeschwerde. In Sinne der beschriebenen Funktion des Ermessens kann man die Formulierung „Annahme nach Ermessen“ als „Annahme im Senat nach reiflicher Überlegung“ verstehen.

Kapitel 5: Das Modell eines deliberativen Annahmeverfahrens

A. Grundlagen des Modells

Wie in den vorangegangenen Kapiteln gezeigt wurde, bestehen bei der verfassungsgerichtlichen Prüfung von Verfassungsbeschwerden große Schwierigkeiten hinsichtlich der Grenzziehung zwischen verfassungsrechtlichen und einfachgesetzlichen Fragen. Insgesamt birgt das Annahmeverfahren sowohl in der Theorie als auch in der Praxis eine Vielzahl ungelöster Probleme. Aufgrund seiner großen praktischen Bedeutung hat das Annahmeverfahren das Wesen und die Funktion der Verfassungsbeschwerde und das Verhältnis zwischen dem BVerfG und den anderen Gerichten definieren können, allerdings regelt es diese auf höchst umstrittene Weise.[493]

Im vorliegenden Kapitel soll eine alternative Gestaltungsoption für das Annahmeverfahren vorgestellt werden, die zwei Anliegen gleichzeitig erfüllt, indem sie zum einen die Abgrenzungsfrage löst und zum anderen die Ausrichtung des Annahmeverfahrens neu definiert.

Ich schlage vor, ein Annahmeverfahren einzuführen, das auf einem prozeduralen Überprüfungsansatz und demokratietheoretischen Erwägungen beruht und besonderes Augenmerk auf die Qualität der Diskussion legt. Ein zentraler Aspekt dieses Annahmeverfahrens ist die Wichtigkeit der zu klärenden Rechtsfragen, über die im Rahmen eines deliberativen Forums nach Ermessen entschieden wird. Bei der Überprüfung der Wichtigkeit wird geklärt, ob die Fragen, die in dem Verfahren aufgeworfen werden, eine solche Bedeutung haben, dass das BVerfG sie prüfen und über sie entscheiden sollte.

Die Rechtsprechung des BVerfG hat den Umfang der Grundrechte so erweitert, dass die Verletzung der Grundrechte und die des einfachgesetzlichen Rechts nicht mehr ohne Weiteres unterschieden werden können. Es gibt keine Gewissheit darüber, solange das Gericht nicht in der Sache selbst entschieden hat. In dem Annahmeverfahren, das ich vorschlage, stellt das BVerfG nach eingehender Diskussion fest, ob der vorliegende Fall eine hinreichend wichtige Grundrechtsfrage aufwirft. Die Frage nach dem Kontrollbereich des BVerfG wird also direkt auf der ersten Verfahrensstufe geklärt.

---

493 Schlaich/Korioth, Das Bundesverfassungsgericht, Rn. 259.

Das Verfahren trägt gleichzeitig dazu bei, dass das Gericht die große Anzahl von Verfassungsbeschwerden effizient bewältigen kann. Überdies verwirklicht es eine wesentliche Funktion des Annahmeverfahrens, indem es der Kommunikation des Gerichts mit den Verfahrensbeteiligten und der Bevölkerung große Bedeutung beimisst. Die Art und Weise, wie das Annahmeverfahren durchgeführt wird, hat entscheidenden Einfluss auf die Beteiligung der Bürger an den Beratungen des BVerfG. Sie kann sich sehr förderlich auf das Vertrauen der Bürger in das Gericht und die richterliche Fairness auswirken.

Um Verwechslungen zu vermeiden, soll das neue Modell im Folgenden als „deliberatives Annahmeverfahren" bezeichnet werden. Dieses Verfahren, das sich in vielen Punkten vom aktuell praktizierten Annahmeverfahren unterscheidet, ist nicht als festgefügtes Modell zu verstehen, das nur bei Verwirklichung aller Details funktioniert. Vielmehr geht es darum, Strukturelemente aufzuzeigen, die sich auf Grundlage des prozeduralen Überprüfungsansatzes und der Theorie der deliberativen Demokratie ergeben.

Das Konzept des deliberativen Annahmeverfahrens umfasst insbesondere die Anforderungen an die verfassungsgerichtlich zu prüfenden Rechtsfragen, die Faktoren für die Annahme, den für das Annahmeverfahren zuständigen Spruchkörper, sein Ermessen sowie die Art und Weise der gerichtlichen Beratungen. Angemerkt werden soll an dieser Stelle, dass das hier erörterte Konzept des deliberativen Annahmeverfahrens maßgeblich in Anlehnung an das Certiorari-Verfahren des US Supreme Court und den neuen Ansatz des EGMR entwickelt wurde.

B. Prozeduraler Überprüfungsansatz

I. Erforderlichkeit einer neuen Herangehensweise

Die in Theorie und Praxis gleichermaßen schwierige Situation im Hinblick auf den Kontrollbereich des BVerfG gibt Anlass, eine neue Perspektive einzunehmen. Es gibt viele Ansätze zur Abgrenzung der Prüfungsbefugnis des BVerfG, die sich letztlich als nicht tragfähig erwiesen haben. Das liegt nicht daran, dass die Theorien nicht hinreichend wohldurchdacht sind, sondern daran, dass das Verfassungsrecht seiner Natur nach flexibel, fließend und ubiquitär ist und die in der Bevölkerung bestehenden Erwartungen an die Grundrechte und die Verfassungsgerichtsbarkeit sehr hoch sind. Die Charakteristika des modernen Verfassungsrechts und insbesondere der Grundrechte, die verschiedene Rechtsbereiche erfassen und durchdringen, lassen keine strikte normative Abgrenzung der Verfassungsauslegung gegenüber der Interpretation einfacher Gesetze zu.

Das Scheitern einer verlässlichen Grenzziehung bedeutet Instabilität für die Rechtsprechungspraxis des BVerfG. Dadurch ist es dem Gericht nämlich einerseits möglich, immer dann einzugreifen, wenn es die Notwendigkeit dafür sieht, unabhängig von seiner Prüfungsbefugnis im konkreten Fall. Andererseits kann das BVerfG im Einzelfall auch eine Nichtannahme-Entscheidung treffen, selbst wenn dies seiner eigenen Spruchpraxis zuwiderläuft.

Diese Instabilität kann zu einer unübersichtlichen, ineffizienten und inkonsistenten Kommunikation des Gerichts mit Beschwerdeführern, Fachgerichten, anderen staatlichen Institutionen und vor allem mit den Bürgern führen. Dieses Problem ist umso schwerwiegender, als die Entscheidungen in aller Regel nicht korrigiert werden können. Aufgrund der Stellung des BVerfG als einziges Verfassungsorgan innerhalb der Judikative und als höchstes Gericht des Staates gibt es auf nationaler Ebene keine Möglichkeit, seine Entscheidungen überprüfen zu lassen.

Das Ziel der folgenden Ausführungen ist es, einen neuen Mechanismus vorzustellen, der dabei helfen soll, eine verlässliche Grenze des verfassungsgerichtlichen Prüfungsumfangs zu finden. Er soll sowohl die Funktion des BVerfG, der Grundrechte und des Grundgesetzes insgesamt sicherstellen als auch die öffentliche Kommunikation über grundrechtliche Fragen intensivieren. Zu untersuchen ist, ob ein Ansatz, der als prozeduraler Überprüfungsansatz bezeichnet wird, eine vorzugswürdige Alternative zur derzeitigen Praxis darstellt.

Der prozedurale Überprüfungsansatz wird neuerdings in der Rechtsprechung des Europäischen Gerichtshofs für Menschenrechte (EGMR) verwendet. Im rechtswissenschaftlichen Schrifttum wird dieser Trend in der Rechtsprechung des EGMR als „the procedural turn“ bezeichnet.[494] Zur Überprüfung der Konformität von Maßnahmen nationaler Institutionen mit der Europäischen Menschenrechtskonvention (EMRK) hat der EGMR eine Beurteilungsmethode entwickelt, die die Qualität der innerstaatlichen Verfahren würdigt. Der Überprüfung liegt der Gedanke zugrunde, dass die Qualität des Verfahrens, das zu der Entscheidung geführt hat, die Qualität der materiellen Entscheidung erheblich beeinflussen kann. Diese Entwicklung in der Rechtsprechungspraxis des EGMR deutet darauf hin, dass der prozedurale Überprüfungsansatz herangezogen werden kann, um über materielle Angelegenheiten zu entscheiden.

494 Brems, The “Logics” of Procedural-Type Review by the European Court of Human Rights, in: Gerards/Brems, Procedural Review in European Fundamental Rights Cases, S. 17.

In diesem Abschnitt werden zunächst die Gründe für die Einführung des prozeduralen Überprüfungsansatzes beim EGMR erläutert. Im Anschluss daran soll seine Anwendung im Annahmeverfahren des BVerfG dargestellt werden. Es besteht ein struktureller Unterschied zwischen der Anwendung des prozeduralen Überprüfungsansatzes durch den EGMR und seiner vorgeschlagenen Anwendung durch das BVerfG. Insofern soll gezeigt werden, dass dieser Unterschied der Übertragbarkeit des Ansatzes nicht entgegensteht. Außerdem wird seine Eignung zur Bestimmung des Prüfungsumfangs des BVerfG thematisiert.

II. Gründe für die Anwendung des prozeduralen Überprüfungsansatzes

Der EGMR hat die Bedeutung der materiellen Angemessenheitskontrolle von Einschränkungen der Konventionsrechte oft betont. Obwohl der materielle Überprüfungsansatz nach wie vor eine wichtige Rolle spielt, greift der EGMR in seiner jüngeren Rechtsprechung vermehrt auf eine prozedurale Überprüfungsmethode zurück.[495] Anstatt die Vereinbarkeit einer Maßnahme mit den Konventionsrechten anhand materieller Maßstäbe zu überprüfen, berücksichtigt er die Qualität des Verfahrens der Legislative, Exekutive oder Judikative, das zu der behaupteten Rechtsverletzung geführt hat.[496]

Unter Zugrundelegung dieses Ansatzes stellt der EGMR anhand der Verfahrensqualität fest, ob materielles Recht verletzt worden ist. So kann die mangelnde Verfahrensqualität ausschlaggebend dafür sein, dass eine Verletzung von Konventionsrechten angenommen wird. Stellt der EGMR indes fest, dass die nationalen Institutionen große Anstrengungen unternommen haben, um alle relevanten Interessen zu berücksichtigen und dass sie diese Interessen in einem ordnungsgemäßen Verfahren gut abgewogen haben, dann spricht dies dafür, dass die Maßnahme auch vom EGMR nicht beanstandet wird.[497]

---

495 Gerards, Procedural Review by the ECtHR: A Typology, in: Gerards/Brems, Procedural Review in European Fundamental Rights Cases, S. 127.

496 Gerards/Brems, Procedural Review in European Fundamental Rights Cases: Introduction, in: Gerards/Brems, Procedural Review in European Fundamental Rights Cases, S. 1, 2.

497 Gerards/Brems, Procedural Review in European Fundamental Rights Cases: Introduction, in: Gerards/Brems, Procedural Review in European Fundamental Rights Cases, S. 1, 10–11.

1. Effektivität: Gute Prozesse für gute Ergebnisse

Einer der wichtigsten Gründe für die Einführung des prozeduralen Überprüfungsansatzes ist seine Effektivität: Ein gutes Verfahren hilft, gute Ergebnisse zu erzielen. Ein gutes Verfahren führt auf nationaler Ebene zu besseren Normen, Entscheidungen und Handlungen, die die Konventionsrechte respektieren und schützen. Diese Perspektive konzentriert sich auf die Ergebnisse des Prozesses; bei der Bewertung der Verfahrensqualität zielt sie auf die Optimierung des Schutzes der materiellen Rechte.[498]

Die Effektivitätsperspektive hat auch Auswirkungen auf die Rolle des prozeduralen Überprüfungsansatzes in der Gesamtanalyse des EGMR. Die Qualität des Verfahrens wird unter diesem Gesichtspunkt bewertet, weil die enge Beziehung zwischen der Qualität des Verfahrens und der Substanz eine Integration der Verfahrenskontrolle innerhalb der Überprüfung durch den EGMR legitimiert. Dies kann bis zu dem Punkt gehen, dass die Feststellung einer Verletzung des materiellen Rechts auf der Grundlage schwerwiegender Verfahrensmängel gerechtfertigt ist, insbesondere wenn die Mängel der materiellen Prüfung des Falles durch den EGMR im Wege stehen.[499]

2. Institutioneller Grund: Grundsatz der Subsidiarität

Ein weiterer Grund für die Einführung des prozeduralen Überprüfungsansatzes durch den EGMR basiert auf institutionellen Erwägungen. Dabei geht es um die Bestimmung einer angemessenen Rolle des supranationalen Gerichts im Verhältnis zu den nationalen Einrichtungen.[500]

Nationale Institutionen, insbesondere die höchsten innerstaatlichen Gerichte und die Parlamente, argumentieren – oft zu Recht – damit, dass sie stärker legitimiert oder zumindest besser positioniert seien als ein supranationales Gericht, um Einschränkungen von Grundrechten in ihrem rechtlichen und

---

498 Brems, The "Logics" of Procedural-Type Review by the European Court of Human Rights, in: Gerards/Brems, Procedural Review in European Fundamental Rights Cases, S. 17, 19.

499 Brems, The "Logics" of Procedural-Type Review by the European Court of Human Rights, in: Gerards/Brems, Procedural Review in European Fundamental Rights Cases, S. 17, 21–22.

500 Brems, The "Logics" of Procedural-Type Review by the European Court of Human Rights, in: Gerards/Brems, Procedural Review in European Fundamental Rights Cases, S. 17, 22.

gesellschaftlichen Kontext zu beurteilen.[501] Um ihren Respekt vor der Legitimität der nationalen Institutionen zu zeigen, haben die Vertragsstaaten mit dem Protokoll Nr. 15 zur EMRK[502] das Prinzip der Subsidiarität in der Präambel der Konvention verankert. Das Subsidiaritätsprinzip besagt, dass die Verantwortung und Fähigkeit, die Rechte der Konvention zu gewährleisten, in erster Linie bei den Vertragsstaaten liegt und nicht beim EGMR. Der EGMR kann und soll nur eingreifen, wenn die innerstaatlichen Institutionen bei dieser Aufgabe versagen.[503]

Der auf der institutionellen Logik basierende prozedurale Überprüfungsansatz zeigt das Bestreben des EGMR, die von ihm angewandte Überprüfungsmethode mit dem Subsidiaritätsprinzip in Einklang zu bringen. Die Rechtswissenschaft erkennt in der Funktion des prozeduralen Überprüfungsansatzes zwei unterschiedliche Ausprägungen der Subsidiarität: die negative und die positive Subsidiarität.[504]

Die negative Subsidiarität betont die Bedeutung der richterlichen Zurückhaltung (judicial restraint) für die Tätigkeit des EGMR. Wenn der EGMR ein innerstaatliches Verfahren überprüft und feststellt, dass die Konventionsrechte von den nationalen Behörden sorgfältig berücksichtigt wurden, so sollte der EGMR keine zusätzliche materielle Überprüfung durchführen. Dieser Ansatz räumt den Vertragsstaaten einen großzügigen Beurteilungsspielraum ein. In Anbetracht der negativen Subsidiarität soll eine Überprüfung durch den EGMR nur dann stattfinden, wenn die innerstaatlichen Institutionen die Konventionsrechte nicht berücksichtigt oder die Grenze ihres Ermessensspielraums überschritten haben.[505]

---

501 Brems, The "Logics" of Procedural-Type Review by the European Court of Human Rights, in: Gerards/Brems, Procedural Review in European Fundamental Rights Cases, S. 17, 24.

502 https://www.coe.int/de/web/conventions/full-list/-/conventions/treaty/213 (Abruf am 11.11.2021).

503 Brems, The "Logics" of Procedural-Type Review by the European Court of Human Rights, in: Gerards/Brems, Procedural Review in European Fundamental Rights Cases, S. 17, 23.

504 Brems, The "Logics" of Procedural-Type Review by the European Court of Human Rights, in: Gerards/Brems, Procedural Review in European Fundamental Rights Cases, S. 17, 22–23.

505 Brems, The "Logics" of Procedural-Type Review by the European Court of Human Rights, in: Gerards/Brems, Procedural Review in European Fundamental Rights Cases, S. 17, 22.

Hingegen unterstreicht die positive Subsidiarität die Verantwortung der Vertragsstaaten, bei ihren Entscheidungen zum Schutz der Konventionsrechte ein geeignetes Verfahren einzuhalten. Wenn das Verfahren der innerstaatlichen Institutionen schwerwiegende Mängel aufweist, kann dies dazu beitragen, Rechtsverletzungen festzustellen, ohne dass eine zusätzliche materielle Überprüfung erforderlich ist. Bei der positiven Subsidiarität geht es nicht in erster Linie um richterliche Zurückhaltung, sondern darum, Anreize zu schaffen oder Druck auf die Vertragsstaaten auszuüben, ihre Verfahren zu optimieren.[506]

Die Ableitung von negativen oder positiven Schlüssen aus der Qualitätsbeurteilung des innerstaatlichen Verfahrens kann auf unterschiedliche Art und Weise erfolgen. Der Kern dieses Ansatzes liegt in der proportionalen Beziehung zwischen zwei Faktoren: der Qualität des Verfahrens und dem Ermessensspielraum der nationalen Institutionen. Wenn eine innerstaatliche Einrichtung bei einer Entscheidung ein geeignetes Verfahren angewendet hat, so billigt ihr der EGMR einen breiteren Ermessensspielraum zu. Dadurch schafft er Anreize für die Vertragsstaaten, gute Entscheidungsprozesse vorzusehen und anzuwenden.[507]

3. *Theorie der deliberativen Demokratie*

Ein weiterer Grund für die Anwendung des prozeduralen Überprüfungsansatzes ergibt sich aus der Theorie der deliberativen Demokratie. Vertreter der Theorie der deliberativen Demokratie befürworten den prozeduralen Überprüfungsansatz seit Langem. Aus ihrer Sicht sollten Gerichte prüfen, ob die Anforderungen in Bezug auf Transparenz, Rechenschaftspflicht, Partizipation und Tatsachenfeststellungen erfüllt wurden, anstatt sich mit materiellen Einzelaspekten eines Konflikts zu beschäftigen.[508] Demnach ist der

---

506 Brems, The "Logics" of Procedural-Type Review by the European Court of Human Rights, in: Gerards/Brems, Procedural Review in European Fundamental Rights Cases, S. 17, 23.

507 Brems, The "Logics" of Procedural-Type Review by the European Court of Human Rights, in: Gerards/Brems, Procedural Review in European Fundamental Rights Cases, S. 17, 22.

508 Gerards/Brems, Procedural Review in European Fundamental Rights Cases: Introduction, in: Gerards/Brems, Procedural Review in European Fundamental Rights Cases, S. 1, 2–4.

prozedurale Überprüfungsansatz ein Weg, um die deliberative Demokratie und die Fairness in der Gesellschaft zu stärken.[509]

Vertreter der deliberativen Demokratie legen großen Wert auf Prozesse der demokratischen Willensbildung und der Volksbeteiligung.[510] Für sie ist die deliberative Ausgestaltung von Rechtsfindungsprozessen genauso wichtig wie die formale Wahl. Öffentliche Deliberation fungiert dabei als Mechanismus, der den wirklichen demokratischen Willen des Volkes widerspiegelt. Entscheidungen, die nach angemessener Deliberation getroffen werden, sind demzufolge bessere Entscheidungen.[511]

Die in der EMRK verankerten Menschenrechte sind offen formuliert und notwendigerweise zu wenig spezifiziert für die Bandbreite der tatsächlichen Umstände, unter denen sie eingefordert werden. Teilweise sind sie noch nicht hinreichend ausgeformt, teilweise bedarf ihr bisheriges Verständnis der Fortentwicklung.[512] In vielen Fällen, die komplexe menschenrechtliche Fragen aufwerfen, ist es fast unmöglich, eine einzige richtige Antwort zu finden. Das betrifft etwa Fälle, in denen es um die Reichweite grundlegender ethischer und moralischer Prinzipien des demokratischen Gemeinwesens geht. Es ist nicht wünschenswert, dass einige wenige Richter oder politische Akteure allein über derart wichtige Fragen entscheiden. In demokratischen Staaten sollte der Entscheidungsprozess über solche Fragen sowohl innerhalb als auch außerhalb der Gerichtssäle stattfinden.[513]

Für Vertreter der konventionellen Demokratietheorie spielen Wahlergebnisse eine zentrale Rolle. Das deliberative Demokratiekonzept versteht Demokratie hingegen als einen fortlaufenden Prozess, der durch öffentliche Diskussion und

509 Sathanapally, The Modest Promise of "Procedural Review" in Fundamental Rights Cases, in: Gerards/Brems, Procedural Review in European Fundamental Rights Cases, S. 40, 43.

510 Frankenberg, Deliberative Democracy, in: Rosenfeld/ Sajó, The Oxford Handbook of Comparative Constitutional Law, S. 250, 255.

511 Sathanapally, The Modest Promise of "Procedural Review" in Fundamental Rights Cases, in: Gerards/Brems, Procedural Review in European Fundamental Rights Cases, S. 40, 58.

512 Sathanapally, The Modest Promise of "Procedural Review" in Fundamental Rights Cases, in: Gerards/Brems, Procedural Review in European Fundamental Rights Cases, S. 40, 43.

513 Sathanapally, The Modest Promise of "Procedural Review" in Fundamental Rights Cases, in: Gerards/Brems, Procedural Review in European Fundamental Rights Cases, S. 40, 44.

die Einbeziehung vielfältiger Perspektiven gekennzeichnet ist. Dies kann erreicht werden durch alternative Orte der Deliberation oder einen besseren Zugang zu den staatlichen Institutionen. Die Theorie der deliberativen Demokratie liefert eine positive Begründung für den prozeduralen Überprüfungsansatz, da dieser den Meinungsaustausch intensivieren, eine bessere Kontrolle staatlicher Machtausübung gewährleisten und dadurch den Deliberationsvorgang die Demokratie festigen kann.

Sathanapally untersucht in einem Aufsatz die Anwendung des prozeduralen Überprüfungsansatzes durch den EGMR. Sie ist der Auffassung, dass der Handlungsspielraum politischer Entscheidungsträger nicht dazu diene, die Gerichte herauszuhalten, sondern vielmehr dazu, die Deliberation zu lenken und zu fördern und dadurch die Demokratie zu stärken. Nach Ansicht von Sathanapally ist auch der Ansatz der prozeduralen Überprüfung nicht unproblematisch. Die Wirkung dieses Ansatzes in der Rechtsprechung des EGMR, so ihr Eindruck, sei her bescheiden, weil die nationalen Behörden Möglichkeiten fänden, die Logik dieser Überprüfung und die richterliche Zurückhaltung in ihrem Sinne zu steuern.[514]

III. Anwendung des prozeduralen Überprüfungsansatzes im Annahmeverfahren des Bundesverfassungsgerichts

Der einzigartige Status des BVerfG macht es erforderlich, den von ihm wahrzunehmenden Prüfungsumfang mit größter Sorgfalt zu definieren. Das BVerfG ist kein Revisions- oder gar Berufungsgericht. Außerdem hat es kontinuierlich eine große Anzahl an Verfahren zu bewältigen. Da das BVerfG den Anwendungsbereich der Grundrechte in der Vergangenheit oft sehr großzügig ausgelegt hat, können alle Rechtsverletzungen mit einer Verfassungsbeschwerde als Grundrechtsverletzungen gerügt werden. Aus diesen Gründen kann es nicht alle zulässigen Verfassungsbeschwerden zur Sachentscheidung annehmen. Um seine Einzigartigkeit als Verfassungsgericht zu schützen und um sich auf seine eigentliche Aufgabe zu konzentrieren, benötigt das Gericht einen funktionierenden Mechanismus zur Überprüfung, ob die geltend gemachten Rechtsverletzungen in seinen Kontrollbereich fallen. Im Rahmen des hier vorgeschlagenen prozeduralen Überprüfungsansatzes wird die Grenze des verfassungsgerichtlichen

514 Sathanapally, The Modest Promise of "Procedural Review" in Fundamental Rights Cases, in: Gerards/Brems, Procedural Review in European Fundamental Rights Cases, S. 40, 56.

Prüfungsumfangs nicht anhand abstrakter Kriterien, sondern in Einzelfallentscheidungen gezogen.

1. *Struktureller Unterschied zur Anwendung des prozeduralen Überprüfungsansatzes durch den EGMR*

Aufgrund der zahlreichen Vorteile des prozeduralen Überprüfungsansatzes wendet der EGMR diesen in seiner Rechtsprechungspraxis an. Fraglich ist, ob auch das BVerfG auf diesen Ansatz zurückgreifen sollte, um seine Prüfungsbefugnis festzustellen. Erweist sich dieser Ansatz als hinreichend legitim, effektiv und vorteilhaft, so könnte er die Basis für eine vorzugswürdige Alternative zum derzeit praktizierten Annahmeverfahren für Verfassungsbeschwerden darstellen.

Dabei darf freilich der strukturelle Unterschied zwischen der Anwendung des prozeduralen Überprüfungsansatzes beim EGMR und seiner hier vorgeschlagenen Anwendung im Rahmen des Annahmeverfahrens beim BVerfG nicht übersehen werden. Zunächst einmal ist das BVerfG kein internationales Gericht.

Der wesentliche Unterschied ist jedoch ein anderer. Der EGMR wendet den prozeduralen Überprüfungsansatz im Rahmen der Sachentscheidung an: Die Qualität des nationalen Verfahrens, auf dem die angegriffene Maßnahme beruht, ist ein Kriterium für ihre Konformität mit der EMRK. Das BVerfG sollte den prozeduralen Überprüfungsansatz nach der hier vertretenen Auffassung zur Legitimierung seines Annahmeverfahrens anwenden: Die Qualität des Annahmeverfahrens ist ein Kriterium für die Legitimität der daraus resultierenden Entscheidungen. Gewährleistet das Annahmeverfahren eine umfassende, sorgfältige und detaillierte Auseinandersetzung mit den aufgeworfenen Fragen, so kann es gerechtfertigt sein, dem BVerfG bei der Annahmeentscheidung einen breiten Ermessensspielraum zuzugestehen. Der prozedurale Überprüfungsansatz betrifft hier also nicht nur die Verfahrensqualität der streitgegenständlichen Maßnahme in einem einzelnen Fall, vielmehr soll er die Verfahrensstruktur des Gerichts gestalten. Um die Qualität des Verfahrens zu verbessern, sollten beispielsweise alle Senatsmitglieder am Annahmeverfahren und am Sachentscheidungsverfahren teilnehmen. Diese Verfahrensgestaltung legitimiert den großen Ermessensspielraum im Annahmeverfahren.

Trotz dieser Unterschiede lassen sich auch Gemeinsamkeiten finden. Insbesondere können sich die Gerichte in beiden Konstellationen die Vorteile des prozeduralen Überprüfungsansatzes zunutze machen, wenn eine materielle Überprüfung erhebliche Schwierigkeiten bereitet.

Für den EGMR bietet der prozedurale Überprüfungsansatz eine Möglichkeit, den Schwierigkeiten zu begegnen, die sich aus seiner Stellung als supranationales Gericht ergeben. Er hilft dem EGMR, das Prinzip der Subsidiarität praktisch umzusetzen. Wenn der EGMR keine Anhaltspunkte findet, die Qualität des nationalen Verfahrens zu beanstanden, so kann er den nationalen Institutionen mit gutem Grund einen breiten Ermessensspielraum zubilligen, während er bei Verfahrensmängeln ebenfalls mit gutem Grund den Spielraum einengen und die nationale Maßnahme einer strengeren materiellen Kontrolle unterziehen kann. Dies schafft entsprechende Anreize auf nationaler Ebene.

Ähnliche Vorteile sind zu erwarten, wenn der prozedurale Überprüfungsansatz auf das Annahmeverfahren des BVerfG angewendet wird. Auch hier kann der prozedurale Überprüfungsansatz „good governance through good process“ fördern. Zum einen bewirkt er ein besseres Verfahren, das zu Deliberation, intensiver Kommunikation und letztlich zu gerechteren Entscheidungen führt; zum anderen kann er zur Rechtfertigung eines größeren Ermessensspielraums des Gerichts herangezogen werden. Der prozedurale Überprüfungsansatz eignet sich somit als Grundlage für ein praktikables und stimmiges Verfahren, in dem das BVerfG im Einzelfall über das Vorliegen seiner Prüfungsbefugnis befindet.

2. *Neue Sichtweise auf das Annahmeverfahren*

Wie gezeigt wurde, weisen die traditionellen Ansätze, die abstrakte materielle Kriterien zur Abgrenzung des verfassungsgerichtlichen Prüfungsumfangs einsetzen, verschiedene Schwächen auf. Ihnen liegt stets die Frage zugrunde, wo die Grenze gezogen werden sollte. Die abstrakten Maßstäbe entfalten nur eine geringe normative Bindungswirkung auf die Entscheidungen des BVerfG, da die einzelnen Rechtsstreitigkeiten und auch die Grundrechte selbst im konkreten Anwendungskontext zu viele Variablen aufweisen. Faktisch ist es daher nicht möglich, eine Grenzlinie zu ziehen, die frei von Beliebigkeit ist und konsistent angewendet werden kann. Um eine verlässliche Abgrenzungsmöglichkeit zu finden, bedarf es eines Perspektivwechsels. Anstatt nach abstrakten Standards zu suchen, sollte man sich dem Prozess, durch den der konkrete Fall entschieden wird, zuwenden. Im Rahmen des prozeduralen Überprüfungsansatzes geht es darum, wie eine Entscheidung getroffen werden kann. Die Fragen, die dieser Ansatz aufwirft, lauten beispielsweise: Durch welche Prozesse wurde die Antwort gefunden? Sind diese Prozesse gut genug? Welche Prozesse sind gute Prozesse?

Die Herausforderung dieses Ansatzes besteht darin, eine Rechtfertigung für seine Anwendung zu finden. Hierzu ist zu klären, ob er eine Kontrollmöglichkeit bietet, wie sie die konventionellen Ansätze vergeblich in abstrakten substantiellen

Maßstäben gesucht haben. Gleichzeitig müsste der prozedurale Überprüfungsansatz ein Maß an Legitimität und Effizienz aufweisen, das den konventionellen Ansätzen in nichts nachsteht.

3. *Vorteile des prozeduralen Überprüfungsansatzes*

Verschiedene Erwägungen haben den EGMR dazu veranlasst, in seiner Rechtsprechung den prozeduralen Überprüfungsansatz einzuführen. Die Kontrolle durch Verfahren und die Überprüfung am Maßstab von Verfahren ist ein wirksames Instrument gegen Machtmissbrauch und gegen die Verletzung von Menschenrechten, insbesondere dann, wenn andere Kontrollmöglichkeiten ausscheiden. Das ist dann der Fall, wenn der EGMR sich mit einem Verfahren befasst, das die Entscheidung einer nationalen Institution mit starker Legitimation zum Gegenstand hat, etwa die Entscheidung eines nationalen Parlaments oder eine höchstrichterliche Entscheidung. Der EGMR hat für bestimmte Fälle anerkannt, dass die Entscheidungen von Parlamenten und Höchstgerichten eine besondere Bedeutung haben und diesen Institutionen einen breiten Beurteilungsspielraum zugebilligt. Gerade in solchen Fällen kann der prozedurale Überprüfungsansatz ein wertvolles Kontrollinstrument darstellen, da eine materielle Kontrolle mit Legitimationsproblemen behaftet ist.[515]

Es gibt gute Gründe, wieso auch das BVerfG den prozeduralen Überprüfungsansatz einführen sollte, insbesondere im Annahmeverfahren für Verfassungsbeschwerden. Zunächst einmal sind die Schwächen der materiellen Annahmekriterien zu bedenken. Diese wirken sich besonders nachteilig aus, da im Annahmeverfahren nicht nur bereits gegebene verfassungsrechtliche Bestimmungen, etablierte Grundsätze und gefestigte Rechtsprechung angewandt werden, sondern sehr grundlegende Entscheidungen getroffen werden, denen die Gewichtung zahlreicher Faktoren vorauszugehen hat. Das Gericht hat im Annahmeverfahren den Bedarf zur Anerkennung neuer Grundrechte zu prüfen, zu diskutieren und abzuwägen. Gleichzeitig muss es darauf bedacht sein, seine

---

515 Gerards stellt fest, dass der EGMR in bestimmten Fällen Wert auf die Qualität des Gesetzgebungs- bzw. Gerichtsverfahrens legt. Dabei handelt es sich um „Fälle, in denen es um komplexe Entscheidungen im sozioökonomischen Bereich geht", um „Fälle, in denen komplexe Interessen von ähnlichem Gewicht auf dem Spiel stehen oder die sich auf moralische Fragen beziehen" und um „Fälle, in denen die nationalen Behörden besonders gut in der Lage sind, Entscheidungen zu treffen." Gerards, Procedural Review by the ECtHR: A Typology, in: Gerards/Brems, Procedural Review in European Fundamental Rights Cases, S. 127, 128.

Funktion zu wahren und zu einer sinnvollen Arbeitsteilung im Verhältnis zu den Fachgerichten zu gelangen. Materiellrechtliche Prüfungsmaßstäbe stoßen bei diesen Aufgaben schnell an ihre Grenzen; der prozedurale Überprüfungsansatz kann hierbei indes sehr effektiv sein.

Ein weiterer Grund, der für die Einführung des prozeduralen Überprüfungsansatzes im Annahmeverfahren spricht, besteht darin, dass er die deliberative Demokratie stärkt. Es ist wünschenswert, dass den Prozessen, die als Forum der öffentlichen Debatte dienen, der Transparenz der Entscheidungsfindung und der Partizipation der Gesellschaft große Aufmerksamkeit gewidmet wird.[516] Anhand der im Folgenden dargestellten Ansichten einzelner Vertreter der Theorie der deliberativen Demokratie wird auf diese Wirkungsweise noch detailliert eingegangen.

In der Praxis kann der prozedurale Überprüfungsansatz seine Wirkung nur bei Beratungen im Senat voll entfalten. Daher zwingt er zu einer Rückbesinnung auf einen wesentlichen Aspekt der ursprünglichen Konzeption der Verfassungsbeschwerde. Das BVerfG ist das höchste Gericht und das einzige Verfassungsorgan in der Judikative. Aufgrund seiner Stellung werden die Entscheidungen des Gerichts von keiner anderen nationalen Instanz überprüft.[517] Vor diesem Hintergrund hat der Verfassungsgeber vorgesehen, dass das BVerfG ein Kollegialgericht sein soll. Die ursprünglich zwölf, später zehn und heute acht Richter pro Senat[518] sollen die Fälle in den Beratungen diskutieren und die Entscheidungen des BVerfG treffen. Im aktuell praktizierten Annahmeverfahren ist in

---

516 Sathanapally, The Modest Promise of "Procedural Review" in Fundamental Rights Cases, in: Gerards/Brems, Procedural Review in European Fundamental Rights Cases, S. 40, 57.

517 Da Entscheidungen des BVerfG in aller Regel keiner Überprüfung unterliegen, ist es von untergeordneter Bedeutung, ob das Gesetz eine gebundene Entscheidung oder eine Ermessensentscheidung vorsieht. Die teilweise gegen die Ausgestaltung der Annahmeentscheidung als Ermessensentscheidung vorgebrachte Kritik geht daher ins Leere. Vielmehr ist davon auszugehen, dass in Anbetracht der offenen Normen und der Vielgestaltigkeit der zu beurteilenden Konstellationen auch die gesetzliche Festlegung einer gebundenen Entscheidung das Gericht nicht daran hindert, argumentativ zum gewünschten Ergebnis zu kommen.

518 Nach der ursprünglichen Fassung des Bundesverfassungsgerichtsgesetzes gehörten jedem Senat zwölf Richter an. Die Novelle vom 21.07.1956 verringerte diese Anzahl für eine Übergangszeit auf zehn Richter. Die heute geltende Besetzung mit acht Richtern pro Senat wurde am 01.09.1963 wirksam. Heinrichsmeier in: Burkiczak u. a. (Hrsg.), BVerfGG, 2022, § 2 Rn. 10.

aller Regel eine Kammer bestehend aus drei Richtern mit der Annahmeentscheidung befasst, nicht der achtköpfige Senat. Dieser Umstand bedeutet, dass viel weniger verfahrensrechtliche Kontrolle stattfindet, als sie der Verfassungsgeber ursprünglich für die Entscheidungen des BVerfG vorgesehen hatte. Der prozedurale Überprüfungsansatz bietet also die Chance, die Verknappung des zur Entscheidung berufenen Forums auf drei Personen zu überwinden und zur ursprünglich intendierten, der Stellung des Gerichts angemessenen Verfahrensgestaltung zurückzukehren.

Zusammenfassend lässt sich sagen, dass das Annahmeverfahren des BVerfG keiner wirksamen materiellen Kontrolle unterliegt und dass die im Annahmeverfahren zu treffenden Entscheidungen nicht nur auf der Anwendung von Recht basieren, sondern in nicht unwesentlichem Umfang auch auf rechtspolitischen Erwägungen. Der prozedurale Überprüfungsansatz trägt dazu bei, den Mangel an rechtlicher Kontrolle durch ein Verfahren auszugleichen, das einen eingehenden Austausch von Argumenten gewährleistet und diesen der Öffentlichkeit zugänglich macht.

C. Ansatz der Theorie der deliberativen Demokratie

I. Demokratietheoretische Grundlagen

In Kapitel 4 wurde das Writ of Certiorari-Verfahren des US Supreme Court vorgestellt. Es hat sich gezeigt, dass dieses in vieler Hinsicht die Anforderungen an ein mustergültiges Annahmeverfahren verwirklicht. Im folgenden Abschnitt soll untersucht werden, welchen Beitrag die Theorie der deliberativen Demokratie dazu leisten kann, Struktur und Wirkungsweise des deliberativen Annahmeverfahrens zu verdeutlichen und seinen legitimen institutionellen Auftrag zu begründen.

Deliberative Demokratietheorien beinhalten eine Reihe von Überlegungen, die die normative Bedeutung und die empirische Relevanz der Diskussion für die Erzeugung überzeugender öffentlicher Entscheidungsgründe betonen. Anstatt Demokratie als einfache Aggregation der privaten Präferenzen einer Mehrheit anzusehen, begreifen Vertreter der deliberativen Demokratie diese Staatsform als eine Art der Strukturierung von Deliberation unter breiter kooperativer Beteiligung der Bürger an den Prozessen der Meinungsbildung und Entscheidung.[519]

519 Frankenberg, Democracy, in: Rosenfeld/Sajó, The Oxford Handbook of Comparative Constitutional Law, S. 256; Zurn, Deliberative Democracy and the Institution of Judicial Review, S. 7.

Unter dem Begriff der deliberativen Demokratie werden verschiedene Denkansätze zusammengefasst. Einige betonen die Bedeutung von Partizipation und Offenheit in den politischen Prozessen, andere plädieren für eine liberale Diskussion, für eingehende Argumentation und für Pluralismus. Einer der wichtigsten zeitgenössischen Denkansätze zur deliberativen Demokratie konzentriert sich auf den öffentlichen Austausch von Begründungen und Argumente bei politischen und öffentlichen Entscheidungen.[520] Alexy geht davon aus, dass ein adäquater Begriff der Demokratie nicht nur auf dem Aspekt der Entscheidung, d. h. auf Wahlen, beruhen dürfe; er müsse auch das Argument einschließen. Die Einbeziehung des Arguments in den Demokratiebegriff mache die Demokratie deliberativ. Deliberative Demokratie sei der Versuch, den Diskurs so weit wie möglich als Mittel öffentlichen Entscheidens zu institutionalisieren.[521]

Sämtliche Demokratietheorien gehen davon aus, dass alle Bürger die gleichen Möglichkeiten haben sollten, Einfluss auf das staatliche Handeln zu nehmen. An einem bestimmten Punkt müssen sie sich mit der Frage auseinandersetzen, wer die Entscheidungsbefugnis für kollektive Entscheidungen haben soll. Eines der wichtigsten Instrumente hierfür sind Wahlen. Die Vertreter der Mehrheitsdemokratie betonen die Bedeutung von Wahlen. Nur diese könnten staatliche Entscheidungen rechtfertigen.

Vertreter der deliberativen Demokratie argumentieren, dass demokratische Entscheidungsfindung nicht mit dem Auszählen von Stimmen gleichgesetzt werden könne. Diskussion und Überzeugung, Zuhören, Argumentieren und Begründen seien wichtige demokratische Prozesse. Sie verweisen darauf, dass in der modernen Gesellschaft unter den Bedingungen von Ungewissheit, Komplexität und Pluralismus die Diskussion und die Qualität von Entscheidungsprozessen immer wichtiger würden.

Innerhalb des Spektrums der Demokratietheorien wird die Legitimität der gerichtlichen Überprüfung von Akten der öffentlichen Gewalt (judicial review)[522] bzw. ihr zulässiger Umfang unterschiedlich bewertet. Die Vertreter

---

520 Zurn, Deliberative Democracy and the Institution of Judicial Review, S. 70.

521 Alexy, Grundrechte, Demokratie und Repräsentation, Der Staat 54 (2015), S. 201, 210.

522 Der Terminus „ judicial review“ bezeichnet „court's exercise of its power to consider the decisions of a lower court or of any branch of the government, in particular in light of their correspondence with the Constitution but also with established law.“ Byrd/Laby/Lehmann, Einführung in die angloamerikanische Rechtssprache, 4. Aufl. 2021, S. 342. – Alexander Bickel erläutert „judicial review“ im Kontext des US-amerikanischen Rechtssystems wie folgt: „The power which distinguishes the Supreme Court of the United States is that of constitutional review of actions of the other

der Mehrheitsdemokratie verweisen darauf, dass die verfassungsgerichtliche Überprüfung dem Mehrheitsprinzip zuwiderlaufe (counter-majoritarian difficulty of judicial review). Sie sehen in der verfassungsgerichtlichen Überprüfung eine Bedrohung der Demokratie und der politischen Autonomie der Bürger. Im Gegensatz dazu begreifen Vertreter der deliberativen Demokratie die verfassungsgerichtliche Überprüfung als Möglichkeit, die Partizipation der Bürger zu aktivieren und den öffentlichen Diskurs zu beleben, da sie als Verfahren der vernunftgesteuerten Deliberation (procedure of reason-responsive deliberation) ausgestaltet werden könne.

In Anbetracht dieser gegensätzlichen Auffassungen sollen die jeweiligen Argumente im Folgenden näher untersucht werden. Dabei gilt es herauszufinden, welche Konsequenzen sich daraus für die Funktion und Gestaltung des Annahmeverfahrens und für die Reichweite der verfassungsgerichtlichen Prüfungsbefugnis ergeben.

Einige Beispiele für Fragen, die von den Vertretern der Mehrheitsdemokratie und der deliberativen Demokratie aufgeworfen und diskutiert werden, sind folgende: Wer soll entscheiden, was der Geltungsbereich des Verfassungsrechts ist und was eine konkrete Bestimmung des Verfassungsrechts aussagt? Wie kann die Bevölkerung souverän sein, wenn die Vertreter der Bevölkerung nicht das letzte Wort haben? Weitere Fragen beziehen sich darauf, wie die verfassungsgerichtliche Überprüfung idealerweise gestaltet sein sollte, welchen Umfang sie haben sollte und was ihre eigentliche Funktion ist.

Die folgende Auseinandersetzung mit den Theorien der Mehrheitsdemokratie und der deliberativen Demokratie soll die wesentlichen Aspekte im Hinblick auf die Legitimität der verfassungsgerichtlichen Überprüfung, ihre angemessene institutionelle Gestaltung und die damit einhergehende Aufgabenverteilung aufzeigen. Zunächst kommen die Kritiker der verfassungsgerichtlichen Überprüfung zu Wort, die die Perspektive der Mehrheitsdemokratie vertreten. Aus ihrer Sicht bestehen zwischen Konstitutionalismus und Demokratie grundlegende Spannungen. In einem zweiten Schritt werden verschiedene Denkansätze von

---

branches of government, federal and state. Curiously enough, this power of judicial review, as it is called, does not derive from any explicit constitutional command." Bickel, The Least Dangerous Branch, S. 1. – Da die Debatte um die Legitimität der gerichtlichen Überprüfung in der vorliegenden Arbeit vor allem im Hinblick auf den US Supreme Court oder das BVerfG dargestellt wird, soll als deutsches Äquivalent für „judicial review" im Folgenden „verfassungsgerichtliche Überprüfung" bzw. „verfassungsgerichtliche Kontrolle" genutzt werden.

Vertretern deliberativer Demokratietheorien zur Legitimität der verfassungsgerichtlichen Überprüfung dargestellt. Diese Erkenntnisse werden anschließend für die Begründung des deliberativen Annahmeverfahrens nutzbar gemacht. Hierbei wird erörtert, warum das Annahmeverfahren aus der Sicht der Vertreter der deliberativen Demokratie eine angemessene Deliberations- und Offenheitsstruktur benötigt.

Vertreter der deliberativen Demokratie haben sich soweit ersichtlich weder mit der Legitimität des Annahmeverfahrens des BVerfG noch mit der des Certiorari-Verfahrens des US Supreme Court auseinandergesetzt. Ihre Erwägungen zur verfassungsgerichtlichen Überprüfung können jedoch entscheidende Hinweise liefern, um die unktion und die Erfordernisse des Annahmeverfahrens zu verstehen.

II. Legitimität der verfassungsgerichtlichen Überprüfung

1. Hintergrund der Debatte

Die Justiz verfügt über die institutionelle Kompetenz und das Fachwissen zur Lösung von Konflikten im Rechtsverhältnis und bei der Anwendung des Rechts. Dieses besondere Leistungsvermögen wird durch ein unabhängiges Gerichtssystem und ein juristisches Argumentationsverfahren, das sich in den Begründungen von Gerichtsentscheidungen niederschlägt, abgesichert. Anders als die Fachgerichtsbarkeit ist die Verfassungsgerichtsbarkeit der Kritik von Vertretern der Mehrheitsdemokratie ausgesetzt. Im Rahmen eines verfassungsgerichtlichen Verfahrens kann die Judikative die Verfassungsmäßigkeit von Legislativakten überprüfen und diese für nichtig erklären. Zudem legt sie die Verfassung aus, sodass sich deren Inhalte ohne parlamentarisches Verfahren ändern können. Selbst ein Parlamentsbeschluss kann die verfassungsgerichtliche Interpretation nicht ändern.[523] Die Problematik der verfassungsgerichtlichen Überprüfung beruht auf der sehr offenen Formulierung von Verfassungsnormen. Das

523 Art. 5 der US-Verfassung regelt das Verfahren für eine Verfassungsänderung. Demnach kann eine Änderung der US-Verfassung durch eine Zweidrittelmehrheit der beiden Kammern des Kongresses oder – wenn zwei Drittel der Bundesstaaten dies beantragen – durch einen zu diesem Zweck einberufenen Konvent vorgeschlagen werden. Die Änderung muss dann mit Dreiviertelmehrheit im Parlament jeden Staates oder in den in jedem Staat zu diesem Zweck einberufenen Konventen angenommen werden. Ebendieses Verfahren ist auch erforderlich, wenn eine Verfassungsnorm geändert werden soll, um zu erreichen, dass ihre Auslegung durch den US Supreme Court hinfällig wird.

Verfassungsgericht hat die Aufgabe, sie zu interpretieren. Damit geht auch die Möglichkeit einher, politische Entscheidungen gewählter Repräsentanten des Volkes zu überprüfen und gegebenenfalls ihre Geltung zu beseitigen.

Über die Frage, ob die verfassungsgerichtliche Überprüfung demokratisch oder undemokratisch ist, wird seit Langem diskutiert. Die Debatte wird mit unterschiedlichen Schwerpunkten geführt, wobei es zumeist darum geht, wer das letzte Wort bei der Verfassungsauslegung haben sollte, wie die verfassungsgerichtliche Überprüfung idealerweise ausgestaltet sein sollte und welche Funktion bzw. welchen Umfang sie haben sollte.

2. *Kritikpunkte von Vertretern der Theorie der Mehrheitsdemokratie*

Vertreter der Mehrheitsdemokratie betonen die Bedeutung von Wahlen, die allen Bürgern dieselbe Möglichkeit geben, ihre privaten Interessen in das staatliche Handeln einzubringen. Demzufolge seien Wahlen und das Mehrheitsprinzip der einzig demokratische Weg, auf dem politische Entscheidungen getroffen werden können. Durch Wahlen könne die Verwirklichung privater individueller Präferenzen maximiert werden.

(1) Alexander Bickel und Learned Hand

Einflussreiche Kritik an der Legitimität der verfassungsgerichtlichen Überprüfung kommt von Alexander Bickel. Aus seiner Sicht steht sie im Widerspruch zur Demokratie, die dem Willen der Mehrheit folgen sollte. Im Mittelpunkt von Bickels Argumentation steht die Überzeugung, dass das gewählte und damit repräsentative Parlament die grundlegenden politischen Entscheidungen treffen sollte und nicht „ungewählte" Gerichte.[524] Bickel räumt jedoch die Legitimität der verfassungsgerichtlichen Überprüfung in bestimmten Bereichen ein. Obgleich sie grundsätzlich undemokratisch sei, könne sie zum Schutz verfassungsrechtlicher Werte und Prinzipien gerechtfertigt sein. Dies bezieht sich auf „bestimmte dauerhafte Werte", die von der US-Verfassung abgesichert werden und der politischen Gestaltung entzogen sind.[525]

Bickel erkennt an, dass die Legislative vielfach unter dem Druck steht, aus Zweckmäßigkeitserwägungen heraus zu handeln, was es ihr erschwert, grundlegende Prinzipien zu beachten. Er empfiehlt deshalb eine institutionelle Arbeitsteilung zwischen einem legislativen Forum der Politik und einem richterlichen

524 Bickel, The Least Dangerous Branch, S. 16.
525 Bickel, The Least Dangerous Branch, S. 24.

Forum der Prinzipien. Hierzu präsentiert er ein Modell, bei dem die Judikative die Grundsätze und Werte der Verfassung schützt und die Legislative über politische Fragen mit praktischen Auswirkungen entscheidet.

Ein Individuum wird paternalistisch behandelt, wenn es gegen seinen Willen zu etwas gezwungen wird, von dem ein anderer, der vorgibt, die Interessen des betreffenden Individuums besser zu kennen, behauptet, dass es zu dessen Bestem sei. Learned Hand bezeichnet die verfassungsgerichtliche Überprüfung als paternalistisch und damit als undemokratisch.[526] Er argumentiert, dass sie im Konflikt mit der Autonomie der Bürger stehe. Jeder Bürger müsse eine wichtige Rolle bei der Festlegung kollektiver Entscheidungen spielen und in der Lage sein, sich selbst als Teil eines gemeinsamen Projekts der Selbstbestimmung zu verstehen.[527]

Bickel und Hand kritisieren die verfassungsgerichtliche Überprüfung als paternalistisch und im Widerspruch zum Mehrheitsprinzip stehend (countermajoritarian). Sie untergrabe das Erfordernis der Zustimmung der Bürger zum demokratischen Regierungshandeln und beeinträchtige das moralische Bewusstsein, an einem kollektiven Prozess der Selbstbestimmung beteiligt zu sein.

(2) John Hart Ely

In den 1980er-Jahren, einer Zeit heftiger politischer Konflikte in den USA, entwickelte John Hart Ely wegweisende Theorien zur angemessenen Rolle der verfassungsgerichtlichen Überprüfung in einer rechtsstaatlichen Demokratie.[528] In den damaligen Debatten ging es um die Frage, ob sich die Richter auf eine „strenge Auslegung“ der Verfassung im Sinne des geschriebenen Textes bzw. der ursprünglichen Intention der Verfasser beschränken sollen, oder ob sie über solche Auslegungen hinausgehen und schwierige Fälle auf der Grundlage von Werten und Normen entscheiden dürfen, die sich nicht ohne Weiteres aus den Verfassungsvorschriften entnehmen lassen.[529]

---

526 Zurn, Deliberative Democracy and the Institution of Judicial Review, S. 4.

527 Learned Hand, The Spirit of Liberty: Papers and Addresses of Learned Hand, ed. Irving Dilliard, New York: Alfred A. Knopf, 1960, S. 99–100, zitiert nach: Zurn, Deliberative Democracy and the Institution of Judicial Review, S. 5.

528 In den Vereinigten Staaten waren die 1980er-Jahre geprägt von politischen und ideologischen Konflikten in Bezug auf die Grundrechte. Diese Konflikte führten in der Rechtswissenschaft zur Befassung mit methodischen Fragen der verfassungsgerichtlichen Überprüfung. Zurn, Deliberative Democracy and the Institution of Judicial Review, S. 41.

529 Ely, Democracy and Distrust, S. 1.

Ely vertritt die Meinung, dass keiner der beiden Ansätze mit der Verfassung und mit dem demokratischen System vereinbar sei. Er erkennt die Legitimität der verfassungsgerichtlichen Überprüfung an, wendet sich jedoch gegen Gerichtsentscheidungen, die Gesetze auf der Grundlage von Werten und Prinzipien aufheben. Er argumentiert, dass die Auferlegung von Werten, die sich nicht aus Verfassungsnormen ergeben, eine Auferlegung von Werten der erkennenden Richter sei. Daher sei diese Methode der Interpretation Ausdruck von richterlichem Paternalismus und mithin undemokratisch. Gleichwohl vertritt Ely die Auffassung, dass der US Supreme Court ein Gesetz auf der Grundlage einer weiten Interpretation der Verfassung für nichtig erklären dürfe, wenn er hierdurch die Bedingungen sicherstellt, die zur Gewährleistung eines fairen und offenen Gesetzgebungsverfahrens erforderlich sind. Ely zufolge sind Gesetze, die einen politischen Wandel verhindern, indem sie denjenigen, die derzeit nicht an der Macht sind, den Zugang zu Ämtern verwehren, besonders streng zu prüfen.[530]

Des Weiteren spricht sich Ely dafür aus, dass der US Supreme Court darauf achten solle, dass benachteiligte gesellschaftliche Minderheiten durch den Gesetzgeber nicht systematisch diskriminiert werden. Das Gericht solle bestehenden Ungleichgewichten entgegenwirken, indem es dafür sorgt, dass Minderheiten im politischen Prozess gleichberechtigt vertreten sind.[531]

Ely fordert, dass der US Supreme Court weitgehend passiv bleiben und an den Wortlaut der Verfassungsvorschriften gebunden sein solle. Ausnahmsweise dürfe das Gericht über diesen Wortlaut hinausgehen, sofern dies dazu dient, den demokratischen Prozess zu schützen und die Beteiligung der Bürger am politischen Prozess zu stärken.

3. *Ansätze wichtiger Vertreter der Theorie der deliberativen Demokratie*

Vertreter deliberativer Demokratietheorien argumentieren, dass die Theorie der Mehrheitsdemokratie die Diskussion und die Qualität der Entscheidungsprozesse nicht berücksichtige und daher ein Legitimationsproblem habe. Sie verweisen insbesondere auf die Vielfalt der modernen Lebenswelt und den vernünftigen Pluralismus (reasonable pluralism). In diesem Umfeld könnten Wahlen nicht mehr als das zentrale Element für die demokratische Legitimation einer politischen Institution angesehen werden.[532]

530 Ely, Democracy and Distrust, S. 87.
531 Ely, Democracy and Distrust, S. 74.
532 Zurn, Deliberative Democracy and the Institution of Judicial Review, S. 7.

Es gibt verschiedene Ansätze, wie das Ideal der deliberativen Demokratie verwirklicht werden kann. Die meisten Anhänger deliberativer Theorien betonen die große Bedeutung der Verbindung zwischen dem öffentlichen Austausch von Argumenten und der politischen Entscheidungsfindung.[533]

(1) Ronald Dworkin

Ronald Dworkin plädiert dafür, die moralische Auslegung der Verfassung zuzulassen. Nach seinem Dafürhalten liegt das eigentliche Problem der Verfassungsauslegung nicht in der moralischen Interpretation selbst, sondern darin, dass die offen formulierten Vorschriften der Verfassung den Interpreten keine Anhaltspunkte bieten, auf die sie sich stützen können.[534]

Um dieses Problem zu lösen, entwickelt Dworkin ein Konzept, das zwei Arten von kollektiven Handlungen unterscheidet: statistische und gemeinschaftliche (statistical and communal collective action). Dworkin bestreitet, dass die Demokratie ein statistisches System ist, das seine wichtigen Entscheidungen nach dem Willen der Mehrheit trifft. Er ist der Auffassung, dass Demokratie als eine Form des gemeinschaftlichen kollektiven Handelns zu verstehen ist.[535] Dieses gemeinschaftliche kollektive Handeln lasse sich nicht durch die Anzahl der Mitglieder rechtfertigen, die ihm zustimmen. Seine Legitimität hänge vielmehr davon ab, ob es die Vorgaben erfüllt, die regeln, wie die Mitglieder der politischen Gemeinschaft behandelt werden sollen. Der Kern demokratischer Selbstbestimmung bestehe aus verfassungsmäßigen Strukturen, die der staatlichen Macht Grenzen setzen, und aus der Möglichkeit zur Überprüfung, ob die Machtausübung durch die staatliche Gewalt den materiellen Bedingungen entspricht.[536]

Die Bedingungen, unter denen eine materielle Kontrolle kollektiver Entscheidungen möglich sein soll, teilt Dworkin in drei Gruppen ein: Erstens geht es dabei um Bedingungen, die garantieren, dass jedes Mitglied an kollektiven Entscheidungen teilnehmen kann, zweitens um Bedingungen, die garantieren, dass jedes Mitglied einen Anteil an der kollektiven Entscheidung hat, und drittens um Bedingungen, die die Unabhängigkeit des Einzelnen von der Gemeinschaft garantieren.[537] Wenn eine staatliche Macht diese demokratischen Bedingungen

---

533 Zurn, Deliberative Democracy and the Institution of Judicial Review, S. 70.

534 Dworkin, Freedom's law, S. 7.

535 Dworkin, Freedom's Law, S. 20.

536 Dworkin, Freedom's Law, S. 24.

537 Dworkin konkretisiert diese Bedingungen wie folgt: Teilhabe an kollektiven Entscheidungen bedeutet, dass jeder Bürger die Möglichkeit hat, diese Entscheidungen so zu beeinflussen, dass er nicht systematisch diskriminiert wird. Beteiligung an kollektiven

beachtet, dann sollten die Entscheidungen von den Bürgern akzeptiert werden. Wenn sich eine Regierung jedoch über diese Bedingungen hinwegsetzt, so sollten ihre Entscheidungen nicht als demokratische Entscheidungen gewertet werden, selbst wenn es sich dabei um Mehrheitsentscheidungen handelt. Aufgrund dieser Neudefinition der Demokratie kann die verfassungsgerichtliche Überprüfung gerechtfertigt werden.[538]

Dworkin ist der Meinung, dass die Aufsicht über die Bedingungen des statistischen kollektiven Handelns und über die des gemeinschaftlichen kollektiven Handelns aufgeteilt werden sollte. Die Aufsicht über die Bedingungen der Demokratie sollte ihm zufolge einem Gericht übertragen werden, sodass Richter ihre besondere Sachkenntnis nutzen können, um alle relevanten Überlegungen einzubeziehen.[539]

(2) John Rawls

Rawls entwickelt aus dem traditionellen egalitären Ideal der Demokratie eine spezifische Interpretation. Nach dieser Interpretation sollten politische Entscheidungen aus den begründeten Überlegungen freier und gleicher Bürger hervorgehen. Er kombiniert zwei Ideale der Demokratie, nämlich den gleichen politischen Einfluss jedes Bürgers (Demokratie der egalitären Perspektive) und die Responsivität der staatlichen Institutionen auf die Vernunft (reason-responsiveness of government institutions).[540]

Seiner Beobachtung nach ist die moderne demokratische Gesellschaft nicht einfach durch einen Pluralismus gekennzeichnet, sondern durch einen Pluralismus von unvereinbaren, aber vernünftigen Überzeugungen. In dieser Gesellschaft ist es nicht möglich, dass eine Überzeugung von allen oder fast allen

Entscheidungen bedeutet, dass die Gemeinschaft die Interessen aller Mitglieder gleichermaßen berücksichtigt, wenn sie Entscheidungen über die Verteilung von Vermögen, Zuwendungen und Belastungen auf die Bevölkerung trifft. Schließlich setzt die Bedingung der Unabhängigkeit dem Umfang der kollektiven Befugnisse über das Leben des Einzelnen Grenzen. Individuelle Freiheiten, die die Bürger vor staatlichen Eingriffen schützen, stellen die Unabhängigkeit sicher. Dworkin, Freedom's Law, S. 25.

538 Dworkin, Freedom's Law, S. 17.

539 Dworkin argumentiert, dass der Gesetzgeber ungeeignet für diese Aufgabe sei, da seine Debatten über grundlegende moralische Prinzipien nur selten von hoher Qualität seien und seine Entscheidungen oft erheblich von mächtigen Akteuren beeinflusst würden, die im Eigeninteresse handeln und in der Regel einen Kompromiss anstreben. Dworkin, Freedom's Law, S. 344.

540 Zurn, Deliberative Democracy and the Institution of Judicial Review, S. 165.

Bürgern akzeptiert wird.[541] Er findet eine Lösungsmöglichkeit für dieses Problem in der öffentlichen Vernunft: Die Bürger können sich auf eine Reihe spezifisch politischer Prinzipien, die öffentliche Vernunft, einigen, die von allen verschiedenen vernünftigen, umfassenden Doktrinen geteilt werden, und dennoch sind diese Prinzipien neutral in Bezug auf jede der umfassenden Weltanschauungen. Die öffentliche Vernunft der Gesellschaft ist für ihn der Schlüssel zur Legitimität demokratischer Entscheidungen.[542]

Ihm zufolge gibt es zwei Gruppen von Grundsätzen für öffentliche Vernunft. Bei der ersten Gruppe handelt es sich um materielle Grundsätze, die die Gewissensfreiheit des Einzelnen, das Recht auf ein ordentliches Gerichtsverfahren, das gleiche Wahlrecht usw. garantieren, sowie um Grundsätze, die der Struktur der demokratischen Ordnung und der politischen Prozesse zugrunde liegen. Die zweite Gruppe der Grundsätze umfasst allgemein anerkannte Methoden der Untersuchung und Beratung, wie z. B. gemeinsame Standards für Beweise, Schlussfolgerungen und Rechtfertigungen.[543]

Rawls vertritt die Auffassung, dass die Repräsentativität einer Institution danach beurteilt werden sollte, inwieweit sie auf öffentliche Vernunft reagiert. Die Verfassungsüberprüfung ist ebenso demokratisch wie die Legislative, da die richterlichen Entscheidungen regelmäßig von einer öffentlichen Vernunft in Form einer richterlichen Stellungnahme begleitet werden.[544] Darüber hinaus sei der juristische Diskurs am US Supreme Court (oder einem Verfassungsgericht) das ideale Beispiel für eine öffentliche Beratung, da er sich an den neutralen Kanon der öffentlichen Vernunft halte. Er argumentiert, dass der US Supreme Court die einzige Instanz der staatlichen Ordnung sei, die keine anderen Gründe und Werte als die öffentliche Vernunft berücksichtigt und Entscheidungen auf der Grundlage grundlegender politischer Werte trifft, die von allen vernünftigen Bürgern geteilt werden.[545] Ihm zufolge ist das Verfassungsgericht eine echte repräsentative Institution.[546]

541 Rawls, Political Liberalism, S. 3–4.
542 Rawls, Political Liberalism, S. 224.
543 Rawls, Political Liberalism, S. 234.
544 Rawls, Political Liberalism, S. 235.
545 Rawls, Political Liberalism, S. 239.
546 Rawls, Political Liberalism, S. 235.

(3) Frank Michelman

Frank Michelman vertritt die Auffassung, dass man sich auf den demokratischen Charakter des Prozesses der Verfassungsinterpretation konzentrieren müsse, um das Dilemma des vernünftigen Pluralismus zu überwinden. Wenn eine Institution, die für die Auslegung der Verfassung zuständig ist, auf die besten verfügbaren Gründe und Argumente eingehe, dann könnten selbst Bürger, die mit einer Interpretation inhaltlich nicht einverstanden sind, diese als Ergebnis eines demokratischen Auslegungsprozesses betrachten.[547] Michelman sieht im US Supreme Court und sonstigen Verfassungsgerichten legitime Institutionen für die Interpretation der Verfassung, da diese institutionelle Vorteile gegenüber anderen staatlichen Einrichtungen hätten, wenn es um Verfassungsfragen geht, die philosophischer Natur sind.[548]

Michelman geht davon aus, dass man dem Prozess der Verfassungsauslegung nur insoweit vertrauen kann, als die Richter für die unterschiedlichsten Meinungen und Argumente zu den grundlegenden Fragen offen sind. Die Bürger hätten Grund, kollektiv verbindliche Interpretationen des Grundgesetzes als legitim anzuerkennen, wenn sie diese als das Ergebnis eines freien und offenen deliberativen Prozesses betrachten können. Er betont, dass in dem Maße, in dem die Richter des US Supreme Court für die gesamte Bandbreite der verschiedenen Meinungen und Interessensartikulationen in der Gesellschaft offen sind, die Bürger den Prozess der deliberativen Interpretation als einen zu respektierenden Prozess und damit als Teil eines Systems legitimer Selbstbestimmung begreifen würden.[549]

(4) Robert Alexy

Nach Alexy darf sich die Repräsentation des Volkes durch die Staatsmacht nicht nur auf Mehrheitsentscheidungen bei Wahlen stützen, sondern muss auch durch Argumente vermittelt werden (Theorie der argumentativen Repräsentation).

Im Falle des Parlaments beruhe die Repräsentation primär auf Wahlen bzw. auf der Verweigerung der Wiederwahl. Das Parlament werde durch Wahlmehrheiten jedoch nicht ausreichend legitimiert, es müsse seine Legitimität auch durch Argumentation und Diskurs erlangen. Die Repräsentation des Volkes durch das Parlament sollte also durch Entscheidungen (Wahlen) und Argumente zugleich vermittelt werden.[550]

547 Michelman, Brennan and Democracy, S. 57.
548 Michelman, Brennan and Democracy, S. 57.
549 Michelman, Brennan and Democracy, S. 60.
550 Alexy, Grundrechte, Demokratie und Repräsentation, Der Staat 54 (2015), S. 210.

Auch die Verfassungsgerichtsbarkeit übt Staatgewalt aus. Die Ausübung von Staatsgewalt kann nur legitim sein, wenn sie vom Volk ausgeht, d. h. wenn sie als Repräsentation des Volkes angesehen werden kann. Alexy zufolge ist in einer Demokratie mindestens eine indirekte Wahlverbindung zwischen Volk und Verfassungsgericht notwendig, wie sie durch die Wahl der Richter durch gewählte Abgeordnete hergestellt wird. Die Unabhängigkeit der Verfassungsrichter verlange dennoch, dass sie nicht abgewählt werden können. Die Repräsentation des Volkes durch das Parlament und durch das Verfassungsgericht habe jeweils eine dezisionistische Dimension, die reale Seite der Institution, und eine argumentative Dimension, die ideale Seite der Institution. Bei der Verfassungsgerichtsbarkeit dominiere die ideale Seite, d. h. die Repräsentation des Volkes durch ein Verfassungsgericht sei hauptsächlich argumentativ.[551] Argumentative Repräsentation setze voraus, dass es gute und richtige Argumente gebe sowie rationale Personen, die willens und fähig seien, diese Argumente zu akzeptieren. Beide Bedingungen seien Ausdruck von Vertrauen in die Vernunft. Die Vernunft rechtfertige den demokratischen Konstitutionalismus, daher sei auch die Verfassungsgerichtsbarkeit als eines seiner notwendigen Elemente gerechtfertigt.[552]

(5) Jürgen Habermas

Jürgen Habermas vertritt eine Demokratietheorie, die auf einer prozeduralen Konzeption der Legitimität beruht. Ihm zufolge erfordert Demokratie ein Prinzip der Legitimität: Nur solche Gesetze können Legitimität beanspruchen, die in einem diskursiven Prozess der Gesetzgebung, welcher sich rechtlich konstituiert hat, die Zustimmung aller Bürger erhalten können.[553] Dieses Prinzip kombiniert zwei Arten von Verfahrensanforderungen: die rechtliche Ausgestaltung von Entscheidungsprozessen und die Zustimmung aller Bürger. Die erste Art von Verfahrensanforderungen, die rechtliche Komponente des Demokratieprinzips, erfordert, dass das Verfahren rechtsstaatliche Elemente enthält, etwa die Garantie der Grundrechte. Die zweite Art von Verfahrensanforderungen, die moralisch-politische Komponente, setzt voraus, dass jeder Bürger in der Lage sein muss, einem Gesetz vernünftigerweise zuzustimmen. Die vernünftige Zustimmung sollte als das Ergebnis eines tatsächlichen Prozesses des Austauschs von

551 Alexy, Grundrechte, Demokratie und Repräsentation, Der Staat 54 (2015), S. 211.
552 Alexy, Grundrechte, Demokratie und Repräsentation, Der Staat 54 (2015), S. 212.
553 Habermas, Between Facts and Norms, S. 110.

Gründen und Erwägungen mit anderen Personen betrachtet werden, der darauf abzielt, zu einem gemeinsamen Verständnis zu gelangen.[554]

Habermas nimmt an, dass das Erfordernis der rechtlichen Verankerung der Entscheidung selbst die Grundlage für die vernünftige Zustimmung der Bürger bildet und somit das Fundament für die Legitimität demokratischer Entscheidungen darstellt.[555] Da die vernunftgeleitete Zustimmung der Bürger ohne individuelle Freiheitsrechte nicht möglich sei, setze die Demokratie verfassungsrechtlich garantierte individuelle Freiheitsrechte voraus. Zudem beruhe die Richtigkeit verfassungsrechtlicher Prinzipien auf einer Deliberation, die für die Beiträge aller von der Verfassung möglicherweise Betroffenen offen ist. Auf diese Weise setzen sich Konstitutionalismus und Demokratie in seiner Theorie der konstitutionellen Demokratie wechselseitig voraus.[556]

Habermas begründet die Funktion der verfassungsgerichtlichen Kontrolle mit den Bedingungen legitimer Verfahren. Da staatliches Handeln nur unter der Bedingung legitim sei, dass es in fairen und offenen Verfahren zustande gekommen ist, müsse es einen Überprüfungsprozess geben, in dem ebendies festgestellt werden kann. Er argumentiert, die verfassungsgerichtliche Überprüfung müsse sich am Schutz individueller Rechte orientieren sowie an der Förderung der Partizipation und der Willensbildung der Bevölkerung, da die Bedingungen legitimer Verfahren diese Bereiche beträfen. Verstöße gegen die Rechte auf politische Teilhabe und angemessene Repräsentation sowie Verletzungen individueller Freiheitsrechte, der Rechtsschutzgarantie und der sozialen Rechte im Rahmen von Gesetzgebungsverfahren und deren Ergebnissen könnten daher Gegenstand einer verfassungsgerichtlichen Überprüfung sein.[557]

Habermas plädiert dafür, dass das Verfassungsgericht die Rolle eines Gatekeepers übernehmen solle, der darüber wacht, dass die Kanäle der politischen Meinung und des sozialen Wandels offengehalten werden. Er bezeichnet Legislative, Exekutive und Judikative als starke öffentliche Sphäre, weil die wesentliche demokratische Willensbildung eines Gemeinwesens in ihren Institutionen stattfindet. Er erkennt außerdem die demokratiepolitische Funktion der schwachen öffentlichen Sphäre an, die neben der starken öffentlichen Sphäre existiert. Unter der schwachen öffentlichen Sphäre versteht Habermas die Zivilgesellschaft, die Informationen, unterschiedliche Perspektiven, Meinungen und Begründungen

554 Habermas, Between Facts and Norms, S. 110.
555 Habermas, Between Facts and Norms, S. 448.
556 Zurn, Deliberative Democracy and the Institution of Judicial Review, S. 231–234.
557 Habermas, Between Facts and Norms, S. 279–280.

in die kollektiven Prozesse der politischen Debatte einbringt. Er betont, wie bedeutend es sei, dass staatliche Institutionen offen dafür sind, Meinungen und Informationen aus der schwachen öffentlichen Sphäre in den demokratischen Prozess der Entscheidungsfindung aufzunehmen.[558]

Die legitime Zirkulation von Macht funktioniere durch die Entstehung von „kommunikativer Macht" in der schwachen öffentlichen Sphäre, die Probleme, Konflikte und Defizite im Alltag identifiziert und thematisiert. Der robuste deliberative Charakter der Meinungsbildung in der schwachen öffentlichen Sphäre und die Aufnahme der öffentlichen Meinung in die starke öffentliche Sphäre bewirken rationale Verfahrensergebnisse in der starken öffentlichen Sphäre. Das Verfassungsgericht spiele eine wichtige Rolle bei der Überleitung der öffentlichen Meinung in die rechtlich strukturierte starke öffentliche Sphäre und müsse dafür sorgen, dass diese reibungslos funktioniert.[559]

III. Begründung des neuen Modells anhand der Theorie der deliberativen Demokratie

1. *Deliberative Demokratie und Annahmeverfahren*

Vertreter deliberativer Demokratietheorien befürworten Prozesse, die Deliberation fördern. Aus diesem Grund stehen sie einer verfassungsgerichtlichen Überprüfung nicht ablehnend gegenüber, solange juristische Begründungen zum öffentlichen Meinungsaustausch beitragen und die öffentliche Deliberation begünstigen. Anhänger der Mehrheitsdemokratie äußern indes Bedenken an ihrer Legitimität.

Überträgt man diese Erwägungen auf das Annahmeverfahren, so ist einerseits zu berücksichtigen, dass dieses die gerichtliche Kontrolle einschränkt, sofern es mit einer Nichtannahme-Entscheidung endet. Folglich könnte das Legitimitätsproblem des Annahmeverfahrens weniger schwerwiegend erscheinen. Andererseits bildet das Annahmeverfahren einen wesentlichen Bestandteil des Verfassungsbeschwerdeverfahrens und ist untrennbar mit ihm verknüpft. Wenn also beklagt wird, dass die verfassungsgerichtliche Überprüfung undemokratisch sei, muss dieser Befund grundsätzlich auch für das Annahmeverfahren gelten.[560]

---

558 Habermas, Between Facts and Norms, S. 359–387.

559 Zurn, Deliberative Democracy and the Institution of Judicial Review, S. 242–243.

560 Wie oben gezeigt wurde, sprechen sich Bickel und Ely für eine begrenzte Legitimation der verfassungsgerichtlichen Überprüfung aus. Bickel zufolge ist die verfassungsgerichtliche Überprüfung legitim, sofern sie die Grundsätze und Werte der Verfassung

Man könnte argumentieren, dass im Rahmen des Annahmeverfahrens lediglich die betreffenden Vorschriften des Bundesverfassungsgerichtsgesetzes angewendet werden und dass insofern kein Bedarf besteht, sich über seine demokratische Legitimation Gedanken zu machen. Nach der hier vertretenen Meinung ist dies allerdings unrealistisch und unzutreffend. Meine Argumentation steht unter der Prämisse, dass sich die Richter in der Praxis des Annahmeverfahrens in einem weit unbestimmteren Bereich bewegen als bei der Sachentscheidung selbst.

Die Vertreter des Mehrheitsprinzips argumentieren, dass die verfassungsgerichtliche Überprüfungskompetenz der Demokratie schade, da der US Supreme Court damit die Möglichkeit erhalte, abschließend über wichtige Verfassungsfragen zu entscheiden. Diese Kritik lässt sich auf das Annahmeverfahren des BVerfG übertragen, weil auch hier über das Vorliegen einer Verfassungsfrage und über die Auslegung der Grundrechte entschieden wird. Der Theorie der deliberativen Demokratie zufolge kann das Annahmeverfahren jedoch, wenn es richtig ausgestaltet ist, die Deliberation in der Gesellschaft fördern und die Demokratie stärken. Letztlich kann das neue Modell nicht nur die Legitimität des Annahmeverfahrens selbst erhöhen, sondern insgesamt die Legitimität der verfassungsgerichtlichen Überprüfung.

---

betrifft. Ely zufolge ist sie legitim, wenn sie Verzerrungen des demokratischen Prozesses und der demokratischen Teilhabe zum Gegenstand hat, insbesondere wenn sie dazu dient, eine gleichberechtigte Vertretung von Minderheiten im politischen Prozess zu gewährleisten. Man kann sich fragen, ob diese Diskussion ein spezifisch US-amerikanisches Problem widerspiegelt und weniger das rechtsstaatlich verwurzelte deutsche Verfassungsrecht betrifft. Ich behaupte, dass das Problem der Legitimität der verfassungsgerichtlichen Überprüfung ein Problem ist, mit dem jeder Rechtsstaat, der eine Verfassungsgerichtsbarkeit hat, konfrontiert ist. Das Verfassungsgericht interpretiert die offenen, teilweise vagen verfassungsrechtlichen Vorschriften und übt damit großen Einfluss innerhalb des staatlichen Gesamtgefüges aus. Gegner einer Entscheidung können stets die Legitimität der Interpretation in Frage stellen. Sie können insbesondere argumentieren, dass die Interpretation die Vorstellungen der Richter wiedergebe und nicht die des Verfassungsgebers, oder dass die Richter die Grenzen der Interpretation überschreiten. Die Problematik ist insofern übergreifend, wobei sich in Abhängigkeit von den staatsorganisatorischen Rahmenbedingungen graduelle Unterschiede ergeben können.

2. *Funktionen des deliberativen Annahmeverfahrens*

Gegenstand des Annahmeverfahrens sind oftmals grundlegende gesellschaftliche Fragen; entsprechend wichtig ist seine adäquate Ausgestaltung für Demokratie und Rechtsstaatlichkeit. Gemäß der Theorie der deliberativen Demokratie sollte das Verfahren über Strukturen verfügen, die eine intensive Beratung und eine Teilhabe der Zivilgesellschaft an der Diskussion ermöglichen. Vor diesem Hintergrund soll im Folgenden auf die drei wesentlichen Funktionen des deliberativen Annahmeverfahrens eingegangen werden.

(1) Auslegung der Verfassung

Eine der wichtigsten Aufgaben des BVerfG im Annahmeverfahren ist es, festzustellen, ob eine Verfassungsbeschwerde Grundrechtsfragen beinhaltet und ob diese Fragen die erforderliche Relevanz besitzen, um Gegenstand einer verfassungsgerichtlichen Sachentscheidung zu werden. Diese Entscheidung beruht auf der Auslegung der Verfassung und steht daher in unmittelbarem Zusammenhang mit der Auslegung der Verfassung in der Sache.

Die Auslegung der Verfassung im Rahmen verfassungsgerichtlicher Verfahren wirft schwierige Fragen auf. Einerseits sollte – als Ausprägung der politischen Autonomie der Bürger – die Bevölkerung direkt oder indirekt über den Inhalt der Grundrechte entscheiden. Andererseits bedarf jede Rechtsnorm der Interpretation, um angewandt und vollzogen werden zu können, wobei sich die Interpretation des Grundgesetzes gleichzeitig fortentwickeln muss, um den Anforderungen des sozialen Wandels gerecht zu werden.

Die Auslegung der Verfassung und die Entscheidung darüber, ob sie aufgrund einer gewandelten gesellschaftlichen Realität der Fortbildung bedarf, erfolgen zu einem nicht unwesentlichen Teil im Annahmeverfahren. Dabei verlangen die offen formulierten Grundrechte und ihr weiter Anwendungsbereich zum einen nach einem hinreichend flexiblen Verfahren. Zum anderen erscheint es angesichts der Unbestimmtheit vieler Verfassungsnormen und eines vernünftigen Pluralismus in der Bevölkerung unwahrscheinlich, dass die Auslegung der Grundrechte keine Kontroversen hervorruft. Demnach ist nicht zu erwarten, dass die Beratungen des BVerfG stets nur zu einer einzigen Antwort führen. Das Annahmeverfahren sollte daher nicht darauf ausgerichtet sein, ein einstimmiges Ergebnis zu erzielen.

Das deliberative Annahmeverfahren ist für all diese Anforderungen geeignet, da es nur die Verfahrensweise zur Entscheidungsfindung regelt und für die Perspektiven von Verfahrensbeteiligten, Richtern und Bürgern gleichermaßen offen ist.

(2) Festlegung der Agenda des Bundesverfassungsgerichts

Die grundrechtlichen Fragen in den zur Entscheidung angenommenen Verfassungsbeschwerden legen den inhaltlichen Rahmen dessen fest, worüber das BVerfG zu entscheiden hat. Vergegenwärtigt man sich die entsprechende Situation der Legislative, so stellt man fest, dass im Gesetzgebungsprozess die Themenfindung und -auswahl fast ebenso wichtig ist, wie die Ausarbeitung der letztlich in Kraft gesetzten Regelungen. Es gibt eine Vielzahl von Themenfeldern, auf denen der Gesetzgeber tätig werden sollte. Auch hier bedarf es einer sorgfältigen Abwägung, worin die dringendsten Aufgaben bestehen und wofür die Arbeitskraft des Parlaments eingesetzt werden sollte.

Das Annahmeverfahren hat einen ganz ähnlichen Charakter wie die legislativen Prozesse auf der ersten Entscheidungsstufe. Eine Entscheidung des BVerfG kann Teile der Agenda der staatlichen und gesellschaftlichen Institutionen für die nächsten Jahre bestimmen. Sie kann eine Vielzahl von Gesetzesänderungen und tiefgreifende soziale Reformen auslösen. Die Entscheidung darüber, welche Themen das Gericht aufgreift und womit es sich in der Sache beschäftigt, ist somit keinesfalls marginal, sondern beinhaltet eine elementare Weichenstellung. Da sie im Rahmen des Annahmeverfahrens stattfindet, ist dieses nicht weniger wichtig als das Sachentscheidungsverfahren.

(3) Tor für die öffentliche Meinung

Das Annahmeverfahren kann als ein Tor fungieren, durch das der öffentlichen Meinung in grundrechtlichen Fragen Zugang zu institutioneller Berücksichtigung gewährt wird. Die Bevölkerung kann sich durch dieses Verfahren Gehör verschaffen und sich beteiligen.

Wie oben dargestellt, betont Habermas die Bedeutung der Funktion staatlicher Institutionen, Meinungen aus der Sphäre der Bürger – der schwachen öffentlichen Sphäre – in den demokratischen Prozess der Entscheidungsfindung in staatlichen Institutionen – die starke öffentliche Sphäre – einfließen zu lassen.[561] Das Annahmeverfahren ist in mehrfacher Hinsicht geeignet, ebendiese Funktion zu erfüllen. Einzelne Bürgerinnen und Bürger identifizieren rechtlich relevante Probleme in ihrem Alltag und thematisieren diese durch die Einlegung einer Verfassungsbeschwerde. Sie formulieren ihre Konflikte und Lebensnöte als Grundrechtsverletzungen und wenden sich hilfesuchend an das BVerfG. Im deliberativ ausgestalteten Annahmeverfahren

561 Habermas, Between Facts and Norms, S. 359–387.

werden die Fragen aus der schwachen öffentlichen Sphäre aufgegriffen und diskutiert. In Fragen, die nicht nur für den Beschwerdeführer, sondern für relevante Teile der Bevölkerung wichtig sind, führt ein transparentes Verfahren zu öffentlicher Aufmerksamkeit und einer breit angelegten Debatte in der Gesellschaft. Nimmt das Gericht den Fall zur Überprüfung in der Sache an, so gelangen Meinungen aus der schwachen öffentlichen Sphäre in die starke öffentliche Sphäre. Diese wiederum hat genug Einfluss, um das Leben in der schwachen öffentlichen Sphäre zu verändern. Das BVerfG sollte sein Annahmeverfahren folglich darauf ausrichten, Impulse aus der schwachen öffentlichen Sphäre aufzunehmen und zu berücksichtigen.

Dworkin ist davon überzeugt, dass die verfassungsrechtliche Rechtsprechung des US Supreme Court die Qualität der öffentlichen Debatte verbessern kann: „Wenn eine verfassungsrechtliche Frage vom Supreme Court entschieden wurde und so wichtig ist, dass zu erwarten ist, dass sie durch künftige Entscheidungen vertieft, erweitert, eingeschränkt oder sogar aufgehoben wird, beginnt eine anhaltende nationale Debatte in Zeitungen und anderen Medien, in den Hörsälen der juristischen Fakultäten, in öffentlichen Versammlungen und am Esstisch.[562]

Ein deliberatives Annahmeverfahren kann die öffentliche Diskussion besonders wirksam fördern. Im deliberativen Annahmeverfahren sollten der Beschwerdeführer und das Gericht eine wichtige, womöglich kontroverse Frage in den Mittelpunkt stellen und diese der Öffentlichkeit zugänglich machen. Bürger, deren Interessen von der Frage tangiert sind, können das Thema auf dieser Grundlage intensiv diskutieren. Teilweise gibt es frühere Entscheidungen, die sich mit ähnlichen Fragen befassen. Liegt bereits eine solche Entscheidung vor, so wird die von Dworkin beschriebene öffentliche Diskussion in vielen verschiedenen Bereichen geführt, da viele Menschen eine Meinung zu dieser Entscheidung haben, sei sie zustimmend oder ablehnend. Die Öffentlichkeit hat in diesem Fall bereits Vorkenntnisse. Ist zugleich bekannt, dass das Annahmeverfahren die entscheidende Hürde ist, deren Überwindung zur inhaltlichen Überprüfung führt, dürfte dies das Interesse an der Diskussion noch verstärken.

562 Dworkin, Freedom's Law, S. 345.

D. Strukturelemente des deliberativen Annahmeverfahrens

I. Vorüberlegungen

1. Gewichtung der Funktionen der Verfassungsbeschwerde

Bevor konkrete Vorschläge für Strukturelemente des Annahmeverfahrens unterbreitet werden, erscheint es sinnvoll, zum Ausgangspunkt zurückzugehen und zu überlegen, was das Annahmeverfahren eigentlich ist. Warum braucht das BVerfG das Annahmeverfahren, obwohl es bereits Zulässigkeitsvoraussetzungen gibt? Was ist Sinn und Zweck des Verfahrens?

Zweck des Annahmeverfahrens ist die Entlastung des BVerfG: Nur solche Verfassungsbeschwerden, die die Voraussetzungen des § 93a Abs. 2 BVerfGG lit. a oder b erfüllen, sollen in das Sachentscheidungsverfahren gelangen. Zum einen sind dies Verfassungsbeschwerden, denen grundsätzliche verfassungsrechtliche Bedeutung zukommt (§ 93a Abs. 2 lit. a BVerfGG); zum anderen sind dies Verfassungsbeschwerden, deren Annahme zur Durchsetzung der Grundrechte des Beschwerdeführers angezeigt ist, etwa weil ihm durch die Versagung der Sachentscheidung ein besonders schwerer Nachteil entstünde (§ 93a Abs. 2 lit. b BVerfGG). Die Annahmegründe sind Ausprägungen der beiden Funktionen der Verfassungsbeschwerde. Die objektive Funktion der Verfassungsbeschwerde besteht darin, „das objektive Verfassungsrecht zu wahren und seiner Auslegung und Fortbildung zu dienen."[563] Die subjektive Funktion umfasst den Schutz individueller Grundrechte der Bürger. Der Schwerpunkt, den man hier setzt, hat Einfluss darauf, wie die Annahmegründe des § 93a Abs. 2 BVerfGG in der Praxis angewandt werden. Er wirkt sich maßgeblich auf den Diskussions- und Abwägungsprozess in den Beratungen des Gerichts aus.

Wenn das Gericht den Hauptzweck der Verfassungsbeschwerde im Individualrechtsschutz sieht, dann wird es versucht sein, jedes Verfahren unabhängig von der Bedeutung der zu klärenden Fragen gleich zu behandeln und Details zu überprüfen, mit denen sich womöglich schon mehrere Instanzgerichte auseinandergesetzt haben. Letztendlich kann das BVerfG aber die meisten Fälle nicht annehmen, da die Anzahl der eingelegten Beschwerden und die verfügbaren Kapazitäten zu einer restriktiven Annahmepraxis zwingen. Nur so kann die Funktionstüchtigkeit des BVerfG aufrechterhalten werden.

---

563 Schlaich/Korioth, Das Bundesverfassungsgericht, Rn. 205; BVerfG, Beschluss vom 28.06.1972 – 1 BvR 105/63 u. a., BVerfGE 33, 247, 258 f.

Ein wesentlicher Unterschied zwischen dem aktuell praktizierten und dem hier vorgeschlagenen Annahmeverfahren besteht in der Gewichtung der Funktionen der Verfassungsbeschwerde. Insofern sollte bedacht werden, dass das BVerfG nicht das einzige Gericht ist, das die Grundrechte schützt, auch allen Fachgerichten kommt diese Aufgabe zu. Sie sind sogar vornehmlich dazu berufen, die Geltung der Grundrechte im Einzelfall sicherzustellen. Das Wirken des BVerfG in diesem Zusammenhang sollte darauf ausgerichtet sein, an den Fachgerichten ein Bewusstsein für die Aufgabe des Grundrechtsschutzes zu schaffen und sie für die Wahrnehmung grundrechtlicher Fragen zu sensibilisieren. Auf diese Weise kann das BVerfG den Fachgerichten zu einer optimalen Verwirklichung der Grundrechte verhelfen.[564]

Indem das BVerfG seinen Arbeitsschwerpunkt zugunsten der objektiven Funktion verlagert und sich vornehmlich wichtigen grundrechtlichen Fragen widmet, schützt es auch die Grundrechte Dritter, die selbst keine Verfassungsbeschwerde eingelegt haben, weil es ihnen an Zeit, Geld, Konfliktbereitschaft oder Informationen mangelt. Mit einer stärkeren Lenkung der gegebenen Kapazitäten hin zu Verfahren mit grundlegender verfassungsrechtlicher Bedeutung kommen letztlich viel mehr Grundrechtsträger in den Genuss des ihnen gebührenden Schutzes.

Das deliberative Annahmeverfahren, das ich vorschlage, legt den Schwerpunkt auf die objektive Funktion der Verfassungsbeschwerde und den damit korrespondierenden ersten Annahmegrund. Das deliberative Annahmeverfahren dient dazu, wichtige Verfassungsfragen, die vielfach in Vorkommnissen des täglichen Lebens verborgen sind, durch eine Diskussion aus unterschiedlichen Perspektiven zu identifizieren. Daneben muss das Gericht auch die Möglichkeit einer besonders schwerwiegenden Verletzung von Grundrechten berücksichtigen und entsprechende Verfassungsbeschwerden zur Entscheidung annehmen, doch sollte es sich dabei nicht um den Regelfall, sondern um eine Ausnahme handeln, über die der Senat in seinen Beratungen entscheidet.

2. *Systemischer Ansatz*

Der Theorie der deliberativen Demokratie zufolge hängt die Legitimität einer Institution unter anderem von der Qualität der Deliberation ab, die in ihren Verfahren stattfindet. Ein deliberatives Verfahren weist in der Regel mehrere Faktoren auf, die in ihrer Gesamtheit eine Struktur der Deliberation bilden. Der

564 Schlaich/Korioth, Das Bundesverfassungsgericht, Rn. 276.

systemische Ansatz setzt sich mit der Interdependenz der einzelnen deliberativen Foren innerhalb eines größeren Systems auseinander. Demnach verfügen nicht einzelne Faktoren oder Teilprozesse für sich genommen über hinreichend deliberatives Potenzial, um die getroffenen Entscheidungen zu legitimieren. Man sollte also nicht nur die einzelnen Faktoren, sondern auch ihr Zusammenspiel im Verfahren als Ganzes wahrnehmen.[565]

Der systemische Ansatz erlaubt es, über deliberative Demokratie in großen gesellschaftlichen Kontexten nachzudenken und die Interaktion zwischen den einzelnen Faktoren eines Systems zu untersuchen. Jeder einzelne Teilprozess kann sich förderlich oder hinderlich auf die Deliberation auswirken. Der systemische Ansatz konzentriert sich auf die Qualität des übergeordneten Gesamtprozesses, sodass ein Teilprozess, der die deliberative Qualität des Verfahrens für sich genommen ungünstig beeinflusst, dennoch einen wichtigen Beitrag zu einem deliberativen System im Ganzen leisten kann.

Beispielsweise dürfen breite Ermessensspielräume des Gerichts im Annahmeverfahren nicht als Schwäche der deliberativen Qualität angesehen werden. Der Ermessensspielraum bei der Entscheidungsfindung kann ein notwendiges Instrument sein, eine intensive und freie Diskussion in der Beratung des Gerichts zu ermöglichen. Als weiteres Beispiel lässt sich die Freiheit der Richter anführen, die Gründe für eine Nichtannahme-Entscheidung nicht bekannt zu geben. Der Verzicht auf die Begründung solcher Beschlüsse kann dazu beitragen, wertvolle Ressourcen freizusetzen, indem sich die Richter, die möglicherweise unterschiedliche Erwägungen für relevant halten, nicht auf eine gemeinsame Textfassung einigen müssen. Beide Verfahrensweisen, die der deliberativen Qualität für sich genommen abträglich sind, wirken sich also im Gesamtkontext günstig auf sie aus.

II. Die einzelnen Strukturelemente

Das derzeit praktizierte Annahmeverfahren weist Defizite auf, etwa im Hinblick auf die Effektivität der Diskussion, die Allokation der Kapazitäten des Gerichts und die Transparenz des Verfahrens. Mit dem im Folgenden vorgestellten Modell eines deliberativen Annahmeverfahrens, das auf einem prozeduralen Überprüfungsansatz und der Theorie der deliberativen Demokratie beruht,

565 Mansbridge et al., A systemic approach to deliberative democracy, in: Parkinson/Mansbridge (Hrsg.), Deliberative Systems, S. 3.

soll eine alternative Gestaltungsoption vorgestellt werden, die das Potenzial des Annahmeverfahrens umfassend ausschöpft.

1. *Stellung und Organisation des Bundesverfassungsgerichts*

Das BVerfG ist im deutschen Rechtssystem die wichtigste Institution für grundrechtsrelevante Entscheidungen. Seine Zusammensetzung und die Grundstruktur seiner Beratungen sind darauf ausgelegt, Rechtsfragen anhand des Grundgesetzes und seiner ständigen Rechtsprechung zu beantworten. Von ihm wird erwartet, dass es in einem transparenten und deliberativen Verfahren überzeugende Antworten auf ungelöste Grundrechtsfragen findet.

Das BVerfG ist nach Art. 92 GG ein Gericht, dessen Richtern die rechtsprechende Gewalt anvertraut wurde. Das BVerfG hat sich bei seinen Erwägungen und Schlussfolgerungen an die Vorgaben des Grundgesetzes, an Verfassungsgrundsätze und an die juristische Logik zu halten. Das Grundgesetz und das Bundesverfassungsgerichtsgesetz regeln die Organisation des Gerichts, die Amtszeit und Ernennung der Richter, das Senatsprinzip (Art. 92 bis 94, 97, 98 GG, §§ 2 bis 10 BVerfGG) und das Sondervotum (§ 30 Abs. 2 S. 1 BVerfGG).

Die guten Prozesse am BVerfG können zu guten Ergebnissen führen. Das Gericht verfügt über leistungsfähige Strukturen, die gute Beratungen ermöglichen und gute Entscheidungen hervorbringen können. Das Senatsprinzip begünstigt intensive Beratungen zu grundrechtlichen Fragen. Die Zusammensetzung des BVerfG aus Richtern, die jeweils zur Hälfte von Bundestag und Bundesrat mit Zweidrittelmehrheit gewählt werden und die Veröffentlichung von Entscheidungsbegründungen einschließlich gegebenenfalls vorhandener Sondervoten bieten solide Rahmenbedingungen für offene, faire, pluralistische Verfahren und konsistente Entscheidungen. Damit ist das BVerfG bestens aufgestellt, um über die Auslegung der Grundrechte zu entscheiden und über die Einhaltung des Grundgesetzes zu wachen. Die Bevölkerung hat großes Vertrauen in seine neutrale, prinzipientreue, deliberative und vernunftorientierte Arbeitsweise. Wünschenswert wäre ein rechtlicher Rahmen, der es dem BVerfG erlaubt, die vorhandenen Strukturen auch im Annahmeverfahren konsequent zu nutzen.

2. *Ermessen: Verzicht auf den Schutz der Grundrechte?*

Gegen das deliberative Annahmeverfahren könnte man einwenden, dass seine Anwendung zu Lücken im Grundrechtsschutz führt. Man könnte vertreten, dass der Schutz der Grundrechte nicht durch Diskussionen geschweige denn durch Ermessensentscheidungen angemessen realisiert werden kann und dass die Nichtannahme einer zulässigen Verfassungsbeschwerde dem Auftrag des

BVerfG zuwiderläuft. Außerdem könnte man es als problematisch erachten, dass das Gericht aufgrund des Ermessensspielraums im Annahmeverfahren in ähnlich gelagerten Fällen zu unterschiedlichen Entscheidungen gelangen kann; Beschwerdeführer, die sich in vergleichbaren Situationen befinden, würden dann unterschiedlich behandelt.

Bei der Einräumung von Ermessen geht es zunächst einmal nicht darum, es dem BVerfG zu ermöglichen, nach Belieben über den Schutz der Grundrechte zu disponieren. Vielmehr soll das Gericht das Ermessen für die Entscheidung einsetzen, ob die Sachentscheidung der vorgelegten Frage in seinen Kontrollbereich gehört. Ein zentrales Problem in der verfassungsgerichtlichen Praxis besteht darin, dass es keine eindeutige Grenze zwischen einfachgesetzlichen und verfassungsrechtlichen Fragen gibt. Gleichwohl ist es zur Wahrung der Funktion des BVerfG und seiner Funktionsfähigkeit unvermeidlich, bereits im Annahmeverfahren Fälle von untergeordneter Relevanz herauszufiltern. Das anhaltende Bemühen, anhand von materiellen und funktionellen Kriterien und deren Ergänzung durch eine Reihe von Ausnahmeregeln ein stimmiges Abgrenzungsmodell zu finden, war nicht erfolgreich. Nicht zu Unrecht wird die derzeitige Abgrenzungspraxis als undurchsichtig, beliebig und kasuistisch kritisiert.

Die hier entwickelte Lösung greift ebendiese Kritikpunkte auf. In Anbetracht der offenen und unbestimmten Fassung vieler Grundrechte erscheint es unvermeidlich, dass die Abgrenzung stets eine Ermessensentscheidung im Einzelfall ist. Anstatt mit einem aufwändigen System von Kriterien, Erweiterungen und Ausnahmen zu operieren, ist die ermessensbasierte Einzelfallentscheidung im deliberativen Annahmeverfahren ausdrücklich ein fester Verfahrensbestandteil. Diese Herangehensweise ist auch deshalb geboten, weil im Annahmeverfahren nicht nur bereits feststehende verfassungsrechtliche Normen angewandt werden. Vielfach stellt sich hier die weit schwierigere Aufgabe, gesellschaftliche Veränderungen zu hinterfragen und möglichen Bedarf zur Fortentwicklung des Verfassungsrechts zu erkennen. Ein breiter Ermessensspielraum des Gerichts schafft die hierfür erforderlichen Bedingungen.

Das deliberative Annahmeverfahren beinhaltet außerdem – was im Folgenden näher ausgeführt wird – wirksame Mechanismen gegen Undurchsichtigkeit und Beliebigkeit. In der Gesamtschau lässt sich das Ermessen durch den intensiven Meinungsaustausch in den Beratungen, durch die umfassende Einbeziehung verschiedener Perspektiven und durch die Transparenz des Verfahrens rechtfertigen.

3. *Leitlinien für die Annahme*

Auch das ermessensbasierte Annahmeverfahren kommt nicht ohne einen materiell- und verfahrensrechtlichen Rahmen aus, da ohne entsprechende Vorgaben keine normative Argumentation möglich ist. Die Einführung eines Annahmeverfahrens mit weitem Ermessensspielraum bedeutet also nicht, dass auf eine Regulierung des Verfahrens gänzlich verzichtet wird. Zur Sicherung einer konsistenten Entscheidungspraxis sollte das Gericht mit der Kompetenz ausgestattet werden, sich selbst Leitlinien für die Annahme zu geben, die grundlegende Standards für die Beratungen enthalten sowie Maßstäbe für die Annahme und insbesondere für die Abgrenzung seines Kontrollbereichs.

Die vom Gericht erlassenen Leitlinien sind auch dazu bestimmt, als Hilfestellung für potenzielle Beschwerdeführer zu dienen. Die Leitlinien können von ihnen herangezogen werden, um die Erfolgsaussichten einer Verfassungsbeschwerde einzuschätzen. Somit kann auch die Anzahl aussichtsloser und unzureichend begründeter Verfahrensanträge reduziert werden. Gleichzeitig sollten die Leitlinien auf das Annahmeverfahren zugeschnittene Anforderungen an das Vorbringen des Beschwerdeführers enthalten.

Das Gericht selbst kann die Implementierung der Leitlinien und die volle Entfaltung ihrer verfahrensfördernden Wirkung dadurch begünstigen, dass es sich – obwohl die Umsetzung keiner Kontrolle unterliegt – konsequent an die Regeln hält, eine darauf basierende Annahmepraxis etabliert und die Leitlinien bei Bedarf konkretisiert. Die konsequente Umsetzung funktioniert dann am besten, wenn nicht nur drei, sondern acht Richter am Annahmeverfahren beteiligt sind. Versuchen einzelne Richter, von den Leitlinien abzuweichen, so ist zu erwarten, dass die überwiegende Anzahl der Senatsmitglieder dies thematisiert und auf eine leitlinienkonforme Erörterung und Entscheidungsfindung besteht. Das Senatsprinzip sichert also die Befolgung der Leitlinien ab. Ebenso dürfte sich auch der Umstand, dass die Leitlinien auf der eigenen Regelungskompetenz des Gerichts basieren, positiv auf ihre Einhaltung auswirken.

Die „Rules of the Supreme Court of the United States", deren Anwendung sich im Hinblick auf die Rechtsstaatlichkeit des dortigen Verfahrens bewährt hat, können Anhaltspunkte für die Konzeption von Annahmeleitlinien bieten. Obwohl im Zuge des Gesetzgebungsverfahrens zur Einführung des Certiorari-Verfahrens der Ermessensspielraum der Richter des US Supreme Court betont wurde, haben sich in der Praxis Leitlinien herausgebildet, die offizielle Standards in verfahrenspraktischen Angelegenheiten enthalten. Die Supreme Court Rules geben potenziellen Klägern Orientierung, ob es aussichtsreich ist, den Rechtsweg zum US Supreme Court zu beschreiten und in welcher Form das Anliegen gegebenenfalls aufzubereiten ist. Die Supreme Court Rules dienen nicht nur den Richtern bei der Diskussion über die aufgeworfenen Fragen und bei der Entscheidungsfindung im Einzelfall, sie tragen auch zur Wahrung der Konsistenz ihrer Certiorari-Entscheidungen bei. Gleichermaßen würde auch das BVerfG von Leitlinien profitieren, die die Annahmekriterien konkretisieren, den Ermessensspielraum abstecken und dem Annahmeverfahren zur gebotenen Transparenz verhelfen.

4. Senatsprinzip und erforderliche Stimmenanzahl für die Annahme

Im Annahmeverfahren werden die Verfassungsbeschwerden identifiziert, die einer Sachentscheidung durch das BVerfG bedürfen. Vieles spricht dafür, dass die Grenze des verfassungsgerichtlichen Kontrollbereichs nur von der Gesamtheit der Richter eines Senats gezogen werden kann. Das hier vorgeschlagene deliberative Annahmeverfahren verwirklicht dieses Erfordernis, indem der in der Sache zuständige Senat auch darüber entscheidet, ob die vorliegenden Fragen so gewichtig sind, dass sich das BVerfG mit ihnen befassen sollte. Zu bedenken ist dabei, dass das BVerfG auch im Annahmeverfahren „das letzte Wort" hat. Die umfassende Beratung im Senat ist insofern ein zentraler Faktor, um die fehlende Nachprüfungsmöglichkeit zu kompensieren.

Darüber hinaus ist die Geltung des Senatsprinzips im Annahmeverfahren auch deshalb geboten, weil das Annahmeverfahren gerade kein Vorverfahren von untergeordneter Bedeutung ist, in dem Formalien routinemäßig abgehandelt werden. Vielmehr sind bereits auf dieser ersten Verfahrensstufe komplexe rechtliche Fragen zu klären, die zudem maßgeblichen Einfluss auf den weiteren Fortgang des Verfahrens haben. Die im Annahmeverfahren gewonnenen Erkenntnisse wirken sich also erheblich auf die Verwirklichung des Grundrechtsschutzes aus. Zudem gibt es rechtliche Fragen, die erst auf den zweiten Blick erkennbar sind und die nur durch einen vertieften Meinungsaustausch zutage gefördert werden können. Dies macht es unabdingbar, dass bereits im Annahmeverfahren eine intensive Erörterung der Rechtsfragen im Kontext des jeweiligen Einzelfalls erfolgt. Jeder Richter hat einen eigenen Blickwinkel auf die zahlreichen entscheidungserheblichen Aspekte. Nur durch die Vielfalt der Perspektiven und die Abwägung von Argumenten in einer offenen Diskussion kann das Annahmeverfahren seiner Bedeutung gerecht werden. Hierfür bedarf es zwingend des Senats.

In diesem Zusammenhang ist auch das auf das Kammersystem zugeschnittene Einstimmigkeitserfordernis für Nichtannahme-Entscheidungen kritisch zu sehen. Obwohl im Annahmeverfahren wichtige und schwierige Fragen zu klären sind, begünstigt diese Regelung eine Herangehensweise, die – bewusst oder unbewusst – Kontroversen tendenziell vermeidet und stattdessen auf einfach handhabbare Kriterien ausweicht. Da das Annahmeverfahren seinen Zweck nur dann uneingeschränkt erfüllen kann, wenn es deliberativ ausgestaltet ist, bleibt ein auf Einstimmigkeit ausgerichtetes Verfahren stets hinter den Anforderungen zurück.

Ein weiterer Aspekt, der für das Senatsprinzip spricht, besteht darin, dass andere Faktoren des deliberativen Annahmeverfahrens ihr Potenzial erst im Zusammenspiel mit dem Senatsprinzip voll entfalten können. Wie oben gezeigt bietet das Senatsprinzip die Gewähr für eine möglichst konsequente Anwendung von Annahmeleitlinien. Außerdem sind die beiden Senate nach dem Verständnis der Bevölkerung und der Außendarstellung des Gerichts die Rechtsprechungsorgane des BVerfG. Sie genießen die Aufmerksamkeit und das Vertrauen der Bürger. Entsprechend ist es die Aufgabe der Senate, die Kommunikation des Gerichts mit der Bevölkerung sicherzustellen und auf die Wahrnehmung aktueller verfassungsrechtlicher Fragen im gesellschaftlichen Diskurs hinzuwirken.

Ein ernstzunehmender Einwand gegen das Senatsprinzip besteht in dem Arbeitsaufwand, den es generiert. In der Tat erhöht es die Anzahl der Verfahren, mit denen sich der einzelne Richter zu befassen hat. Unter Berücksichtigung des systemischen Ansatzes stellt dies gleichwohl kein Ausschlusskriterium dar. Vielmehr ist das Senatsprinzip im Kontext der weiteren Elemente des deliberativen Annahmeverfahrens zu sehen – etwa des Ermessens oder der Fokussierung auf wichtige verfassungsrechtliche Fragen –, die jeweils eine effiziente Erledigung der Verfahren begünstigen. Darüber hinaus kann der Umgang mit solchen Fällen, die eindeutig nicht zum Aufgabenspektrum eines Verfassungsgerichts gehören, optimiert werden. Hierzu sei auf die oben beschriebene Methode der Discuss List am US Supreme Court verwiesen, die es ermöglicht, solche Fälle mit minimalem Aufwand abzuschließen.

Bei der Festlegung der Anzahl der Stimmen, die für die Annahme zur Entscheidung erforderlich sind, muss zwischen der Arbeitskapazität und der Funktion des BVerfG abgewogen werden. Der Vorschlag der Kommission aus dem Jahr 1997 sieht vor, dass es keiner Mehrheit im Senat bedarf, um eine Sache zur Entscheidung anzunehmen, sondern dass lediglich drei Stimmen erforderlich sind.[566] Dieselbe Anzahl wurde von Böckenförde vorgeschlagen[567] und auch die

566 Bundesministerium der Justiz (Hrsg.), Entlastung des Bundesverfassungsgerichts, Bericht der Kommission), S. 52.

567 Böckenförde formulierte seinen Regelungsvorschlag wie folgt: „Der Senat nimmt eine Verfassungsbeschwerde zur Entscheidung an, wenn mindestens drei Richter der

aktuell geltende Regelung für Annahmeentscheidungen des Senats sieht eine Zustimmung von mindestens drei Richtern vor (§ 93d Abs. 3 S. 2 BVerfGG). Diese Regelung sichert die Objektivität der Entscheidung, denn sie schließt eine von nur ein oder zwei Richtern getragene Entscheidung aus. Es erscheint sachgerecht, sie im Rahmen des deliberativen Annahmeverfahrens unverändert zu übernehmen.

5. Transparenz des Annahmeverfahrens

(1) Einbeziehung der Öffentlichkeit

Die Diskussion des Gerichts im Annahmeverfahren sollte nicht nur die Aspekte zum Gegenstand haben, die vom Beschwerdeführer und den erkennenden Richtern vorgebracht werden, sondern auch Meinungen, Anliegen und Belange, die sich aus dem gesellschaftlichen Diskurs zu der betreffenden Frage ergeben. Die Öffentlichkeit sollte über laufende Annahmeverfahren und die zur Klärung anstehenden verfassungsrechtlichen Probleme informiert sein. Ziel hierbei ist es, eine möglichst umfassende zivilgesellschaftliche Partizipation bei der Auseinandersetzung mit bedeutenden grundrechtlichen Fragen zu erreichen.

(2) Verpflichtung zur Begründung?

Die derzeit geltende Regelung erlaubt es dem BVerfG, Nichtannahme-Entscheidungen nicht zu begründen (§ 93d Abs. 1 S. 3 BVerfGG). Wenn das Gericht – was in der Praxis der Regelfall ist – keine Gründe angibt, kann der Beschwerdeführer nicht nachvollziehen, warum eine Überprüfung seines Anliegens in der Sache abgelehnt wurde. Das wirkt sich nicht nur für den Beschwerdeführer des betreffenden Verfahrens nachteilig aus, sondern auch für zukünftige Beschwerdeführer, die aus der Entscheidung keine sachdienlichen Anhaltspunkte für ihr Vorgehen ableiten können. Zudem hat die fehlende Begründungspflicht Einfluss auf die Beratungen und die Intensität, mit der über einzelne Gründe und die daraus resultierenden Schlussfolgerungen diskutiert wird. Stützen unterschiedliche Gründe die Entscheidung, so besteht kein Bedarf, sich auf die letztlich tragenden Erwägungen zu einigen.

Das deliberative Annahmeverfahren beruht auf dem Senatsprinzip. Ist schon im Kammerverfahren die Abfassung von Begründungen für jede einzelne

---

Auffassung sind, daß die Entscheidung für den Grundrechtsschutz von (besonderer) Bedeutung ist. Böckenförde, Die Überlastung des Bundesverfassungsgerichts, ZRP 1996, S. 281, 283.

Nichtannahme-Entscheidung nicht praktikabel, so muss dies umso mehr für Annahmeverfahren im Senat gelten. Der Senat muss sich mit viel mehr Verfassungsbeschwerden befassen, als die Kammer, etwa mit dreimal so vielen. Außerdem ist im Senat mit viel mehr unterschiedlichen Auffassungen zu rechnen, als in der Kammer. Der oben dargestellte systemische Gedanke sieht für diese Konstellation vor, dass die zwei Faktoren, obgleich sie in einem idealtypischen deliberativen Annahmeverfahren beide verwirklicht würden, gegeneinander abgewogen werden. Da die Begründung von Nichtannahme-Entscheidungen schon im Kammerverfahren aus Kapazitätsgründen scheitert und das Senatsprinzip mehr Vorteile für das Gesamtsystem des Annahmeverfahrens verspricht als eine Begründungspflicht, muss auf letztere verzichtet werden.

(3) Abweichende Meinungen bei Nichtannahme-Entscheidungen

Gerade vor dem Hintergrund, dass eine Begründungspflicht für Nichtannahme-Entscheidungen nicht realisierbar ist, sollten anderweitige Möglichkeiten zur Herstellung von Transparenz ausgeschöpft werden. Daher sollte vorgesehen werden, dass Richter, die sich für die Annahme einer Verfassungsbeschwerde ausgesprochen haben, insofern aber überstimmt wurden, ihre von der Mehrheitsmeinung abweichende Meinung in einem Sondervotum darstellen können, das dem Nichtannahme-Beschluss angefügt wird.

Wie die Praxis des Certiorari-Verfahrens am US Supreme Court gezeigt hat, stärkt diese Möglichkeit den deliberativen Charakter des Verfahrens erheblich. Durch die Bekanntgabe abweichender Meinungen wird die Öffentlichkeit über die Gründe der Minderheit informiert. So fungieren Sondervoten als Kontrollinstrument gegenüber den Richtern, die sich erfolgreich gegen die Annahme des Falls ausgesprochen haben. Darüber hinaus verleiht die Veröffentlichungsmöglichkeit der Mindermeinung ein besonderes Gewicht und erhöht die Wahrscheinlichkeit, dass ein Fall angenommen und in der Sache geprüft wird.

Die abweichende Meinung im Annahmeverfahren erfüllt auch eine wichtige deliberative Funktion gegenüber der Gesellschaft. Insbesondere unterstreicht sie die besondere Bedeutung des Themas. Auf diese Weise belebt das Gericht die öffentliche Diskussion zu grundrechtlichen Fragestellungen. Die Möglichkeit zur Veröffentlichung von Sondervoten ist daher nicht weniger als ein Schlüsselelement einer offenen und transparenten Beratungskultur.

6. Anforderungen an die vorgelegten Rechtsfragen

Im Writ of Certiorari-Verfahren des US Supreme Court spielt das System der Question Presented eine wichtige Rolle. Das Gericht hat im Hinblick auf die

Anforderungen an die vorgelegten Rechtsfragen einen Standard entwickelt, der das Annahmeverfahren in quantitativer und qualitativer Hinsicht stark vereinfacht. Trotz ihres freien Ermessens wäre es für die Richter kaum möglich, das hohe Verfahrensaufkommen zu bewältigen, wenn sie in jedem Fall die relevanten Fragen erst herausarbeiten müssten. Es verringert die Arbeitsbelastung der Richter merklich, wenn ihnen knappe, durchdachte und klar formulierte Fragen vorgelegt werden. Die derart aufbereiteten Beurteilungsgegenstände liegen nicht nur der Annahmeentscheidung zugrunde, sondern – im Falle der Annahme – auch der Sachentscheidung. Somit erstrecken sich die positiven Auswirkungen auf das gesamte Verfahren. Erst die hierdurch erzielten Effizienzgewinne ermöglichen es dem US Supreme Court, im Plenum über alle zur Diskussion stehenden Fälle zu beraten. In Anbetracht dieses gewichtigen Vorteils wäre es auch für das BVerfG lohnenswert, die Möglichkeit der Einführung vergleichbarer Anforderungen an Beschwerdeanträge zu prüfen.

Die Vorgaben zu den vorgelegten Rechtsfragen bestimmen maßgeblich das Zusammenwirken von Beschwerdeführer und Gericht bei der Festlegung des Verfahrensgegenstands. In erster Linie ist es Aufgabe des Beschwerdeführers, die vorzulegenden Fragen zu formulieren. Dies ist ein durchaus zweischneidiges Schwert, denn mit der Auswahl der Fragen und der Entscheidung über ihre konkrete Formulierung geht auch die Herausforderung einher, unter Beachtung der entsprechenden Leitlinien und der Rechtsprechung bestmöglich passende Fragen zu finden und so die Wahrscheinlichkeit einer Annahme zur Entscheidung zu erhöhen. Im hier vorgeschlagenen Annahmeverfahren liegt der Schwerpunkt auf der objektiven Funktion der Verfassungsbeschwerde. Demnach sollte sich aus den vorgelegten Fragen ergeben, dass sie von solcher Bedeutung sind, dass sich das BVerfG mit ihnen befassen sollte. Wird die Sache zur Entscheidung angenommen, so bilden die vorgelegten Fragen den Gegenstand der Prüfung. Die höchstrichterlich zu prüfenden Fragen werden also weder vom Beschwerdeführer noch vom Gericht allein bestimmt; vielmehr tragen beide im Rahmen ihrer jeweiligen Rolle im Verfahren dazu bei, sie festzulegen.

Die Komplexitätsreduktion bei der Benennung der Verfahrensfragen ist auch im Hinblick auf die Teilhabe der Bevölkerung an der Diskussion verfassungsrechtlicher Fragen ein entscheidender Aspekt. In einem Umfeld, das von einer unüberschaubaren Fülle ständig verfügbarer Informationen geprägt ist, ist öffentliche Aufmerksamkeit ein knappes Gut. Komplexe Sachverhalte bewirken in dieser Situation nur wenig Resonanz. Hingegen kann sowohl die Fokussierung der verfassungsgerichtlichen Agenda auf wichtige Themen als auch deren knappe, allgemein verständliche Benennung dazu beitragen, dass die Themen Gegenstand von Debatten jenseits der Fachöffentlichkeit werden, und zwar unabhängig davon, ob die Verfassungsbeschwerde letztlich zur Entscheidung angenommen wird oder nicht. Die Anforderungen an die vorzulegenden Rechtsfragen haben somit auch maßgeblichen Einfluss auf die Intensität der öffentlichen Aufmerksamkeit und auf die Partizipation der Bevölkerung an grundlegenden Fragen des Gemeinwesens, von der die Demokratie lebt.

Kapitel 6: Fazit

Die vorliegende Arbeit befasst sich mit der Urteilsverfassungsbeschwerde. Im Kern geht es um die Frage, wie das der Sachprüfung vorgeschaltete Annahmeverfahren ausgestaltet sein muss, damit die Urteilsverfassungsbeschwerde ihre Funktion bestmöglich erfüllt.

Die Verfassungsbeschwerde zielt auf den Schutz der Grundrechte durch das BVerfG. Im Wege der Verfassungsbeschwerde kann nur die Verletzung von Grundrechten und grundrechtsgleichen Rechten geltend gemacht werden. Richtet sich eine Verfassungsbeschwerde gegen ein Urteil, so wird grundsätzlich nicht überprüft, ob die Fachgerichte das einfache Recht richtig angewendet haben. Wegen der Offenheit der Grundrechte lässt sich aber nicht verhindern, dass einfachgesetzliche Konflikte argumentativ in den Bereich einer Grundrechtsverletzung gerückt werden. Zudem hat die Rechtsprechung des BVerfG den Anwendungsbereich der Grundrechte erheblich erweitert, sodass das Tor zur Verfassungsbeschwerde weit offensteht. Der Schutz der Grundrechte ist immens wichtig; dennoch sollte die Frage, ob die behauptete Rechtsverletzung tatsächlich dem grundrechtlichen Bereich zuzuordnen ist, stets sorgfältig geprüft werden.

Daneben ist noch eine weitere, ganz ähnliche Abgrenzung von großer Bedeutung, und zwar die Abgrenzung zwischen Fachgerichtsbarkeit und Verfassungsgerichtsbarkeit. Obwohl die Bürger enorme Erwartungen an das BVerfG haben, kann dieses nicht alle Versäumnisse und Defizite der Fachgerichte, namentlich die Nichtbeachtung einfachgesetzlichen Rechts und Fehler bei dessen Auslegung und Anwendung, korrigieren. Es ist viel wirkungsvoller, wenn nicht nur das BVerfG allein, sondern auch die Fachgerichte aller Instanzen ihr Bestes geben und koordinierte Anstrengungen zum Schutz der Grundrechte unternehmen. Da die erforderliche Abgrenzung der Prüfungsbefugnis kaum eindeutig vorgenommen werden kann und die einzelnen Richter des BVerfG daher häufig zu unterschiedlichen Einschätzungen gelangen werden, sollte gerade in der Phase des Annahmeverfahrens eine offene Diskussion stattfinden, breiter Ermessensspielraum bestehen und Dissens möglich sein.

Zu berücksichtigen ist, dass sich die Funktion der Verfassungsbeschwerde nicht auf den Schutz der individuellen Grundrechte beschränkt, sondern dass sie auch die Funktion hat, das objektive Verfassungsrecht zu wahren und seiner Auslegung und Fortbildung zu dienen. Das objektive Verfassungsrecht umfasst nicht nur die Verfassungswerte und die staatliche Ordnung. Es erstreckt sich darüber hinaus, und das ist in diesem Zusammenhang besonders wichtig, auf die Grundrechte der Personen, die selbst keine Verfassungsbeschwerde eingelegt haben oder einlegen können, aber den Grundrechtsschutz gleichwohl benötigen. Die Verfassungsbeschwerde gewährt ihnen ebenfalls Grundrechtsschutz. Worin man die Funktion der Verfassungsbeschwerde sieht und welchen Schwerpunkt man setzt im Hinblick auf die unterschiedlichen Problemlagen, die Bürger an das BVerfG herantragen, hat große Bedeutung für die Gestaltung des Annahmeverfahrens. Das BVerfG ist nicht nur der Hüter der Grundrechte, sondern auch eine Einrichtung mit begrenzten Ressourcen. Daher muss es sich mit der Frage auseinandersetzen, wie der Schutz der Grundrechte der Bürger unter den gegebenen Bedingungen am besten erreicht werden kann. Diese Überlegungen müssen ihren Ausdruck in den wesentlichen Gestaltungselementen des Annahmeverfahrens finden.

Angesichts der Arbeitsüberlastung schlug das BVerfG dem Gesetzgeber im Jahr 1954 in einer Denkschrift die Einführung eines Vorprüfungsverfahrens vor. Der Denkschrift zufolge erhoffte sich das Gericht einen großen Gestaltungsspielraum nach dem Vorbild des Writ of Certiorari-Verfahrens des US Supreme Court. Mit dem Gesetz, das das Vorprüfungsverfahren einführte und mehrfachen Novellierungen des BVerfGG einschließlich der aktuell geltenden Regelung zum Annahmeverfahren hat der Gesetzgeber versucht, dem BVerfG einen großen Spielraum bei der Entscheidung über die Annahme von Verfassungsbeschwerden einzuräumen.

In der Praxis des Annahmeverfahrens nutzt das BVerfG den vom Gesetzgeber eröffneten Entscheidungsspielraum indes nicht vollständig aus. Stattdessen setzt das BVerfG die Zulässigkeitskriterien, insbesondere das Subsidiaritätsprinzip und das Substantiierungserfordernis, als zentrale Steuerungsinstrumente für die Zugangskontrolle ein. Dies wirkt sich in mehrfacher Hinsicht nachteilig aus. Insbesondere beschränken sich die Folgen dieser Praxis nicht auf den Einzelfall. Vielmehr bilden die einzelnen Fälle in der Summe die Rechtsprechung des BVerfG und prägen damit die Art und Weise, wie zukünftige Verfassungsbeschwerden bearbeitet werden. Praktisch bedeutet das, dass die Erfüllung der Zulässigkeitskriterien im Mittelpunkt der Schriftsätze der Beschwerdeführer und der Voten der Berichterstatter steht. Diese Praxis ist mit den Jahren zur Routine geworden und setzt sich immer weiter fort.

Zielführender wäre es, wenn sich das BVerfG die Kommunikation mit dem Beschwerdeführer, seinen Anwälten und anderen betroffenen Personen und Experten zunutze machen würde, um neue Blickwinkel auf die Grundrechte zu gewinnen. Lübbe-Wolff verweist darauf, dass zu einer effizienten Rechtsschutzgewährung eine effiziente Arbeitsteilung zwischen Rechtsschutzsuchendem und

Gericht und eine effiziente Arbeitsteilung zwischen der Verfassungsgerichtsbarkeit und der Fachgerichtsbarkeit gehöre.[568] Die oben beschriebene Praxis lässt Defizite bei der Arbeitsteilung und der Kommunikation zwischen dem BVerfG und dem Beschwerdeführer erkennen. Der inhaltliche Schwerpunkt der Kommunikation beeinflusst die Qualität der Zusammenarbeit erheblich. Die Richter und die sonstigen Verfahrensbeteiligten sollten die Bedeutung der Grundrechte und die Situation der betroffenen Menschen in den Mittelpunkt ihrer diskursiven Interaktion stellen. Stattdessen wird derzeit im Annahmeverfahren ein viel zu großer Anteil der knappen und wertvollen Ressourcen des BVerfG für die Erörterung von Zulässigkeitskriterien oder Begründetheitsaspekten einzelner Verfahren aufgewandt.

Die Prüfung von Zulässigkeitsvoraussetzungen im Annahmeverfahren ist durchaus zweckmäßig, da sie eine ausgewogene Arbeitsteilung zwischen dem BVerfG und den Fachgerichten bewirkt. Sie sollte sich aber an klaren und transparenten Vorgaben orientieren und in der gebotenen Kürze erfolgen, damit sich die Kommunikation zwischen Richtern, Parteien und Bürgern auf die relevanten Inhalte, die Frage der Grundrechte, konzentrieren kann.

Angesichts der ungelösten Fragen bei der Abgrenzung zwischen Grundrechten und einfachgesetzlichen Rechten und zwischen den Sphären des BVerfG und der Fachgerichte sowie im Hinblick auf die unangemessene Schwerpunktsetzung bei der Kommunikation im Annahmeverfahren stellte sich die Frage, ob prozedurale Regelungen eine sinnvolle Alternative darstellen können. Sie ermöglichen es, dass die Richter des Kollegialgerichts im Einzelfall über die Grenzziehung entscheiden, wobei der vorgegebene Verfahrensablauf eine intensive, strukturierte Beratung sicherstellt und beliebige Entscheidungen vermeidet. Zu untersuchen war außerdem, ob sich der prozedurale Ansatz förderlich auf das Erkennen wichtiger verfassungsrechtlicher Fragen auswirkt und ob er das Potenzial hat, das Annahmeverfahren zu einem offenen und transparenten Diskussionsforum zu machen. Ein solches Annahmeverfahren bildet nicht nur den Rahmen, in dem die Richter des BVerfG miteinander kommunizieren, sondern belebt auch die öffentliche Diskussion über verfassungsrechtliche und grundrechtliche Fragen in der Gesellschaft. Auf Grundlage dieser Erwägungen wurde das vorgeschlagene deliberative Annahmeverfahren entwickelt.

Das deliberative Annahmeverfahren ermöglicht es den Richtern, die verfassungsrechtliche Relevanz und die grundrechtlichen Fragen, die sich aus dem

568 Lübbe-Wolff, Substantiierung und Subsidiarität der Verfassungsbeschwerde, EuGRZ 2004, S. 669, 682.

konkreten Sachverhalt ergeben, im Senat unter verschiedenen Gesichtspunkten zu erörtern. Das Verfahren kann grundrechtliche Aspekte, die erst auf den zweiten Blick erkennbar sind, zutage fördern und sie zum Gegenstand öffentlicher Diskussion machen. Durch die Beratung im Senat und die Möglichkeit einzelner Richter, abweichende Meinungen zu veröffentlichen, bietet das deliberative Annahmeverfahren optimale Strukturen für eine intensive Diskussion. Aus demokratietheoretischer Perspektive ist ein solches Annahmeverfahren demokratisch, da es den deliberativen Diskurs fördert. Ein deliberativ gestaltetes Annahmeverfahren trägt außerdem zu einer effizienten Entlastung des BVerfG bei, da der Senat seinen Entscheidungsspielraum selbstbewusst nutzen kann.

Die große Herausforderung des deliberativen Annahmeverfahrens ist, ob es mit der subjektiven Funktion der Verfassungsbeschwerde, also dem Schutz individueller Grundrechte, vereinbar ist. Kritiker befürchten, dass die Zugänglichkeit der Verfassungsbeschwerde für jedermann beeinträchtigt wird, wenn ein Annahmeverfahren eingeführt wird, das die verfassungsrechtliche Bedeutung in den Mittelpunkt stellt. Sie sind skeptisch, ob das Gericht im Annahmeverfahren über solch weitreichendes Ermessen verfügen sollte. Zu Recht weisen sie darauf hin, dass mit dem Ermessen die Gefahr der Willkür einhergeht. Allerdings liefert die Struktur des deliberativen Annahmeverfahrens ein wirksames Gegengewicht, indem umfassende Beratungen im Senat ermöglicht werden. Ermessen und intensiver Diskurs im Senat sind also nichts anderes als zwei Seiten einer Medaille.

Ein Einwand gegen die Durchführung des Annahmeverfahrens im Senat besteht darin, dass das damit verbundene Arbeitsaufkommen nicht zu bewältigen sei. Insofern kann jedoch auf das System der Question Presented im Certiorari-Verfahren des US Supreme Court verwiesen werden. Die Begrenzung des Prüfungsgegenstands auf die vom Beschwerdeführer knapp formulierten Kernanliegen reduziert den Arbeitsaufwand der Richter beträchtlich und ermöglicht es, dass im Senat über die Annahme entschieden werden kann. In Kombination mit freiem Ermessen führt dieses Vorgehen zu der angestrebten Entlastung des Gerichts.

Ein bedeutsamer Vorteil des deliberativen Annahmeverfahrens besteht darin, dass es das Demokratieprinzip und das Rechtsstaatsprinzip in Einklang zu bringen vermag. Trotz des Ermessens verzichtet das deliberative Annahmeverfahren nicht auf einen rechtlichen Rahmen und auf die Festlegung von Annahmegründen. So bieten die vom Gericht selbst erlassenen Leitlinien eine Richtschnur für die Beratungen des Senats und einen Maßstab dafür, welche Faktoren als wichtige Gründe anzusehen sind. Die Leitlinien stellen mithin ein rechtsstaatliches Element im Annahmeverfahren dar.

In einer Demokratie muss wichtigen Entscheidungen staatlicher Institutionen eine Diskussion vorangehen, unabhängig davon, welcher der drei Gewalten die jeweilige Institution angehört. Dabei muss auch die Öffentlichkeit die klärungsbedürftigen Fragen kennen und die Möglichkeit haben, an der Diskussion zu partizipieren. Das deliberative Annahmeverfahren zielt auf ebendies ab, indem es Strukturen für eine öffentliche Debatte bietet und so ein Forum für den Austausch verschiedener Meinungen und für die Beteiligung der Bürger schafft. Ein deliberativ ausgestaltetes Annahmeverfahren trägt zur demokratischen Legitimität sowohl des Annahmeverfahrens als auch der verfassungsrechtlichen Überprüfung von Gerichtsentscheidungen bei.

Kein Verfahren bietet den perfekten Rechtsschutz. Selbst hochentwickelte und wohldurchdachte Verfahren können zu Ergebnissen führen, die als ungerecht empfunden werden. Das deliberative Annahmeverfahren ist daher als Versuch zu verstehen, einem zunehmenden Formalismus Einhalt zu gebieten und den Grundrechtsschutz mithilfe der Deliberation zu stärken. Die Entwicklung des Verfahrens in der Praxis sollte aufmerksam beobachtet und evaluiert werden. Ergeben sich Probleme, so sollten diese offen benannt werden.

Das deliberative Annahmeverfahren ist ein Instrument zur Vorprüfung von Verfassungsbeschwerden. Es hat zum Ziel, bei der Durchführung des Verfassungsbeschwerdeverfahrens den gebotenen Grundrechtsschutz für eine Vielzahl von Menschen zu gewährleisten, wobei das Ideal, die Zugänglichkeit für jedermann, nicht beeinträchtigt werden soll. Dieses Konzept hat sein Fundament in dem Vertrauen auf die Kraft der Vernunft und auf die Argumente der Richter und der Bevölkerung. Gleichzeitig basiert es auf der Überzeugung, dass Rechtsstaatlichkeit und Demokratie auf die Kraft der Vernunft und der Argumente angewiesen sind und sich dadurch weiterentwickeln können. Es bedarf daher einer kontinuierlichen gesellschaftlichen Diskussion, die auf Vernunft und Argumenten beruht, um das Verfahren zu optimieren. Wichtige Aspekte dabei sind, was die Bürger vernünftigerweise vom BVerfG erwarten können, was das Gericht realistischerweise leisten kann und wer den Schutz durch das BVerfG am dringendsten benötigt.

Um an dieser Stelle noch einmal die Metapher aus der Einleitung aufzugreifen: Obwohl das Haus nicht alle aufnehmen kann, die Einlass begehren, gibt es vielleicht einen Weg, es als „Haus für jedermann“ zu etablieren. Dazu muss zum einen der Ressourceneinsatz im Sinne des übergeordneten Zwecks neu ausgerichtet werden. Zum anderen sollte auf die Vernunft der mündigen Bürger und die Kraft des Arguments in der demokratischen Gesellschaft vertraut werden.

Wenn eine Verfassungsbeschwerde abgelehnt wird, aber sich alle Richter eines Senats mit der Kernfrage der Beschwerde befasst haben und umfassend erörtert haben, ob sie verfassungsrechtlich relevant ist, so erfüllt die Verfassungsbeschwerde dennoch ihre Funktion als „Haus für jedermann". In der Bevölkerung wird sich die Erkenntnis durchsetzen, dass das BVerfG nicht jedes Anliegen aufgreifen kann, sondern sich denjenigen Menschen zuwenden muss, die den Grundrechtsschutz am dringendsten benötigen, und dass es sich daher auf die wichtigsten grundrechtlichen Fragen konzentrieren muss. Gleichzeitig kann sich der einzelne Beschwerdeführer sicher sein, dass eine ablehnende Entscheidung im Annahmeverfahren nicht auf komplizierten Verfahrensregeln basiert, sondern auf mangelnder verfassungsrechtlicher Relevanz.

Es heißt, das BVerfG lebe von dem Vertrauen, das es in der Bevölkerung genießt. Um diesem Vertrauen gerecht zu werden, muss das BVerfG seinerseits Vertrauen in die Mündigkeit der Bürger haben.

Literaturverzeichnis

Albers, Marion: Freieres Annahmeverfahren für das BVerfG?. – In: Zeitschrift für Rechtspolitik 30 (1997), Heft 5, S. 198–203.

Alexy, Robert: Grundrechte, Demokratie und Repräsentation. – In: Der Staat 54 (2015), Heft 2, S. 201–212.

Barczak, Tristan (Hrsg.): BVerfGG: Mitarbeiterkommentar zum Bundesverfassungsgerichtsgesetz, Kommentar. – Berlin u. a.: de Gruyter, 2018, zitiert: Bearbeiter, in: Barczak (Hrsg.).

Barczak, Tristan: Das Bundesverfassungsgericht an der Belastungsgrenze: zu Entlastungsmöglichkeiten in Vergangenheit, Gegenwart und Zukunft. – In: Thomas Gawron; Oliver W. Lembcke; Robert Chr. van Ooyen (Hrsg.): Reform des Bundesverfassungsgerichts?. – Recht und Politik, Beiheft 9. – Berlin: Duncker & Humblot, 2021, S. 86–99.

Benda, Ernst; Klein, Eckart; Klein, Oliver: Verfassungsprozessrecht. – 4. Aufl. – Heidelberg: C.F. Müller, 2020.

Berkemann, Jörg: Das Bundesverfassungsgericht und „seine“ Fachgerichtsbarkeiten: auf der Suche nach Funktion und Methodik. – In: Deutsches Verwaltungsblatt 111 (1996), Heft 18, S. 1028–1040.

Berkemann, Jörg: Das Annahmeverfahren der Verfassungsbeschwerde (§ 93a Abs. 2 BVerfGG): der Unterschied von Grundsatzannahme und Durchsetzungsannahme. – In: Anwaltsblatt 70 (2020), Heft 5, S. 280–285.

Bickel, Alexander M.: The caseload of the Supreme Court: and what, if anything to do about it. – Washington, D.C.: American Enterprise Institute for Public Policy Research, 1973.

Bickel, Alexander M.: The least dangerous branch: the Supreme Court at the bar of politics. – 2th ed. – New Haven u. a.: Yale Univ. Press, 1986.

Black, Ryan C.; Owens, Ryan J.; Wedeking, Justin u. a.: The conscientious justice: how Supreme Court justices' personalities influence the law, the High Court, and the constitution. – Cambridge u. a.: Cambridge University Press, 2020.

Böckenförde, Ernst-Wolfgang: Dem Bundesverfassungsgericht droht der Kollaps: Bestandsaufnahme und Vorschläge nach zwölf Richterjahren. – In: Frankfurter Allgemeine Zeitung Nr. 120 vom 24.05.1996, S. 8.

Böckenförde, Ernst-Wolfgang: Die Überlastung des Bundesverfassungsgerichts. – In: Zeitschrift für Rechtspolitik 29 (1996), Heft 11, S. 281–284.

*Brems, Eva*The "logics" of procedural-type review by the European Court of Human Rights. – In: Janneke Gerards; Eva Brems (ed.): Procedural review in European fundamental rights cases. – Cambridge, United Kingdom: Cambridge University Press, 2017, S. 17–39.

Brennan, William J., Jr.: The National Court of Appeals: another dissent. – In: The University of Chicago Law Review 40 (1973), Heft 3, S. 473–485.

Bucher, Peter (Bearb.): Der Parlamentarische Rat: 1948–1949, Akten und Protokolle, Band 2: Der Verfassungskonvent auf Herrenchiemsee. – Boppard am Rhein: Boldt, 1981.

Bundesministerium der Justiz (Hrsg.): Entlastung des Bundesverfassungsgerichts: Bericht der Kommission. – Bonn: Bundesministerium der Justiz, 1998.

Bundesverfassungsgericht: Vorschläge des Bundesverfassungsgerichts für eine Änderung des Gesetzes über das Bundesverfassungsgericht. – Karlsruhe, 1954.

Bundesverfassungsgericht: Jahresstatistik 2020, online unter: www.BVerfG.de/DE/Verfahren/Jahresstatistiken/jahresstatistiken_node.html (Abruf am 11.11.2021).

Burkiczak, Christian; Dollinger, Franz-Wilhelm; Frank Schorkopf (Hrsg.): Bundesverfassungsgerichtsgesetz. – 2. Aufl. – Heidelberg: C.F. Müller, 2022, zitiert: Bearbeiter, in: Burkiczak u. a. (Hrsg.)

Byrd, B. Sharon; Laby, Arthur B.; Lehmann, Matthias: Einführung in die angloamerikanische Rechtssprache. – 4. Aufl. – München: C.H. Beck, 2021.

Carp, Robert A.; Stidham, Ronald; Manning, Kenneth L.: Judicial process in America. – 8th ed. – Washington, DC: CQ Press, 2011.

Chemerinsky, Erwin: Constitutional law: principles and policies. – 4th ed. – New York, NY: Wolters Kluwer Law & Business, 2011.

Chemerinsky, Erwin: Federal jurisdiction. – 5th ed. – Austin: Wolters Kluwer Law & Business, 2007.

Creifelds, Carl (Begr.): Rechtswörterbuch. – 23. Aufl. – München: C.H. Beck, 2019.

von Doemming, Klaus-Berto; Füßlein, Rudolf Werner; Matz, Werner (Bearb.): Entstehungsgeschichte der Artikel des Grundgesetzes. – In: Jahrbuch des öffentlichen Rechts der Gegenwart, Neue Folge, Band 1. – Tübingen: Mohr, 1951, S. V–XV, 1–926.

Dworkin, Ronald: Freedom's law: the moral reading of the American Constitution. – Cambridge, Mass.: Harvard University Press, 1996.

Ely, John Hart: Democracy and distrust: a theory of judicial review. – 3. pr. – Cambridge, Mass. u. a.: Harvard University Press, 1981.

Epstein, Lee; Segal, Jeffrey A.; Spaeth, Harold J. u. a.: The Supreme Court compendium: data, decisions, and developments. – 6th ed. – Washington, DC u. a.: CQ Press, 2015.

Frankenberg, Günter: Democracy. – In: Michel Rosenfeld; András Sajó (ed.): The Oxford handbook of comparative constitutional law. – Oxford: Oxford University Press, 2012, S. 250–268.

Geiger, Willi: Gesetz über das Bundesverfassungsgericht vom 12. März 1951: Kommentar, Berlin u. a.: Verlag Franz Vahlen, 1952.

Gerards, Janneke: Procedural review by the ECtHR: a typology. – In: Janneke Gerards; Eva Brems (ed.): Procedural review in European fundamental rights cases. – Cambridge, United Kingdom: Cambridge University Press, 2017, S. 127–160.

Gerards, Janneke; Brems, Eva: Procedural review in European fundamental rights cases: introduction. – In: Janneke Gerards; Eva Brems (ed.): Procedural review in European fundamental rights cases. – Cambridge, United Kingdom: Cambridge University Press, 2017, S. 1–13.

Ginsburg, Ruth Bader: Speech at the Annual Dinner of the American Law Institute, May 19, 1994, online unter: https://awpc.cattcenter.iastate.edu/2017/03/21/speech-at-the-annual-dinner-of-the-american-law-institute-may-19-1994 (Abruf 11.11.2021).

Habermas, Jürgen: Between facts and norms: contributions to a discourse theory of law and democracy. – Cambridge: Polity Press, 1997.

Harlan, John M.: A glimpse of the Supreme Court at work. – In: The University of Chicago Law School Record 11 (1963), Heft 2, S. 3–9.

Hartnett, Edward A.: Questioning Certiorari: Some reflections seventy-five years after the Judges' Bill. – In: Columbia Law Review 100 (2000), Heft 7, S. 1643–1738.

Herdegen, Matthias; Masing, Johannes; Poscher, Ralf u. a. (Hrsg.): Handbuch des Verfassungsrechts: Darstellung in transnationaler Perspektive. – München: C.H. Beck, 2021, zitiert: Bearbeiter, in: Herdegen u. a. (Hrsg.).

Hesse, Konrad: Verfassungsrechtsprechung im geschichtlichen Wandel. – In: Juristenzeitung 50 (1995), Heft 6, S. 265–273.

Hoffmann-Riem, Wolfgang: Die Klugheit der Entscheidung ruht in ihrer Herstellung – selbst bei der Anwendung von Recht. – In: Arno Scherzberg (Hrsg.): Kluges Entscheiden: disziplinäre Grundlagen und interdisziplinäre Verknüpfungen. – Tübingen: Mohr Siebeck, 2006, S. 3–23.

Isensee, Josef; Kirchhof, Paul (Hrsg.): Handbuch des Staatsrechts der Bundesrepublik Deutschland, Band 3: Demokratie – Bundesorgane. – 3. Aufl. – Heidelberg: Müller, 2005, zitiert: Bearbeiter, in: Isensee/Kirchhof (Hrsg.).

Kau, Marcel: United States Supreme Court und Bundesverfassungsgericht: die Bedeutung des United States Supreme Court für die Errichtung und Fortentwicklung des Bundesverfassungsgerichts. – Berlin u. a.: Springer, 2007.

Klein, Eckart: Konzentration durch Entlastung?: das Fünfte Gesetz zur Änderung des Gesetzes über das Bundesverfassungsgericht. – In: Neue juristische Wochenschrift 46 (1993), Heft 33, S. 2073–2077.

Kommers, Donald P.; Miller, Russell A.: The constitutional jurisprudence of the Federal Republic of Germany. – 3rd ed. – Durham u. a.: Duke Univ. Press, 2012.

Kranenpohl, Uwe: Hinter dem Schleier des Beratungsgeheimnisses: der Willensbildungs- und Entscheidungsprozess des Bundesverfassungsgerichts. – 1. Aufl. – Wiesbaden: VS, Verlag für Sozialwissenschaften, 2010.

Lerch, Kent D.: Supreme Court. – In: Enzyklopädie der Neuzeit Online, online unter: http://dx.doi.org/10.1163/2352-0248_edn_SIM_361664 (Abruf am 03.11.2021).

Linzer, Peter: The meaning of Certiorari denials. – In: Columbia Law Review 79 (1979), Heft 7, S. 1227–1305.

Lübbe-Wolff, Gertrude: Substantiierung und Subsidiarität der Verfassungsbeschwerde: die Zulässigkeitsrechtsprechung des Bundesverfassungsgerichts. – In: Europäische Grundrechte-Zeitschrift 31 (2004), Heft 22, S. 669–682.

Lübbe-Wolff, Gertrude: Wie funktioniert das Bundesverfassungsgericht?. – Göttingen: Universitätsverlag Osnabrück, V & R unipress, 2015.

Maihold, Dieter: Eröffnungsreferat aus zivilrechtlicher Sicht: die Bedeutung der „Schumannschen Formel" für die Praxis eines zivilrechtlichen Revisionssenats. – In: Herbert Roth (Hrsg.): Symposium „50 Jahre Schumannsche Formel" – 1. Aufl. – Baden-Baden u. a.: Nomos, 2014, S. 93–107.

von Mangoldt, Hermann; Klein, Friedrich; Starck, Christian: Kommentar zum Grundgesetz. – 7. Aufl. – München: Vahlen, 2018, zitiert: Bearbeiter, in: von Mangoldt/Klein/Starck.

*Mansbridge, Jane et al.*A systematic approach to deliberative democracy. – In: John Parkinson; Jane Mansbridge (ed.): Deliberative systems: deliberative democracy at the large scale. – Cambridge u. a.: Cambridge University Press, 2012, S. 1–26.

Maunz, Theodor; Schmidt-Bleibtreu, Bruno: Bundesverfassungsgerichtsgesetz: Kommentar. – München: Beck. – Loseblatt-Ausgabe, Stand: 61. Lieferung, Juli 2021, zitiert: Bearbeiter, in: Maunz/Schmidt-Bleibtreu.

Mauro, Tony: The hidden power behind the Supreme Court: Justices give pivotal role to novice lawyers. – In: USA Today, 13. März 1998, 1A.

Michelman, Frank I.: Brennan and democracy. – Princeton, NJ u. a.: Princeton University Press, 1999.

O'Brien, David M. (ed.): Judges on judging: views from the bench. – 3rd ed. – Washington, D.C.: CQ Press, 2009.

*O'Connor, Sandra Day*The majesty of the law: reflections of a Supreme Court justice. – New York: Random House Trade Paperbacks, 2004.

Owens, Ryan J.; Sieja, James: Agenda-Setting on the U.S. Supreme Court. – In: Lee Epstein; Stefanie A. Lindquist (ed.): Oxford handbook of U.S. judicial behavior. – Oxford: Oxford University Press, 2017, S. 169–185.

Perry, Hersel Watson, Jr.: Certiorari, Writ of. – In: Kermit L. Hall (ed.): The Oxford companion to the Supreme Court of the United States. – 2th ed. – Oxford u. a.: Oxford University Press, 2005, S. 154–155.

Pestalozza, Christian: Verfassungsprozeßrecht: die Verfassungsgerichtsbarkeit des Bundes und der Länder, mit einem Anhang zum internationalen Rechtsschutz. – 3. Aufl. – München: Beck, 1991.

Posser, Herbert: Die Subsidiarität der Verfassungsbeschwerde. – Berlin: Duncker & Humblot, 1993.

Rawls, John: Political liberalism. – New York: Columbia University Press, 2005.

Rehnquist, William H.: The Supreme Court. – New York: Knopf, 2001.

Roth, Herbert: Die „Schumannsche Formel“ und das fehlerhafte Zivilurteil. – In: Herbert Roth (Hrsg.), Symposium „50 Jahre Schumannsche Formel“, 1. Aufl. – Baden-Baden u. a.: Nomos, 2014, S. 19–27.

*Sathanapally, Aruna*The modest promise of "procedural review" in fundamental rights cases. – In: Janneke Gerards; Eva Brems (ed.): Procedural review in European fundamental rights cases. – Cambridge, United Kingdom: Cambridge University Press, 2017, S. 40–76.

Schäfer, Anne: Grundrechtsschutz im Annahmeverfahren: zur Senatsakzessorietät der Kammerjudikatur des Bundesverfassungsgerichts. – Tübingen: Mohr Siebeck, 2015.

Schlaich, Klaus; Korioth, Stefan: Das Bundesverfassungsgericht: Stellung, Verfahren, Entscheidungen: ein Studienbuch. – 12. Aufl. – München: C.H. Beck, 2021.

Schneider, Hans-Peter: SOS aus Karlsruhe: das Bundesverfassungsgericht vor dem Untergang?. – In: Neue juristische Wochenschrift 49 (1996), Heft 40, S. 2630–2632.

Schumann, Ekkehard: Verfassungs- und Menschenrechtsbeschwerde gegen richterliche Entscheidungen. – Berlin: Duncker & Humblot, 1963.

Schumann, Ekkehard: Die Wahrung des Grundsatzes des rechtlichen Gehörs: Dauerauftrag für das BVerfG?. – In: Neue juristische Wochenschrift 38 (1985), Heft 20, S. 1134–1140.

Shapiro, David L.: Jurisdiction and discretion. – In: New York University Law Review 60 (1985), Heft 4, S. 543–589.

Shapiro, Stephen M.: Certiorari practice: The Supreme Court's shrinking docket. – In: Litigation: the Journal of the Section of Litigation, American Bar Association 24 (1989), Heft 3, S. 25–33, 74.

Shapiro, Stephen M.; Geller, Kenneth S.; Bishop, Edward A. u. a.: Supreme Court Practice: for practice in the Supreme Court of the United States. – 10th ed. – Arlington: Bloomberg Law, VA. 2017.

Starck, Christian: Verfassungsgerichtsbarkeit und Fachgerichte. – In: Juristenzeitung 51 (1996), Heft 21, S. 1033–1042.

Stevens, John Paul: The life span of a judge-made rule. – In: New York University Law Review 58 (1983), Heft 1, S. 1–21.

Stevens, John Paul: Cheers! A Tribute to Justice Byron R. White. – In: Brigham Young University Law Review 208 (1994), Heft 2, S. 209–226.

Stürner, Rolf: Die Kontrolle zivilprozessualer Verfahrensfehler durch das Bundesverfassungsgericht. – In: Juristenzeitung 41 (1986), Heft 11, S. 526–534.

Verfassungsausschuß der Ministerpräsidenten-Konferenz der Westlichen Besatzungszonen: Bericht über den Verfassungskonvent auf Herrenchiemsee vom 10. bis 23. August 1948. – München: Pflaum, ca. 1949, online langzeitarchiviert unter: https://epub.ub.uni-muenchen.de/21036/1/4Polit.3455.pdf.

Vinson, Frederick M.: Work of the Federal Courts: address before the American Bar Association, September 7, 1949. – In: Henry M. Hart; Herbert Wechsler: The federal courts and the federal system. – Brooklyn, NY: Foundation Press, 1953, S. 1403–1405.

Vitzthum, Wolfgang, Graf: Annahme nach Ermessen bei Verfassungsbeschwerden?: das writ of certiorari-Verfahren des US Supreme Court als ein systemfremdes Entlastungsmodell. – In: Jahrbuch des öffentlichen Rechts der Gegenwart. – Tübingen: Mohr Siebeck, 53 (2005), S. 319–343.

Voßkuhle, Andreas: Rechtsschutz gegen den Richter: zur Integration der Dritten Gewalt in das verfassungsrechtliche Kontrollsystem vor dem Hintergrund des Art. 19 Abs. 4 GG, München: Beck, 1993.

Wahl, Rainer; Wieland, Joachim: Verfassungsrechtsprechung als knappes Gut: der Zugang zum Bundesverfassungsgericht. – In: Juristenzeitung 51 (1996), Heft 23, S. 1137–1145.

Wank, Rolf: Die verfassungsgerichtliche Kontrolle der Gesetzesauslegung und Rechtsfortbildung durch die Fachgerichte. – In: Juristische Schulung 20 (1980), Heft 8, S. 545–553.

Ward, Artemus: Law Clerks. - In: Lee Epstein; Stefanie A. Lindquist (ed.): Oxford handbook of U.S. judicial behavior. - Oxford: Oxford University Press, 2017, S. 100-126.

Wieland, Joachim: Die Annahme von Verfassungsbeschwerden. – In: Harald Bogs (Hrsg.): Urteilsverfassungsbeschwerde zum Bundesverfassungsgericht: ein Grundrechts-Colloquium. – 1. Aufl. – Baden-Baden: Nomos, 1999, S. 47–54.

*Zuck, Rüdiger*Die Entlastung des Bundesverfassungsgerichts. – In: Zeitschrift für Rechtspolitik 30 (1997), Heft 3, S. 95–99.

Zurn, Christopher F.: Deliberative democracy and the institutions of judicial review. – Cambridge, United Kingdom u. a.: Cambridge University Press, 2019.

Printed by
CPI books GmbH, Leck